PANTHEON POPULAIR

ILLUSTRE

TOPFFER

ILLUSTRÉ PAR GUSTAVE JANET

GUSTAVE BARBA, ÉDITEUR.

BEST, MOTHLIN ET RÉCRIEF, GRAVEURS.

NOUVELLES GÉNEVOISES

NOTICE
SUR
TOPFFER.

Quand un écrivain, même médiocre, vit dans un grand centre de civilisation, au milieu de nombreux collègues qui obtiennent ou dispensent la gloire, il arrive sans trop d'obstacles à se faire une réputation plus ou moins durable; mais au littérateur qui confine modestement sa vie dans une petite ville isolée, il faut des talents solides, une originalité réelle pour sortir de la foule et conquérir la renommée. Rodolphe Topffer, dont les œuvres sont devenues populaires, était un de ces esprits charmants connus sous le nom assez barbare d'humoriste ou de fantaisiste. La grâce, la bonhomie, la finesse des aperçus, le sentiment exquis, l'observation minutieuse de la nature, telles sont les qualités qui feront vivre éternellement les *Nouvelles génevoises*.

Rodolphe Topffer était né à Genève le 17 février 1799. Son père était artiste et ap-

Je lus ces mots tracés par la main de Louise : « A Monsieur Charles. »

partenait à cette école de peinture qui a produit Calame, Hornung et Diday. Rodolphe se destina d'abord aux beaux-arts, mais il fut détourné de sa carrière par une ophthalmie que le travail aurait augmentée et transformée bientôt en cécité. On peut juger toutefois du talent qu'aurait eu le jeune artiste par les nombreux dessins à la plume qu'il a publiés en album, et dont l'idée première est aussi amusante que l'exécution. Tout le monde connaît ses suites de dessins comiques dont les héros sont M. Crépin, M. Jabot, M. Vieuxbois, M. Pencile, le docteur Festus et M. Cryptogame.

A vingt ans Topffer entra dans l'instruction publique, et dirigea d'abord un pensionnat. Il prouva la profondeur de ses études en publiant les Harangues politiques de Démosthènes, avec une introduction et des commentaires. En même temps il se rendait célèbre par des travaux d'un genre moins sévère et d'un mérite plus facilement appréciable. Il écrivait dans la Bibliothèque de Genève des articles de critique ou de philosophie. Il jugeait les beaux-arts en homme qui avait manié le pinceau, et *faisait le Salon* de Genève en mêlant à l'examen des tableaux des aperçus de l'ordre le plus élevé. On a recueilli en 1848 tous ses opuscules sous le titre de *Réflexions et menus propos* d'un peintre génevois.

Pendant les vacances, Topffer conduisait ses élèves à travers les montagnes de la Suisse, et en rapportait des impressions de voyage, des croquis, des études, qui ont servi de matériaux à de magnifiques publications illustrées, intitulées : *Voyages en zigzag; Excursions d'un pensionnat en vacances;* texte et dessins de Topffer. Paris, Paulin, 1845; gr. in-8°.

En 1832, Rodolphe Topffer fut nommé professeur de rhétorique et de belles lettres générales à l'Académie de Genève. Ayant désormais une position assurée, il profita de ses loisirs pour s'adonner entièrement à la littérature. Les petits romans, réunis en 1840 sous le titre de *Nouvelles génevoises,* parurent successivement, et méritèrent à l'auteur les éloges de tous les hommes compétents.

Sa dernière œuvre fut *Rosa et Gertrude,* roman de mœurs antiques, auquel il travaillait encore lorsqu'il fut atteint d'une hépatite chronique qui le conduisit au tombeau. Il mourut à Genève, le 8 juin 1846, à l'âge de quarante-sept ans.

ÉMILE DE LA BÉDOLLIÈRE.

NOUVELLES GÉNEVOISES.

LE PRESBYTÈRE.

Il y a des moments dans la vie où une heureuse réunion de circonstances semble fixer sur nous le bonheur. Le calme des passions, l'absence d'inquiétude nous prédisposent à jouir; et si au contentement d'esprit vient s'unir une situation matériellement douce, embellie par d'agréables sensations, les heures coulent alors délicieusement, et le sentiment de l'existence se pare de ses plus riantes couleurs.

C'est précisément le cas où se trouvaient les trois personnages que j'avais sous les yeux. Rien au monde dans leur physionomie qui trahît le moindre souci, le plus petit trouble, le plus faible remords; au contraire, on devinait, au léger rengorgement de leur cou, ce légitime orgueil qui procède du contentement d'esprit : la gravité de leur démarche annonçait le calme de leur cœur, la moralité de leurs pensées; et dans ce moment même où, cédant aux molles influences d'un doux soleil, ils venaient de s'endormir, encore semblait-il que de leur sommeil s'exhalât un suave parfum d'innocence et de paix.

Pour moi (l'homme est sujet aux mauvaises pensées), depuis un moment je maniais une pierre. A la fin, fortement sollicité par un malin désir, je la lançai dans la mare tout à côté... Aussitôt les trois têtes sortirent en sursaut de dessous l'aile.

C'étaient trois canards, j'oubliais de le dire. Ils faisaient là leur sieste, tandis qu'assis au bord de la flaque, je songeais, presque aussi heureux que mes paisibles compagnons.

Aux champs, l'heure de midi est celle du silence, du repos, de la rêverie. Pendant que le soleil darde à plomb ses rayons sur la plaine, hommes et animaux suspendent leur labeur; le vent se tait, l'herbe se penche; les insectes seuls, animés par la chaleur, bourdonnent à l'envi dans les airs, formant une lointaine musique qui semble augmenter le silence même.

A quoi je songeais? à toutes sortes de choses, petites, grandes, indifférentes ou charmantes à mon cœur. J'écoutais le bruissement des grillons; ou bien, étendu sur le dos, je regardais au firmament les métamorphoses d'un nuage; d'autres fois, me couchant contre terre, je considérais, sur le pied d'un saule creux, une mousse humide, toute parsemée d'imperceptibles fleurs; je découvrais bientôt dans ce petit monde des montagnes, des vallées, d'ombreux sentiers, fréquentés par quelque insecte d'or, par une fourmi diligente. A tous ces objets s'attachait dans mon esprit une idée de mystère et de puissance qui m'élevait insensiblement de la terre au ciel, et alors, la présence du Créateur se faisant fortement sentir, mon cœur se nourrissait de grandes pensées.

Quelquefois, les yeux fixés sur les montagnes, je songeais à ce qui est derrière, au lointain pays, aux côtes sablonneuses, aux vastes mers; et si, au milieu de ma course, je venais à heurter quelque autre idée, je la suivais où elle voulait me conduire, si bien que du bout de l'Océan je rebroussais subitement jusque sur le pré voisin, ou sur la manche de mon habit.

Il m'arrivait aussi de tourner les yeux sur le vieux presbytère, à cinquante pas de la mare, derrière moi. Je n'y manquais guère lorsque l'aiguille de l'horloge approchait de l'heure, et qu'à chaque seconde j'attendais de voir, au travers des vieux arceaux du clocher, le marteau s'ébranler, noir sur l'azur du ciel, et retomber sur l'airain. Surtout j'aimais à suivre de l'oreille le tintement sonore que laissait après lui le dernier coup, et j'en recueillais les ondes décroissantes, jusqu'à ce que leur mourante harmonie s'éteignît dans le silence des airs.

Je revenais alors au presbytère, à ses paisibles habitants, à Louise; et laissant retomber ma tête sur mon bras, j'errais, en compagnie de mille souvenirs, dans un monde connu de mon cœur seulement.

Ces souvenirs, c'étaient les jeux, les plaisirs, les agrestes passe-temps dans lesquels s'était écoulée notre enfance. Nous avions cultivé des jardins, élevé des oiseaux, fait des feux au coin de la prairie; nous avions mené les bêtes aux champs, monté sur l'âne, abattu les noix et folâtré dans les foins; pas un cerisier du verger, pas un pêcher de ceux qui cachaient au midi le mur de la mare, qui ne se distinguât pour nous de tous ceux du monde entier par mille souvenirs que ramenait, comme les fruits, chaque saison nouvelle. J'avais (l'enfant est sujet aux mauvaises pensées), j'avais, pour elle, picoré les primeurs chez les notables du voisinage; pour elle encore j'avais eu des affaires avec le chien, avec le garde champêtre, avec le municipal; incorrigible tant qu'elle aima les primeurs. Dans ce temps-là, tout entier au présent, j'agissais, je courais, je grimpais; je songeais peu, je rêvais moins encore, si ce n'est parfois, la nuit, au garde champêtre.

Mais ce dont je te parle, ce n'était que du garde champêtre que j'étais occupé. Et puis il était mort; et son successeur, m'ayant trouvé plus souvent solitaire au bord de la mare qu'attentif aux primeurs, avait conçu de moi une opinion très-avantageuse. Cet homme sensé avait deviné que la préférence que je marquais pour les arides bords de la flaque ne pouvait provenir que d'une préoccupation entièrement étrangère à cette préoccupation des primeurs que son métier était de contenir dans de justes bornes.

En effet, malgré l'ingrate aridité de ses étroites rives, j'avais pris en affection singulière cette petite mare et son saule ébranché. Peu à peu j'en avais fait mon domaine, sûr que j'étais, à l'heure de midi, de n'y rencontrer personne que les trois canards, dont la tranquille société me plaisait beaucoup depuis que le sentiment de leur présence s'était associé au charme de mes rêveries.

Il faut dire aussi que, par un singulier changement qui s'était fait en moi, j'aimais presque mieux, depuis quelque temps, songer à Louise qu'être auprès d'elle.

Ce goût étrange m'était venu, j'ignore comment; car nous étions les mêmes êtres qui jusqu'alors n'avions eu d'autre instinct que de nous chercher l'un l'autre, pour jaser, courir et jouer ensemble. Seulement j'avais vu quelquefois la rougeur parcourir son visage; une timidité plus grande, un sourire plus sérieux, un regard plus mélancolique, et je ne sais quelle grâce modeste, avaient remplacé sa gaieté folle et son naïf abandon. Ce changement mystérieux m'avait beaucoup ému. Aussi, quoique je l'eusse toujours connue, il me semblait néanmoins que je la connusse depuis peu de temps, et de là naissait quelque embarras dans mes manières auprès d'elle. C'est vers cette époque que j'avais commencé à fréquenter la mare, où, accompagné de son image, je m'oubliais des heures entières. Je m'y complaisais surtout à rebrousser dans le passé, pour embellir des souvenirs dont j'ai parlé de ce charme tout nouveau que je trouvais en elle. Je les reprenais un à un, jusqu'aux plus lointains; et portant dans chacun d'eux les récentes impressions de mon cœur, je repassais avec délices par toutes les situations, si simples pourtant, de notre vie champêtre, y goûtant un plaisir qui me les faisait chérir avec tendresse.

Je reçus une visite : c'était un moineau qui vint se poser étourdiment sur le saule. J'aime les moineaux, et je les protège; c'est un rôle héroïque pour qui vit aux champs, où tous les intérêt et conspirent contre leur scélérate vie; car leur crime journalier, c'est de manger du grain.

Celui-là, je le connaissais, et trois ou quatre autres encore, avec qui nous conspirions à notre tour contre l'égoisme des hommes. Les blés étaient mûrs, l'on avait planté au milieu du champ un grand échalas, surmonté d'un chapeau percé qui servait de tête à des haillons flottants : les moineaux voyaient bien les épis gros et dorés; mais, pour tout le grain du monde, ils n'eussent osé toucher à un seul, sous les yeux du grave magistrat qui en avait la garde. Il en résultait que, venant à la mare le long de la lisière du champ, je ne manquais pas d'arracher une douzaine d'épis sans remords aucun, avec une secrète joie. Je les dispersais ensuite autour de moi, et je voyais avec un plaisir que je ne puis rendre les moineaux fondre des brauches voisines sur cette modique pâture, et piquer le grain presque sur ma main... Et quand, au retour, je repassais devant le fantôme, un léger mouvement d'orgueil effleurait mon cœur.

Le moineau, après une courte station sur le saule, fondit sur un des épis qui se trouvaient à côté des canards. Les canards sont maîtres chez eux, et trouvent inconvenant qu'un moineau les dérange. Ceux-ci, allongeant le cou d'un air colère, se dirigèrent contre le léger oiseau, qui, déjà remonté dans les airs, regardait joyeusement sa couvée, l'épi dans le bec, à la barbe du fantôme.

Mais le chant pour juste, je le trouvais méchant, — ce ne fut point, je pense, par un mouvement d'impertinence, mais plutôt par l'effet puissant de ces lois mystérieuses qui président aux associations d'idées, — le chant un peu rauque que venaient de faire entendre mes trois compagnons porta involontairement ma pensée sur le chantre du presbytère. Ce qui me fait croire qu'en cela je ne fus point conduit par une maligne intention, c'est que j'aimais peu songer à cet homme; et le plus que je pouvais, je l'écartais de mes souvenirs, dans lesquels il ne figurait que pour en altérer le calme. En effet, avant tout autre, il m'avait fait connaître la peur, la honte, la colère, la haine même et d'autres passions mauvaises, que sans lui j'eusse ignorées longtemps encore.

Il passait pour juste, je le trouvais sévère; on le disait sévère, je le trouvais brutal; et j'avais, pour trouver cela, des motifs qui, à la vérité, m'étaient personnels. Par justice, il avait dénoncé plus d'une fois mes délits aux notables, au garde champêtre, à mon protecteur même, me faisant la réputation d'un incorrigible garnement. C'était par sévérité que, joignant le geste au reproche, il m'avait plus d'une fois fait connaître la vigueur de son bras et l'éclat sonore de sa large main. Voilà ce qui influençait mon opinion. Si j'eusse vécu avec lui seul, peut-être j'aurais pris en habitude ces procédés, et remarquant que presque jamais je n'étais irréprochable, je les eusse regardés comme la conséquence d'une vertueuse indignation. Mais j'avais sous les yeux d'autres exemples, et l'indulgente bonté que je rencontrais dans le cœur d'un autre homme formait un contraste qui me faisait paraître la vertu du chantre tout à fait repoussante. C'est ainsi qu'il y avait pour moi deux justices, deux vertus : l'une rigide, colère et peu aimable; l'autre indulgente, douce et digne d'être éternellement chérie.

Mais un autre grief m'animait contre le chantre, et celui-là plus profond que les autres. Depuis que j'avais grandi, il ne recourait plus aux mêmes arguments qu'autrefois; mais son humeur s'exhalait en reproches violents et en discours empreints d'une défiance qui commençait à blesser ma fierté. Je la méritais pourtant jusqu'à un certain point; car, comme il y avait à la cure un autre homme pour qui mes actions étaient sans voile, je ne croyais point tenu de tout avouer au chantre : en sorte que, déjà absous à mes propres yeux du reproche de mensonge ou de fausseté, je mettais auprès de lui quelque malice dans mes réticences. En provoquant ainsi sa colère, quelque temps auparavant, je m'étais attiré une punition cruelle. Un mot funeste lui était échappé, qui, tout en me montrant chez cet homme l'intention de m'outrager, avait en même temps altéré profondément l'heureuse sécurité où j'avais vécu jusqu'alors.

Comme j'avais l'air de braver sa fureur en opposant à la violence de ses emportements la douceur patiente de mon protecteur : « Il est trop bon pour un enfant trouvé, » m'avait-il dit. Plein de stupeur, je m'étais hâté de fuir dans un endroit solitaire, pour y calmer le trouble où ces mots avaient jeté mon âme.

Depuis cette époque, je fuyais sa présence, et mes plus belles journées étaient celles des travaux de la campagne qui l'appelaient à s'absenter de la cure. Alors j'éprouvais, dès le matin, une confiante sécurité qui répandait son charme sur tous mes projets, et j'oubliais jusqu'aux funestes paroles qui m'avaient tant ému.

Quelquefois aussi, songeant que cet homme était le père de Louise, je surprenais dans mon cœur une involontaire vénération pour lui, et sa rudesse même ne me semblait pas un obstacle à l'aimer. Portant ce sentiment plus loin encore, plus il m'inspirait d'éloignement, plus je trouvais digne d'envie de combler la distance qui me séparait de lui, par le dévouement, le sacrifice et la tendresse; et voyant luire au delà des jours sans haine, je cédais au besoin de mon cœur, et du sein de ma solitude, je chérissais cet homme redouté.

Tout en songeant au chantre, je m'étais étendu sur le dos, après avoir placé mon chapeau sur mon visage pour me défendre du soleil.

J'étais dans cette position, lorsque je sentis une légère démangeaison qui, commençant à l'extrémité de mon pouce, cheminait lentement vers les sommités de ma main droite, négligemment posée par terre. Quand on est seul, tout est événement. Je m'assis pour mieux reconnaître la cause. C'était un tout petit scarabée, d'un beau rouge moucheté de noir, de ceux que nous nommons *pernettes*. Il s'était mis en route pour visiter les curiosités de ma main, et déjà arrivé près de la première phalange, il continuait tranquillement son voyage. L'envie me prit aussitôt de lui faire les honneurs du pays; et le voyant hésiter en face des obstacles que lui présentaient les replis de la peau dans cet endroit, je saisis de l'autre main une paille que j'ajustai entre le pouce et l'index, de manière à lui former un beau pont. Alors, l'ayant un peu guidé en lui fermant les passages, j'eus le bonheur inexprimable de le voir entrer sur mon pont, malgré la profondeur de

l'abîme, au fond duquel les replis de mon pantalon, éclairés par le soleil, devaient lui apparaître comme les arêtes vives d'un affreux précipice. Je n'aperçus pourtant point que la tête lui tournât; mais, par un malheur heureusement fort rare, le pont vint à chavirer avec son passant, et mon hôte toucha bientôt au bord opposé, où il poursuivit sa marche jusqu'au bout de l'index, qui se trouvait noirci d'encre.

Cette tache d'encre arrêta mes regards et ramena ma pensée sur mon protecteur.

C'était l'obscur pasteur du petit troupeau disséminé par les champs autour du vieux presbytère. Enfant, je l'avais appelé mon père; plus tard, voyant que son nom n'était pas le mien, avec tout le monde je l'avais appelé M. Prévère. Mais, lorsque le mot du chantre m'eut révélé un mystère sur lequel, depuis seulement, je commençais à réfléchir, M. Prévère m'était apparu comme un autre homme, et avait cessé de me paraître un père pour me sembler plus encore. Dès lors, à l'affection confiante et familière que sa bonté m'avait inspirée, était venue se joindre une secrète vénération qu'accompagnait un respect plus timide. Je me peignais sans cesse cet homme pauvre, mais plein d'humanité, recueillant à lui mon berceau délaissé. Plus tard, je me le rappelais excusant mes fautes, souriant à mes plaisirs, et tantôt me donnant d'indulgentes leçons, plus souvent encore provoquant mon repentir par la tristesse de son regard et la visible peine de son cœur; en tout temps, attentif à compenser par ses tendres soins l'infériorité où pouvait me placer, aux yeux des autres, le vice de ma naissance. En songeant que durant tant d'années il avait dédaigné d'en trahir le secret, et de s'en faire un titre à ma reconnaissance, je me sentais attendrir par les plus vifs sentiments de respect et d'amour.

Mais, en même temps que j'éprouvais plus d'affection pour lui, j'étais devenu plus timide à la lui témoigner. Plusieurs fois, ému de reconnaissance, j'avais été sur le point de me jeter dans ses bras, laissant à mes pleurs et à mon trouble le soin de lui montrer tout ce que je n'osais ou ne savais lui dire; et toujours la retenue que m'imposait sa présence comprimant l'essor de mes sentiments, je restais auprès de lui gauche, silencieux, et, en apparence, plus froid qu'à l'ordinaire. Alors aussi j'éprouvais le besoin de m'éloigner, et, mécontent de moi, je revenais dans ma solitude. Là, j'imaginais mille incidents d'où il pût tirer occasion de lui parler; et bientôt, trouvant un langage, je lui tenais tout haut les plus tendres discours. Mais l'oserai-je dire? souvent, par un tour bizarre que prenait mon imagination, j'aimais à me supposer atteint d'un mal mortel, appelant à mon chevet cet homme vénéré; et là, comme si l'attente d'une mort prochaine et prématurée dût imprimer à mes paroles un accent plus touchant et plus vrai, je lui demandais pardon de mes fautes passées; je bénissais avec attendrissement ses soins, ses bienfaits; je lui disais un dernier adieu; et, versant dans mes discours l'émotion croissante dont j'étais pénétré, je jouissais en idée de sentir une de ses larmes se mêler à mes sanglots.

J'avais encore recours à un autre moyen tout aussi étrange, mais qui n'allait pas mieux au but. Cet homme que je voyais tous les jours, à qui je pouvais parler à chaque instant, j'avais imaginé de lui écrire des lettres; et la première fois que cette idée me vint, elle me sembla admirable. Enfermé dans ma chambre, j'en composais plusieurs. Je choisissais ensuite celle qui me plaisait le plus, et je la mettais dans ma poche pour la remettre moi-même aussitôt que j'en trouverais l'occasion. Mais, dès que j'avais cette lettre sur moi, j'évitais le plus possible de me trouver avec M. Prévère, et si je venais à le rencontrer seul, une vive rougeur me montait au visage, et mon premier soin, pendant qu'il me parlait, était de froisser et d'anéantir au fond de ma poche cette lettre où se trouvait pourtant ce que j'aurais tant aimé lui dire.

Mais ce n'était pas à l'occasion d'une lettre semblable que, ce jour-là, je m'étais noirci le bout du doigt. Voici ce que je lui avais écrit, le matin même, sur une feuille de papier que j'étais venu relire auprès de la mare :

MONSIEUR PRÉVÈRE,

Je vous écris, parce que je n'ose vous parler de ces choses. Plusieurs fois j'ai été à vous; mais en vous voyant, les mots m'ont manqué, et pourtant je voulais vous dire ce que j'ai sur le cœur.

C'est depuis six mois, monsieur Prévère, depuis la course aux montagnes, d'où nous revînmes tard, Louise et moi. Je n'ai plus été le même, et je ne sais plus trouver de plaisir qu'à ce qui se rapporte à elle; aussi je crains de vous avoir souvent paru distrait, négligent et peu appliqué. C'est involontaire, je vous assure, monsieur Prévère, et j'ai fait des efforts que vous ne savez pas; mais au milieu, cette idée, me revient sans cesse, et toute sorte d'autres que je vous dirai, et que vous trouverez, je crains, bien extravagantes ou blâmables. A présent que je vous ai dit cela, je sens que j'oserai vous parler, si vous me questionnez.

CHARLES.

Je lisais et relisais cette lettre, bien déterminé à la remettre le jour même.

Un soir de l'automne précédent, nous étions partis, Louise et moi, pour visiter les deux vaches de la cure, qui passaient l'été aux chalets, à mi-côte de la montagne. Nous prîmes par les bois, jasant, fo-lâtrant le long du sentier, et nous arrêtant aux moindres choses qui se rencontraient. Dans une clairière entre autres, nous fîmes crier l'écho : puis, à force d'entendre sa voix mystérieuse sortir des taillis, une espèce d'inquiétude nous gagna, et nous nous regardions en si-lence, comme si c'eût été une troisième personne avec nous dans le bois. Alors nous prîmes la fuite d'un commun mouvement, pour aller rire plus loin de notre frayeur.

Nous arrivâmes ainsi près d'un ruisseau assez rempli d'eau pour rendre le passage difficile, à pied sec du moins. Aussitôt je proposai à Louise de la porter sur l'autre rive ; je l'avais fait cent fois. Elle refusa.... et tandis que, surpris, je la regardais, une vive rougeur se répandit sur son visage, en même temps que mille impressions confuses me faisaient rougir moi-même. C'était comme une honte jusqu'alors inconnue qui nous portait ensemble à baisser les yeux. Je songeais à lui faire un pont de quelques grosses pierres, lorsque, ayant cru deviner à son embarras et à son geste qu'elle voulait ôter sa chaussure, je m'acheminai en avant.

J'entendis bientôt derrière moi le bruit de ses pas ; mais je ne sais quelle honte m'empêchait de me retourner, en me faisant craindre de rencontrer son regard. Comme si nous eussions été d'accord, elle éluda ce moment en venant se replacer à côté de moi, et nous con-tinuâmes à marcher sans rien dire, et sans plus songer aux chalets, dont nous laissâmes le sentier sur la gauche, pour en prendre un qui nous ramenait vers la cure.

Cependant la nuit s'était peu à peu étendue sur la plaine, et les étoiles brillaient au firmament ; quelques bruits lointains, ou, plus près de nous, le chant monotone du coucou se mêlaient seuls par intervalles au silence du soir. Dans les endroits où le taillis était peu épais, nous apercevions la lune scintillant parmi les feuilles et les branchages ; plus loin, nous rentrions dans une obscurité pro-fonde, où le sentier se distinguait à peine du sombre gazon de ses bords. Louise marchait près de moi ; et, quelque frémissement s'étant fait entendre sous un buisson, elle me saisit la main comme par un mouvement involontaire. Un sentiment de courage prit aussi-tôt la place de l'inquiétude que je commençais à partager avec elle, et l'impression d'un plaisir tout nouveau me fit battre le cœur.

Dans la situation où nous étions, c'était comme une douceur à notre gêne, et quelque chose de la douceur d'une réconciliation. Il s'y joi-gnait aussi pour moi un charme secret, comme si elle eût eu besoin de ma protection, et que j'eusse été un appui pour sa timide faiblesse. Profitant de l'obscurité qui empêchait qu'elle ne s'aperçût de ma préoc-cupation, je tournais sans cesse les yeux de son côté, sans être rebuté de ce que je ne pouvais la voir. Mais je sentais mieux sa présence, et je savourais avec plus de douceur les tendres sentiments dont j'étais pénétré.

C'est ainsi que nous atteignîmes la lisière du bois, où, retrouvant la voûte du ciel et la lumière de la lune, je retombai dans un autre embarras. Il me sembla qu'il n'y avait plus de motif pour que je re-tinsse sa main, et, d'autre part, je trouvais qu'il y eût eu de la froi-deur ou de l'affectation à retirer la mienne ; en sorte que, dans ce moment, j'aurais désiré de tout mon cœur qu'elle m'échappât d'elle-même. Je tirais toute sorte d'inductions des plus insensibles mouve-ments de ses doigts, et les plus involontaires frémissements des miens me causaient une extrême émotion. Par le plus grand bonheur une clôture se présenta qu'il fallut franchir. Aussitôt je quittai la main de Louise, après avoir passé par tant d'impressions aussi vives que nou-velles.

Quelques instants après nous arrivâmes à la cure.

Pendant que je relisais ma lettre, le bruit d'une croisée qui s'ou-vrit à la cure me fit tourner la tête. Je vis M. Prévère qui, debout dans sa chambre, me considérait. J'anéantis aussitôt ma lettre comme j'avais fait des autres.

M. Prévère continuait de rester les bras croisés dans une attitude de réflexion et sans m'appeler, comme il lui arrivait quelquefois, pour nous donner une leçon, à Louise et à moi. Remarquant qu'il avait mis son chapeau et l'habit avec lequel il avait accoutumé de sortir, je pris le parti de m'asseoir, dans l'espérance que je le verrais bientôt s'ôter de cette fenêtre où sa présence m'imposait une grande gêne, sans que je voulusse néanmoins la lui laisser voir en m'éloignant moi-même.

Heureusement un ami, qui souvent déjà m'avait rendu d'éminents services, vint me tirer d'embarras.

C'était Dourak, le chien de la cure. Il n'était pas beau, mais il avait une physionomie intelligente, et une sorte de brusquerie vive et franche qui donnait du prix à son amitié. Sous les grands poils noirs qui hérissaient sa tête, on voyait briller deux yeux dont le regard un peu sauvage se tempérait pour moi seul d'une expression caressante et soumise. Du reste, haut de taille et plein de courage, il avait eu souvent des affaires ; et l'automne précédent, quelques jours après notre course, il était revenu glorieusement des chalets avec tous ses moutons et une oreille de moins, ce qui lui avait valu l'estime et les compliments du hameau.

C'est lui qui vint me trouver. Je me levai comme pour le caresser ;

et, ayant l'air de le suivre où il voulait me conduire, j'allai chercher plus loin une autre retraite.

A quelques pas de la mare, un mur soutenait l'espèce de terrasse sur laquelle s'élevait au milieu des tilleuls et des noyers le paisible presbytère. Des mousses, des lichens, des milliers de plantes diverses tapissaient cette antique muraille, dont l'abord était embarrassé par une multitude d'arbres et de buissons qui croissaient en désordre dans ce coin retiré. En quelques endroits où la terre était moins profonde, l'herbe seule couvrait le sol ; formant ainsi de petits enclos parmi l'ombrage et la fraîcheur.

C'est dans une de ces retraites que je vins m'établir. Le chien m'y avait précédé, flairant le terrain et faisant partir les oiseaux que re-célaient ces tranquilles feuillages. Dès que je me fus assis, il vint s'accroupir en face de moi, comme pour savoir à mon air ce que nous allions faire.

C'est à quoi je songeais moi-même, lorsque je crus entendre un petit bruit à quelques pas de nous. Je me levai aussitôt ; et ayant écarté les branches flexibles qui me fermaient le passage, je vis le chantre qui faisait sa méridienne, couché contre terre.

Je le regardai quelques instants, retenu par je ne sais quelle curio-sité. Je trouvais de l'intérêt à considérer, endormi et sans défiance, cet homme que j'étais habitué à voir sous un aspect tout différent. Il me semblait, à la vue de son paisible sommeil, que je sentais mon cœur s'épurer, et l'éloignement qu'il m'inspirait se perdre dans un sentiment de respect pour son repos. Aussi me retirais-je déjà tout doucement, lorsque je fus ramené plus doucement encore par une indiscrète velléité.

Le chantre portait une jaquette de gros drap noir, ayant deux larges poches en dehors. J'avais remarqué que de l'une d'elles sortait à moitié un papier ployé en forme de lettre. Je ne sais quelle bizarre rappro-chement je vins à faire dans mon esprit entre ce papier et l'attitude pensive où je venais de laisser M. Prévère ; mais ce fut à une idée aussi vague que se prit ma curiosité.

Je retournai donc sur mes pas, mais dès lors avec l'émotion d'un coupable. Tremblant au plus petit bruit qui se faisait alentour, je m'arrêtais de temps en temps pour lever les yeux en haut, comme si quelqu'un m'eût regardé de dessus les arbres ; puis je les baissais bien vite, pour ne pas perdre de vue le chantre. Ses cheveux noirs et courts, les robustes formes de son cou, cette tête dure et hâlée, ap-puyée sur deux grosses mains calleuses, m'inspiraient un secret effroi, et l'idée d'un réveil terrible épouvantait mon imagination.

Cependant Dourak, trompé par mon air d'attente et d'émotion, s'était mis à guetter tout alentour, la patte levée et le nez au vent, lorsqu'au bruit d'un lézard qui glissait sous des feuilles sèches il fit un grand bond, et tomba bruyamment sur ces feuilles retentissantes. Je restai immobile, tandis qu'une sueur froide parcourait tout mon corps.

Ma frayeur avait été telle, que je me serais éloigné immédiatement, sans une nouvelle circonstance qui vint piquer au plus haut degré ma curiosité. J'étais assez près du papier pour y distinguer l'écriture de Louise.

D'ailleurs, le bruit assez fort qu'avait fait Dourak n'ayant en au-cune façon altéré le profond sommeil du chantre, j'étais sorti de ma peur à la fois soulagé et enhardi. Je ne conservais plus qu'une grande indignation contre Dourak, à qui je fis des signes muets de colère et toute sorte d'éloquentes gesticulations pour m'assurer de son si-lence. Mais, m'apercevant qu'il prenait la chose au grotesque, je finis bien vite ma harangue, car je voyais avec une affreuse angoisse qu'il allait faire un saut et m'aboyer au nez.

Je fis encore un pas. La lettre n'était pas reployée entièrement, mais négligemment froissée. Le chantre venait probablement de la lire, ce que je reconnus à ses lunettes qui étaient auprès de lui sur le gazon.

Mais j'éprouval la plus délicieuse surprise lorsque, sur le côté ex-térieur, je lus ces mots tracés par la main de Louise : *A Monsieur Charles.* J'eus la pensée de m'emparer de la lettre, comme étant ma propriété ; mon bien le plus précieux ; puis, réfléchissant aux consé-quences que pourrait avoir cette démarche, je chancelai, et un petit mouvement nerveux que fit le chantre, à cause d'une mouche qui s'était posée à fleur de sa narine, acheva de m'ébranler. Je cherchai donc à lire dans l'intérieur des deux feuillets, tout en inspectant les mouches.

Il y en eut une, entre autres, qui me donna un mal infini. Chassée de la tempe, elle revenait sur le nez, pour se poser ensuite sur le sourcil. Dourak, voyant les mouvements que je faisais pour l'écon-duire, se leva tout prêt à sauter dessus. Je laissai donc la mouche pour regarder Dourak, tout en inspectant Dourak.

Je commençai par souffler entre les feuillets pour les écarter, et je pus ainsi entrevoir les mots qui formaient le bout des lignes. Les pre-miers que je lus, tout inintelligibles qu'ils étaient, me causèrent une grande surprise ; c'étaient ceux-ci : « ... cette lettre, vous serez déjà loin de... »

La ligne finissait là. Je crus m'être trompé. Qui sera loin ? loin de quoi ? et je me perdais en conjectures. Espérant que les lignes sui-vantes me découvriraient quelque chose, je repris mon travail mais avec moins de fruit encore ; car le papier se présentant de biais, les fins de ligne devenaient toujours plus courtes, et la dernière ne me laissait plus voir qu'une ou deux lettres.

Je lus des mots épars , des lambeaux de phrase, qui, sans m'apprendre rien de plus , me jetèrent néanmoins dans une vive anxiété.

Je m'occupai aussitôt de lire le revers intérieur de la feuille, qui m'offrait le commencement des lignes suivantes dans un espace de même forme, et je passai bientôt aux transports de la joie la plus douce que j'eusse encore ressentie. Le sens n'était pas complet, mais c'était mieux encore ; car j'en voyais assez pour suppléer librement et selon mon gré à ce qui en restait voilé.

« .... Oui, Charles, disait-elle, je me le reproche maintenant ; mais plus je m'attachais à vous, plus il me semblait qu'un invincible embarras s'opposât aux moindres signes qui eussent trahi le secret de mon cœur. Mais, mon ami, aujourd'hui que...

A ce langage, des larmes troublèrent ma vue. Je m'arrêtai quelques instants ; puis, revenant à mon travail, je pris les deux feuillets par le bord, afin de les écarter et de lire plus bas..... Alors, comme si tout dans ce jour eût dû concourir à réaliser le charme de mes rêves les plus chéris, j'aperçus une boucle de ses cheveux...

Ici le chantre souleva brusquement la tête... je me jetai contre terre à la renverse.

Je ne voyais plus, et la peur m'ôtait le souffle. Dourak, surpris de ma chute, vint me lécher la figure : je lui donnai sur le museau une tape qui provoqua un cri plaintif. Alors, la honte et le trouble me suffoquant, je fis, à tout événement, semblant de dormir moi-même.

Mais, dès que j'eus fermé les yeux, je n'osai plus les rouvrir. Je m'apercevais bien, au silence profond qui s'était rétabli, que le chantre ne faisait plus de mouvements ; mais, loin de le supposer endormi de nouveau, mon imagination me le représentait agenouillé auprès de moi, sa tête inclinée sur la mienne, et son œil soupçonneux cherchant à surprendre ma ruse dans mon regard, au moment où j'ouvrirais les paupières. Je voyais sa main levée, j'entendais son rude langage : en sorte que, fasciné par cette image menaçante, je demeurais les yeux clos, et couvrant de la plus parfaite immobilité l'agitation extrême à laquelle j'étais en proie.

A la fin, faisant un effort immense, j'entr'ouvris les yeux, que je refermai bien vite ; puis, par degrés, je les ouvris tout à fait, et je tournai la tête... Le chantre dormait de tout son cœur, après avoir changé de position.

J'allais me relever tout doucement, lorsqu'au bruit d'un char qui passait sur la route Dourak s'élança impétueusement hors du taillis, en sautant par-dessus le chantre. Je retombai bien vite dans mon profond sommeil.

Le chantre, troublé dans son repos, fit entendre un grognement indistinct, et marmotta quelques mots de gronderie contre le chien... J'attendais mon tour. Cependant, comme sa voix s'en allait mourant, je concevais déjà quelque espoir, lorsque je me sentis frapper lourdement la jambe. Je redoublai de sommeil, après avoir été secoué par un énorme soubresaut.

J'eus le temps de faire des conjectures, car les mêmes terreurs me tenaient les yeux fermés. A la fin, je sentis avec épouvante que le monstre avait une chaleur sensible ; l'angoisse montant à son comble, je regardai... C'était la grosse main calleuse, nonchalamment étendue sur ma jambe, avec tout l'avant-bras y attenant.

Cette fois, j'étais pris, pris comme à la trappe. Il n'y avait moyen ni de reculer ni d'avancer. Toutefois, la peur me donnant du courage, et le chantre ne bougeant pas, je me mis à réfléchir avec assez de sang-froid aux ressources que pouvait encore m'offrir ma situation. J'imaginai de substituer à ma jambe quelque appui artificiel, de façon qu'après l'avoir dégagée peu à peu je pusse m'échapper. Et déjà je m'enfuyais en idée à toutes jambes, lorsque, du haut de la terrasse, une voix m'appela : Charles ! C'était celle de M. Prévère.

Au même moment, Dourak bondit par le taillis, pousse droit à moi, piétine le chantre, et remplit l'air de ses aboiements.

Le chantre se leva, et moi aussi. Son premier mouvement fut de porter les yeux et la main sur la poche où était la lettre ; après quoi nous nous regardâmes.

— Vous ici ! s'écria-t-il.

— Charles ! appela encore une fois M. Prévère. A cette voix, le chantre se contint, et ajouta seulement ces mots : — Allez, ça va finir.

Je m'échappai tout tremblant.

Je fis un détour pour rejoindre M. Prévère, afin de gagner un peu de temps ; car le désordre de mes traits était tel, que je n'osais me présenter à lui. Mais il se trouva devant moi au sortir du taillis.

— C'est vous que je cherchais, Charles, me dit-il. Votre chapeau : nous irons faire une promenade ensemble.

Ces mots m'embarrassèrent beaucoup, car mon chapeau était resté auprès du chantre ; et, à peine délivré de son terrible regard, je redoutais horriblement de m'y exposer de nouveau. Néanmoins, ne voulant pas paraître hésiter, je rentrai dans le taillis ; mais la surprise et l'émotion me firent chanceler quand je vis, sous les arbres, le chantre qui nous observait silencieusement au travers du feuillage. Il s'approcha de moi, et me présentant mon chapeau ; — Le voici, dit-il à voix basse ; prenez et allez.

Je pris et j'allai, encore plus déconcerté par ce ton inaccoutumé de modération qu'accompagnait un regard sans colère.

Je rejoignis M. Prévère, et nous nous éloignâmes. Pendant que je marchais à ses côtés, mon trouble se dissipait peu à peu ; mais, à mesure que le calme renaissait dans mon âme, une inquiétude d'un autre genre commençait à y poindre. L'air du chantre, la tristesse de M. Prévère, cette promenade inattendue, toutes ces choses présentes à la fois à mon esprit, s'y liaient ensemble d'une façon mystérieuse, et une attente sinistre suspendait ma pensée, impatiente de se porter sur la lettre de Louise.

M. Prévère continuait à marcher en silence. A la fin, je jetai furtivement les yeux sur sa figure, et je crus y surprendre une espèce d'embarras. Le subit effet de cette remarque fut de m'ôter celui qui m'était ordinaire auprès de lui, et je conçus l'espoir de lui parler cette fois selon le gré de mon cœur. L'idée que cet homme, si digne d'être heureux, portait en lui quelque secret chagrin achevait de m'enhardir, par la pensée que peut-être il ne dédaignerait pas de le partager avec moi.

— Si vous avez quelque peine, monsieur Prévère, lui dis-je en rougissant, est-ce que vous ne me jugeriez pas digne de la partager ?

— Oui, Charles, me répondit-il, j'ai une peine, je vous la confierai ; et je vous crois si digne de la connaître, que je fonde ma consolation sur la manière dont vous la supporterez vous-même. Mais allons plus loin, ajouta-t-il.

Ces mots me troublèrent, et mille conjectures se croisèrent dans mon esprit. Néanmoins un sentiment d'orgueil se mêlait à ce trouble, car les paroles confiantes de M. Prévère me relevaient dans ma propre estime.

Arrivés vers le pied de la montagne, M. Prévère s'arrêta. — Restons ici, dit-il, nous y serons seuls.

C'était une espèce d'enceinte, formée par les parois d'une carrière anciennement exploitée, où quelques noyers formaient un bel ombrage. De là on découvrait de lointaines campagnes, tantôt unies et divisées par d'innombrables clôtures, tantôt montueuses ou couvertes de bois, et sillonnées par le cours du Rhône. De loin en loin quelques clochers marquaient la place des hameaux, et, plus près de nous, les troupeaux épars paissaient dans les champs. C'est là que nous nous assîmes.

— Charles, me dit M. Prévère avec calme, si vous avez quelquefois réfléchi sur votre âge, vous serez moins surpris de ce que j'ai à vous dire. Votre enfance est finie, et l'emploi que vous allez faire de votre jeunesse dépendra votre carrière future. Il faut maintenant que votre caractère se développe par la connaissance du monde, par vos rapports avec vos semblables ; il faut que des études nouvelles étendent votre savoir, perfectionnent vos facultés, afin que peu à peu, selon vos efforts, vos talents et votre honorable conduite, vous entriez dans la place que la Providence vous aura assignée ici-bas... Mais, mon ami, ce n'est plus dans ces humbles campagnes...

Je le regardai avec effroi.

..... Ce n'est plus auprès de moi, Charles, que vous pourriez désormais trouver ces ressources nouvelles... Il faudra nous quitter.

Ici M. Prévère, dont ces derniers mots avaient altéré la voix, s'arrêta quelques instants, pendant que, livré à mille combats intérieurs, je restai immobile. Il reprit bientôt :

..... Les devoirs qui me retiennent ici m'empêcheront de vous accompagner et de diriger vos premiers pas dans le monde comme je l'aurais désiré. Mais peut-être sera-ce un bien pour vous, Charles, que de tomber dans des mains plus capables au sortir de mes mains trop aimés. Là où les lumières et la force me manqueraient, un autre saura les employer pour votre bonheur, et je jouirai de ce qu'il aura pu faire sans lui reprocher ce que je n'aurais pas su faire moi-même. Cet homme, que vous apprendrez à vénérer, c'est un de mes amis ; il habite Genève, ma patrie, et il vous recevra dans sa maison. Vous y trouverez l'exemple de bien des choses bonnes et vertueuses que vous ne trouveriez pas ici, où la vie plus simple et plus passive des champs peut laisser inactives les plus nobles qualités de l'âme. Ce n'est pas sans un grand effort, mon bon ami, que je me sépare de vous ; mais, ainsi que je vous l'ai dit, mon chagrin sera moins grand si vous reconnaissez comme moi la nécessité de cette séparation. Ne vous abusez pas vous-même ; voyez au milieu de vos désirs, de vos penchants, et n'oubliez jamais que nous aurons un jour à répondre de ce que nous n'aurons pas fait, selon notre place et nos moyens, pour notre perfectionnement et pour le bien de nos semblables.

Pendant que M. Prévère parlait, le regret, l'espoir déçu avaient serré mon cœur, jusqu'à ce que la modestie de ses expressions et la noblesse de ses dernières paroles vinssent l'attendrir ; mais j'étais incapable de lui rien dire, et je comprimais en silence les larmes qui se pressaient à mes yeux fixés sur la terre. Il vit mon trouble, et continua :

..... C'est d'ailleurs quelques années seulement, Charles, après lesquelles vous choisirez vous-même votre carrière. Libre à vous alors, après que vous aurez essayé vos forces, de vous y vouer si vous préférez aux situations plus brillantes que peut vous offrir la ville, une vie simple et obscure comme celle où vous me voyez. Je l'espère, la Providence nous rapprochera plus tard l'un de l'autre ; et si jamais elle inclinait votre cœur vers la même carrière où je suis engagé, ce petit troupeau, où vous êtes aimé, pourrait passer un jour de mes mains dans les vôtres.

Ces derniers mots firent briller dans mon cœur un vif éclair de joie. Je crus entrevoir mon vœu le plus cher caché sous les paroles de M. Prévère; et aussitôt à mon abattement succédèrent les transports d'un énergique courage. Une ambition nouvelle m'enflammait; l'absence, l'étude, les privations, me paraissaient légères, désirables, si c'était pour me rendre digne de Louise, revenir auprès d'elle et lui consacrer ma vie.

— Monsieur Prévère, lui dis-je alors, enhardi par cette idée, si je vous ai bien compris, vos paroles vont au-devant de mes plus chers désirs; mais pensez-vous bien que je puisse faire ces choses avec l'espérance que Louise partage un jour mon sort et que nous vivions auprès de vous? Oh! monsieur Prévère, si je savais que ce dût être là le terme de mes efforts, que me coûteraient quelques années pour y arriver, et qu'appellerais-je sacrifice ce qui serait dès aujourd'hui une espérance pleine de charme et de bonheur!...

Pendant que j'achevais ces mots, je vis un nuage de tristesse se répandre sur le front de M. Prévère, et qu'une pénible réponse avait peine à sortir de ses lèvres. Après un moment d'hésitation : — Non, me dit-il avec un regard de compatissante douleur, non, Charles, je ne dois pas vous abuser... Il faut chasser ces pensées... Prenez courage, mon enfant... Louise aussi vous le dirait elle-même. Voudriez-vous qu'elle eût à choisir entre vous et l'obéissance qu'elle doit à son père?

— Son père!... Et aussitôt une affreuse lueur vint m'éclairer. Je m'expliquai tout à la fois et la tristesse de M. Prévère, et l'air du chantre, et la lettre tout entière, et comment cet homme soupçonneux m'avait ravi jusqu'aux consolations que sa fille me préparait à l'avance. Son père! repris-je avec amertume, ah! cet homme m'a toujours haï!

— Charles, interrompit M. Prévère, respectons sa volonté; ses droits sont sacrés. Surtout, gardons-nous, mon bon ami, d'être injustes par passion, en lui prêtant des sentiments qui sont loin de son cœur. Ne sondons point ses motifs; ils peuvent être mal fondés, sans cesser d'être légitimes.

A ce trait de lumière : — Je les sais! m'écriai-je, je les sais!... Ah! monsieur Prévère, ah! mon bienfaiteur! mon père, mon seul ami sur la terre!... Je suis un enfant trouvé! Et, tombant à genoux, je cachai dans ses deux mains mes sanglots et mon désordre. Je sentis bientôt ses larmes se confondre avec les miennes, et quelque douceur se mêler à mon désespoir.

Nous demeurâmes longtemps en silence. A mon agitation avait succédé une tristesse plus calme, et la vue de M. Prévère achevait de détourner de moi mes pensées.

Une émotion profonde était empreinte sur sa belle figure, et l'on y lisait une peine assez violente pour dominer cette âme, pourtant si forte sur elle-même malgré son angélique douceur. Il semblait que mes paroles lui eussent enlevé le fruit de ses constants efforts à écarter de mes jeunes ans jusqu'à l'ombre de l'humiliation, et qu'atterré sous cette révélation soudaine, il déplorât avec une poignante amertume le sort d'un jeune homme auquel son humanité, et cette tendresse qui naît de la pratique des vertus difficiles, l'avaient affectionné dès longtemps. Je me souviens que, tout à l'heure encore, il avait voulu, au prix même de la franchise qu'il chérissait, éluder ce danger en composant ses discours; j'y vis la cause de son embarras; et reconnaissant que moi-même j'avais provoqué, par mes impétueuses paroles, la douleur sous laquelle je le voyais brisé, je fus ému d'une pitié profonde : — Monsieur Prévère, lui dis-je alors dans toute la chaleur de mon mouvement, monsieur Prévère, pardonnez-moi! Dans l'unique occasion où je pouvais vous montrer mon dévouement, j'ai failli. Pardonnez-moi! je vous prouverai mon repentir par ma conduite. Je m'efforcerai de profiter des avantages que vous mettez à ma portée... J'aimerai votre ami, monsieur Prévère... Tous les jours je bénirai Dieu de m'avoir mis sous votre garde... de m'avoir fait le plus heureux des enfants... Je tâcherai d'oublier Louise... d'aimer son père, Je veux partir ce soir.

Pendant que je parlais ainsi, mon protecteur passait par degrés à une douleur moins amère, et un faible rayon de joie brillait parmi les larmes de sa paupière. Sur ses joues pâles, la rougeur d'une humble modestie accueillait mes accents de reconnaissance; et, quand l'émotion m'eut coupé la voix, il prit ma main et la serra avec une étreinte de sensibilité où perçaient l'estime et quelque contentement. Puis nous nous levâmes en silence, et nous reprîmes tristement le chemin de la cure.

J'aurais voulu rencontrer Louise; nous ne la vîmes point. Le chantre ne se montra pas, la cour était solitaire. Je compris que seul j'avais ignoré ce qui m'attendait, et je montai dans ma chambre pour faire un paquet de quelques hardes; le reste devait me parvenir ensuite.

J'ôtai de la muraille, où je l'avais suspendu, un petit dessin de Louise qu'elle m'avait laissé prendre quelques jours auparavant. Il représentait la mare et ses alentours, avec le saule et le fantôme. Je le ployai soigneusement en deux pour qu'il pût entrer dans la Bible que M. Prévère m'avait donnée lors de ma première communion. Ces deux objets me rappelleraient tout ce que j'aimais sur la terre.

M. Prévère entra. Nous étions si émus l'un et l'autre, que nous retardions, comme d'un commun accord, le moment de nous dire adieu, prolongeant le temps en discours indifférents. A la fin, il me remit quelque chose d'enveloppé dans du papier, c'étaient deux louis d'or et quelque monnaie. Alors il ouvrit ses bras; et, confondant nos larmes, nous restâmes unis dans un long embrassement.

Il était environ sept heures lorsque je quittai la cure par une soirée dont l'éclat radieux ajoutait à ma tristesse. En passant près de la mare, j'y jetai les yeux, elle me sembla aride et morte : seulement je regardai encore quelque envie les trois canards qui se récréaient au soleil du soir sur cette glèbe où ils étaient sûrs de demeurer heureux et paisibles; et, songeant aux heures si douces que j'avais passées dans leur société, je m'éloignai d'eux avec un vif regret. Bientôt après je rejoignis la route.

C'est seulement alors que je me sentis hors de la cure, et seul au monde. Un passif abattement ne tarda pas à succéder aux émotions bien moins amères du regret et de la douleur. Dépouillé de mes souvenirs, de mes espérances, de tous les objets auxquels jusqu'alors s'était liée ma vie, je m'acheminai vers un monde nouveau, vers une ville populeuse; et tel était l'état de mon cœur, que j'eusse préféré mille fois m'avancer vers les plus arides solitudes. Nulle vie ne se faisait plus sentir : tout m'était fermé en arrière; en avant tout m'était odieux. Autour de moi, les objets inanimés eux-mêmes, les haies, les prés, les clôtures que je dépassais, avaient changé d'apparence; et, loin d'en regretter la vue, je hâtais mes pas, dans l'espérance d'éprouver moins de malaise quand le pays me serait moins familier. Il me fallait traverser le hameau; mais, à la vue de quelques paysans qui goûtaient la fraîcheur du soir devant leurs maisons, je pris un sentier qui rejoignait la route au delà du village, et je dépassai l'âne de la cure qui paissait dans un pré.

Néanmoins l'éclat de la soirée, les teintes animées du paysage dans cette saison de l'année, et la vue de ce vieux serviteur, qui tant de fois avait porté Louise sous ma conduite, agissant ensemble sur mon imagination, vinrent y remuer d'anciennes impressions, et combler peu à peu le vide que j'éprouvais par des réminiscences vagues d'abord et lointaines, ensuite plus récentes et plus vives. Bientôt j'assignais au matin de cette journée, aux rêveries de la mare, à M. Prévère, au chantre, à cette lettre, enfin, où Louise avait tracé l'aveu de son cœur. Au seul souvenir de ces lignes, je tressaillis de joie : pour quelques instants, il me semblait que je fusse encore heureux, et j'oubliais que chaque pas m'éloignait de cette jeune fille, en qui avait passé ma vie.

J'étais arrivé au sommet d'un coteau. Avant de descendre sur le revers, je jetai encore une fois les yeux sur la cure, que j'allais perdre de vue. Le soleil, près de se coucher, dorait d'une lisière de pourpre la crête des tilleuls et le sommet des vieilles ogives du presbytère, tandis qu'une ombre bleuâtre couvrait de ses teintes tranquilles le vallon qui me séparait de ces lieux.

A la fraîcheur du soir, l'herbe redressait sa tige, les insectes se taisaient, et déjà quelques oiseaux de nuit voltigeaient autour des taillis obscurs. Dans le lointain, quelques chants isolés, le mugissement d'une vache, le bruit d'un chariot, annonçant la fin des travaux du jour, semblaient préluder doucement au repos des campagnes, et préparer le majestueux silence de la nuit. Insensiblement la clarté du jour se retira de ces douces vallées, et les riantes couleurs des prairies s'éteignirent dans un pâle crépuscule. A ce spectacle, j'avais senti mon cœur s'émouvoir, et je m'étais assis au bord du chemin. Sur le point de m'éloigner, je trouvais à ces impressions je ne sais quel charme touchant, comme si chacune d'elles eût un langage qui me parlât du passé, et qui endormît ma peine dans le vague d'une attendrissante mélancolie.

En ce moment, l'horloge de la cure sonna huit heures. Ce son si connu, me surprenant dans la disposition où j'étais, acheva de transporter mon imagination autour du presbytère. Je me sentis comme présent au milieu d'eux, à cette heure où d'ordinaire, assis sur l'antique terrasse, nous passions les belles soirées d'été, tantôt en paisibles entretiens qu'ennoblissaient toujours la conversation simple et élevée de M. Prévère, tantôt recueillis en face de l'imposante profondeur des cieux. J'aimais surtout ces moments depuis qu'un nouveau sentiment avait donné du sérieux à mes pensées, et que souvent s'y rencontraient, dans des sentiers mystérieux, l'image d'un Dieu plein de bonté et celle d'une jeune fille d'une pureté céleste. A cette heure aussi, l'obscurité voilant l'expression des visages, notre mutuelle timidité se changeait en des manières plus aisées; et, si le moment où l'on allait s'asseoir sur le banc nous trouvait à côté l'un de l'autre, la nuit ne trahissait ni notre honte ni notre plaisir. Alors je sentais contre ma main les plis de sa robe; quelquefois le souffle de ses lèvres arrivait jusqu'à mes joues, et je m'imaginais pas qu'il pût y avoir une plus grande félicité sur la terre.

Un chariot, que j'entendais monter sur le revers du coteau, vint me distraire de ma rêverie; et, songeant aussitôt à l'heure avancée, je me levai pour reprendre ma route. A peine avais-je perdu de vue la cure depuis quelques instants, que mon cœur commença à se gonfler de tristesse. Je dépassai le chariot; mais lorsque, m'étant retourné, je le vis qui allait aussi disparaître derrière le coteau, et me laisser seul, mes larmes coulèrent. J'entrai dans un pré; et, m'étant jeté sur l'herbe, mes regrets éclatèrent en bouillants sanglots. A l'image de Louise, qui m'était ôtée pour toujours, je poussais des accents confus de douleur. « Ah! Louise, murmurai-je avec désespoir, Louise..... vous qui m'aimiez... Louise!... pourquoi vous ai-je connue?... Et vous, monsieur Prévère!... » Puis, restant quelque temps dans le silence, des projets extravagants se présentaient à mon esprit, qui suspendaient mes pleurs, jusqu'à ce qu'ils vinssent échouer contre l'insurmontable obstacle de mon respect pour ceux mêmes qui en étaient l'objet.

Quand je me relevai la nuit couvrait depuis longtemps la campagne, et l'on n'entendait plus que le bruit lointain de la rivière. Deux lieues me restaient à faire avant d'arriver au village où M. Prévère m'avait adressé pour y coucher ce soir-là chez un de ses amis. Je ne trouverais personne debout, il faudrait faire lever les gens, et l'idée de voir du monde m'était insupportable. Je commençai à entrevoir que je pouvais passer la nuit dans l'endroit où j'étais. Le lendemain, qui était un dimanche, je partirais avant le jour, et j'arriverais le soir à la ville sans avoir eu à converser avec personne qu'avec moi-même. Ce projet, l'épouvante m'en étant ôtée, fut bientôt arrêté, et je marchai vers la haie pour m'y choisir un abri.

Mais, pendant que je cherchais ainsi place, la pensée de me rapprocher de la cure se présenta à mon esprit. L'idée qu'en agissant ainsi je tromperais M. Prévère m'y fit d'abord renoncer. Néanmoins je revins machinalement sur le chemin, où je rebroussai lentement jusqu'au sommet du coteau. Là je commençai à composer avec moi-même, tout en avançant toujours; et, bien que les remords et la crainte me pressassent à chaque instant de m'arrêter, j'ajoutais sans cesse un pas au pas précédent. Je me retrouvai enfin près de la mare.

Que tout était changé! Loin de retrouver dans ces lieux les illusions que j'y cherchais pour quelques instants encore, je n'éprouvai que l'amère impression de m'y sentir désormais étranger. Tout était froid, désenchanté, et les objets qui autrefois me causaient le plus de plaisir à voir étaient justement ceux qui, dans ce moment, blessaient le plus mes regards. Je me décidai de nouveau à m'éloigner, ne sachant plus que faire de moi-même.

J'avais déjà rebroussé de quelques pas, lorsque je vis une pâle lueur qui éclairait le feuillage des tilleuls. Je m'approchai tout doucement, et je reconnus que la lumière partait de la chambre de Louise. Je restai immobile, les yeux fixés sur la modeste boiserie où se projetait son ombre, tandis qu'un sentiment de sa présence tout reprenait vie autour et au dedans de moi.

Louise était assise devant la petite table qui se trouvait auprès de la fenêtre. Je jugeai qu'en ce moment elle était occupée à écrire, et l'espoir que ces lignes m'étaient destinées vint sourire à ma tristesse. Mais, pendant que je regardais avec une avide curiosité les moindres mouvements de son ombre, elle-même, s'étant levée, parut à ma vue. Alors, comme si pour la première fois la beauté touchante de cette jeune personne eût frappé mes regards, les élans de la plus vive tendresse firent battre mon cœur, s'y confondant avec les douces émotions que la lettre m'avait laissées. Quelques instants s'écoulèrent, pendant lesquels je pus reconnaître, à la tristesse de son visage, qu'une peine commune nous unissait encore ; puis, s'étant tournée vers la glace qui était au-dessus de la table, elle ôta son peigne, et ses beaux cheveux tombèrent flottants sur ses épaules. Je ne l'avais jamais vue sous cet air de grâce négligée; aussi j'éprouvai un trouble secret, où le plaisir se mêlait à la honte d'avoir surpris ce mouvement, et je reculai sous le feuillage des tilleuls.

Dans ce moment, j'entendis s'ouvrir une porte dans la cour, et aussitôt après parut le chantre, une lumière à la main. Je voulus fuir; mais, l'épouvante m'en ôtant la force, je ne pus que me traîner vers le petit mur qui bordait le cimetière. Après l'avoir escaladé, je me tapis derrière, incertain si j'avais été aperçu.

Le chantre parut d'abord arrêté sous la fenêtre de Louise, comme pour s'assurer qu'elle ne reposait pas encore; puis, attiré peut-être par le bruit que j'avais fait, il se remit à marcher. Une lueur, que de ma place me vis passer sur le haut des ogives, m'annonça qu'il approchait. Alors je rampai dans l'herbe jusqu'à la porte de l'église, que je refermai doucement sur moi.

Là, je commençai à respirer. En regardant par les fentes du vieux portail ce qui se passait à l'extérieur, j'aperçus bientôt le chantre qui, ayant éteint sa lumière, marchait doucement dans les ténèbres, regardant de tous côtés, et prêtant l'oreille au moindre bruit. Il s'éloigna lentement; et, peu de temps après, quelque mouvement que j'entendis du côté de l'église où se trouvait son logement me fit comprendre qu'il était rentré. Au profond silence qui s'établit ensuite, je jugeai que seul je veillais dans la cure, et je me crus sauvé.

Ma frayeur était trop récente pour que j'osasse sortir de suite, et d'ailleurs je ne savais où aller. Je me décidai donc à passer dans l'église deux ou trois heures pour en partir avant le jour, et j'allai m'asseoir à la place de Louise. L'horloge sonnait une heure, j'étais

épuisé de fatigue; après avoir lutté quelque temps, je finis par me coucher sur le banc, et le sommeil me surprit.

Je fus réveillé par un grand bruit. C'était la cloche du temple qui appelait les paroissiens au service divin. Je me levai en sursaut, et, le bouleversement m'ôtant toute présence d'esprit, je me mis à parcourir l'église, sans savoir où me diriger. Bientôt au bruit de la cloche succéda un silence plus effrayant encore. Une clef cria dans la serrure, du côté de la sacristie; je volai sur la galerie, où je me cachai derrière l'orgue.

C'était le chantre qui venait marquer les versets et préparer la chaire. Par la porte, qu'il avait laissée ouverte, j'entendais les paroissiens qui s'assemblaient déjà sous les tilleuls. Quand il les eut rejoints, je me rappelai que l'orgue, à cause des réparations qu'on y faisait, ne serait pas joué ce dimanche, et je vins me cacher dans une niche que formait la saillie du clavier et les côtés de l'instrument. J'ajustai le siège, qu'on avait démonté, de manière qu'il fît face aux bancs d'où je pouvais être aperçu, et je me résignai à attendre là mon sort, regrettant mille fois de n'avoir pas écouté, le soir précédent, la voix qui me défendait de revenir sur mes pas.

Bientôt quelques personnes entrèrent, la galerie se remplit tout autour de moi ; et, comme pour rendre mon angoisse plus forte, l'assemblée se trouvait plus nombreuse qu'à l'ordinaire. Toutefois je remarquai une préoccupation qui pouvait m'être favorable; et quand je me fus aperçu que j'en étais en partie l'objet, la curiosité suspendit pour quelques instants mes alarmes.

Autour de moi, l'on parlait de mon départ, de M. Prévère, du chantre. Personne ne blâmait celui-ci, quelques-uns plaignaient Louise, d'autres trouvaient que M. Prévère avait eu tort de m'élever chez lui. Une voix ajouta : « Voyez-vous, qui ne naît pas de bon lieu finit toujours mal. — C'est sûr, reprit une autre voix ; c'étaient des mendiants qui n'en savaient que faire, et ils l'ont posé là. M. Prévère les aurait connus s'il avait voulu, à telles enseignes qu'on lui dit que Claude, revenant des chalets, avait vu la mère au bois d'en haut; mais il ne voulut jamais qu'on leur courût après. Comme ça, l'enfant lui est resté.

— C'était pour bien faire, reprit un autre homme. « Le bon Dieu me l'envoie, que M. Prévère se dira dit ; l'irais-je rendre à ces vauriens pour qu'ils le jettent dans un puits ? » Et il l'a gardé. C'est-il mal fait ? Moi, je dis que non, pour qui a les moyens. D'accord que ça n'a ni père ni mère, et que je ne lui donnerai pas ma fille... Tout de même c'est un mendiant de moins par le monde. Et puis, tenez, faut tout dire, c'est un bon garçon, M. Charles. » Et aussitôt ces mêmes paysans, dont pour la première fois je voyais à nu les égoïstes préjugés, firent à l'envi mon éloge avec une bienveillance qui ne pouvait me paraître suspecte. J'en fus surpris, car j'ignorais alors que dans la même âme peuvent vivre les préjugés les plus durs et une bonté naturelle ; néanmoins leurs paroles me touchèrent et versèrent quelque baume sur le déchirement de mon cœur.

Dans ce moment, Louise entra, et, peu d'instants après, M. Prévère. Aussitôt les conversations cessèrent, et un silence inaccoutumé régna dans l'église. Pendant que M. Prévère montait les degrés de la chaire, tous les regards se dirigèrent sur lui ; ils se portèrent ensuite sur le chantre, puis ils revinrent sur Louise. Cette jeune fille, en tout temps si timide, avait baissé la tête, et l'aile de son chapeau dérobait aux regards sa rougeur et son trouble.

M. Prévère lut dans la liturgie la belle prière qui ouvre, chaque dimanche, l'exercice de notre culte; après quoi, le chant des psaumes commença. Contre son habitude , il ne joignit pas sa voix à celle du troupeau; loin de là, s'étant assis , il paraissait triste et abattu. Il porta plusieurs fois les yeux sur la place où il avait l'habitude de me voir, et qui était demeurée vide ; et , autant qu'il l'osait le faire sans distraire ses paroissiens, son visage compatissant se tournait du côté de Louise. Les chants cessèrent ; et, après la seconde prière, dont quelques expressions avaient provoqué une attention plus particulière, M. Prévère ouvrit la Bible, et y lut ces mots : *Quiconque reçoit ce petit enfant en mon nom, il me reçoit.* Puis il parla ainsi :

« Mes chers paroissiens.....

» Permettez que j'interrompe aujourd'hui le cours ordinaire de nos instructions. J'ai à vous faire entendre des vérités qu'il n'est plus opportun de vous taire. Puissiez-vous les écouter avec humilité ! puissent-elles sortir de mes lèvres pures de passion et d'aigreur !

» Il y a dix-sept ans que nous fûmes attirés, un onze heures du soir, par les cris d'un petit enfant. C'était dans la cour même de cette cure : vous le savez, Pierre, et vous aussi, Joseph, qui vous trouvâtes là dans ce moment. La pauvre créature, enveloppée de haillons, était transie de froid. Nous la recueillîmes, nous la réchauffâmes, et nous lui cherchâmes une nourrice parmi les mères de cette paroisse..... Aucune ne refusa, aucune ne vint; et, dès cette nuit même, notre chèvre, mes frères... notre chèvre lui donna son lait.

» Dieu permit dans sa bonté qu'il puisât au sein de ce pauvre animal la force et la santé. Mais il ne reçut pas les tendres soins qui appartiennent à cet âge; au lieu des caresses que vous prodiguez à vos enfants, une curiosité maligne entoura son berceau, et à peine entrait-il dans la vie, que déjà tout le poids d'un préjugé barbare pesait sur son innocente tète... Ai-je tort de dire cela ? ou bien vous souvient-il que cet enfant, qui n'avait pas de mère, eut peine à trouver au milieu de vous un homme qui voulût lui donner son nom et le présenter au baptême ?...

» Il grandit. Ses bonnes qualités, son caractère aimable, généreux, devaient trouver grâce devant vous. Aussi vous l'aimiez, vous l'attiriez dans vos maisons, vous le traitiez avec bonté, et mon cœur reconnaissant en bénissait à chaque fois... Hélas ! je m'abusais. Vous l'aimiez ! mais sans oublier jamais la tache que vous imputiez à sa naissance... Vous l'aimiez ! mais il était toujours pour vous l'*enfant trouvé*..... Ainsi le dédaigniez-vous dans l'orgueil de votre cœur ; ainsi le nommiez-vous dans vos entretiens; ainsi apprit-il ce qu'il importait tant de lui cacher ; ainsi vint l'humiliation flétrir sa jeunesse et empoisonner ses plus beaux jours. Oui, vous l'aimiez ! mais si la Providence, exauçant mes vœux les plus chers, eût voulu que ce jeune homme cherchât à retrouver une famille en ces lieux, mes frères !... pas un de vous, peut-être, ne lui eût donné sa fille !

.'. Lorsque M. Ratin s'avisa de me demander ce que je pensais
de ce procédé de Mentor.

» C'est ce que j'ai pressenti, continua M. Prévère d'une voix altérée, et j'ai dû l'éloigner. Ajouterai-je que, déjà parvenu aux confins de la vieillesse, je reste seul, séparé de celui qui m'en rendait l'approche moins triste ! A Dieu ne plaise! J'ai perdu la compagne que je m'étais choisie, j'ai vu mourir le seul enfant que Dieu m'eût donné... je n'ai pas dû compter sur ce bien plus que sur les autres.

» Assez sur lui, assez sur moi, mes frères. Mes espérances sont au ciel, les siennes s'y porteront : de là vient pas ma tristesse, mon effroi... Mais où suis-je ? qu'ai-je fait au milieu de vous ? où vous ai-je conduits? Quel compte te rendrai-je, ô mon Dieu ! si, après vingt ans que j'exerce ton ministère, tel est l'état des âmes dont tu m'as confié le soin, qu'un barbare orgueil y étouffe jusqu'aux faciles devoirs, jusqu'aux plaisirs de la compassion la plus naturelle! O Jésus ! comment regarderions-nous à toi! que te pourrions-nous dire ? Où est cette charité à laquelle tu promis tout, sans laquelle on ne te connaît point? Tu avais commis à cette paroisse le soin d'un de ces petits que ta bonté signale à la protection de ceux qui t'aiment; et il n'a pu y trouver une mère, un ami, une famille! et il faut qu'il aille, déjà flétri, découragé, chercher auprès d'hommes inconnus ce qui lui fut ici refusé! Le trouvera-t-il du moins? Hélas! vous qui n'êtes que des pauvres gens des campagnes, vous qui aviez vu son enfance, vous qui connaissiez, qui aimiez cet infortuné.... vous l'avez rejeté... Jugez donc vous-mêmes de ce qui peut l'attendre au sein des villes, au milieu des distinctions sociales, auprès d'étrangers qui, ne connaissant pas comme vous ses vertus, sauront trop tôt quelle fut sa naissance ! A toi, mon Dieu ! à toi seul à le prendre sous ta garde. Pour nous, nous le pouvions, mais nous ne l'avons pas fait....

» Charité, humilité ! vertus si belles! êtes-vous donc trop pures

pour cette terre ! Etes-vous remontées avec mon Sauveur au céleste séjour ? Autrefois, j'ai vu parmi la foule des cités quelques hommes vous vouer un culte sublime... Néanmoins, à de si rares exemples, mes yeux attristés se portaient avec espoir vers les campagnes, et je croyais que ces paisibles champs dussent être votre asile.... Amers mécomptes! Là aussi vous êtes méconnues, oubliées; là aussi le paysan, le laboureur, le journalier, si près qu'ils soient de la poudre d'où ils furent tirés, mettent à haut prix leur naissance, et méprisent l'enfant pour le crime de ses pères!...

» Qu'il aille donc dans une autre paroisse, l'enfant trouvé ! qu'il se présente à d'autres portes ! Ici l'heureux repousse le malheureux, le pauvre rejette le pauvre, la famille bénie rebute l'infortuné sans famille... Ah ! mes frères, mes chers frères ! quoi ! si peu de temps sur la terre, et en méconnaître ainsi l'emploi ! Si peu d'occasions de pratiquer des vertus les plus douces, les plus belles ! Le sublime exemple d'un maître divin qui relève avec bonté une femme adultère ; et, chez d'obscurs mortels, tant d'orgueil, tant de dureté à rabaisser un jeune homme pur et honnête !

. . . .

» Je vous ai parlé durement, mes chers paroissiens, et je ne suis qu'un pécheur comme vous. Pardonnez-moi. Après tant d'années que j'ai dû vous taire ces paroles, elles s'échappent de mes lèvres avec trop peu de mesure, et vous pleurez...... Ah ! laissez couler vos larmes; elles ne vous seront pas stériles, et pour moi elles me sont douces. En coulant sur mon cœur, elles y lavent l'amertume qu'y avaient amassée de longs froissements soufferts dans le silence; elles y laissent l'espoir que désormais vous saurez voir dans le pauvre, dans le misérable, dans l'enfant trouvé, l'ami de Jésus, l'hôte qu'il vous envoie, l'enfant qu'il recommande à votre amour.

. . . .

» Que si tel devait être le fruit de mes paroles, j'en regretterais peu la rudesse, et bien plutôt je bénirais Dieu de leur avoir prêté cette salutaire efficace. Alors, comptant que les promesses faites à la charité vous sont assurées, je verrais s'approcher avec moins d'anxiété le terme de ma carrière... O mes bien-aimés paroissiens ! entrons sans délai dans les voies du salut, mettons à profit le reste de nos jours, avançons vers la tombe en nous chargeant d'œuvres; et quand elle aura englouti nos corps périssables, puissions-nous être agréés du souverain juge : vous, pour avoir réformé vos cœurs; moi, pour lui avoir ramené ce troupeau, l'objet de toutes mes affections sur la terre ! »

Quand je relevai la tète, je ne vis plus Louise. Le chantre, courbé sous le poids d'une douloureuse angoisse, pleurait la tète baissée; et, au travers des larmes qui inondaient ma paupière, M. Prévère m'apparaissait comme un être céleste, dont j'eusse baisé les pieds avec adoration. J'avais compris la piété, la vertu, la beauté du sacrifice; et, avant que l'espérance vînt amollir mon cœur, je me hâtai de quitter ces lieux dès que je pus le faire sans être aperçu.

Trois jours après, je reçus cette lettre du père de Louise :

« CHARLES,

» Hier, au prêche, M. Prévère parla de vous, et il dit des choses qui me firent peine, venant d'un si respectable pasteur. Alors, après le prêche, l'ayant trouvé seul aux acacias, je lui pris la main, ayant peine à parler, du gros cœur que j'avais. — Parlez, mon vieux ami, me dit-il; vous ai-je paru trop sévère ? — Ce n'est pas ça, lui dis-je fait; mais depuis ce matin je me repens; déjà depuis hier au soir, monsieur Prévère. C'est dimanche fête, je ne veux pas communier qu'il ne soit revenu. Donnez-lui Louise.

» Alors nous nous sommes embrassés, et j'ai senti que j'avais bien fait, dont je remercie Dieu de m'avoir éclairé à temps. M. Prévère m'a causé [1] ensuite. C'était pour dire que, tout de même, vous devez rester là-bas pour y apprendre un état. Il vous écrira, et Louise aussi, après qu'elle aura reçu de vos nouvelles.

» En foi de quoi, Charles, je vous envoie ma montre en présent, aussi bien comme la tiens de mon père. Jean Renaud l'a nettoyée et recommandé que la nuit vous ne la teniez pas de plat, mais au clou, par rapport au mouvement.

» Adieu, Charles. Faites-vous sage et appliqué.

» REYBAZ. »

<hr>

LA BIBLIOTHÈQUE DE MON ONCLE.

I.

J'ai connu des gens élevés sur le seuil de la boutique de leur père; ils avaient retenu de ce genre de vie certaine connaissance pratique des hommes, certain penchant musard, le goût des rues, quelque trivialité d'idées, la morale et les préjugés du quartier. On en a fait des avocats, des ministres, et dans chacune de ces vocations ils ont apporté de ce seuil de boutique bien des éléments bons ou mauvais, toujours ineffaçables.

[1] *M'a causé* pour *m'a parlé* est une locution familière dans le canton de Genève,

D'autres, en ce temps-là, je veux dire vers quinze ans, avaient leur petite chambre sur une cour silencieuse, sur des toits déserts. Ils y sont devenus méditatifs, peu au fait des affaires de la rue, assez riches d'observations privées sur un petit nombre de voisins. Ils y ont acquis une connaissance de l'homme moins générale, mais plus intime. Combien de fois aussi, privés de tout spectacle, ils ont vécu avec eux seuls; pendant que l'autre, sur son seuil, toujours récréé par la vue de quelque objet nouveau, n'avait ni le temps ni l'envie de faire connaissance avec lui-même! Avocat ou ministre, pensez-vous que celui de la petite chambre n'aura pas une manière autre que celui du seuil?

Quelques instants après, une casquette, artistement suspendue à une ficelle, hissait de petits gâteaux tout chauds.

Et ce qu'on voit passer de son logis, et les gens qui circulent autour, et les bruits qui s'y entendent, et les objets tristes ou riants qui s'y rencontrent, et le voisinage, et les cas fortuits? Oh! que l'éducation est une chose difficile! Tandis qu'à lumineuse intention, sur le conseil d'un ami ou d'un livre, vous dirigez l'esprit et le cœur de votre fils vers le côté qui vous agrée, les choses, les bruits, les voisins, les cas fortuits conspirent contre vous, ou vous secondent sans que vous puissiez détruire ces influences ni vous passer de leur concours.

Plus tard, il est vrai, après vingt, vingt-cinq ans, le logement fait peu. Il est triste ou gai, confortable ou délabré; mais c'est une école où les enseignements ont cessé. A cet âge, l'homme fournit sa carrière; il a atteint ce nuage d'avenir qui, tout à l'heure encore, lui paraissait si lointain; son âme n'est plus rêveuse et docile: les objets s'y mirent, mais ils n'y laissent plus d'empreinte.

Pour moi, j'habitais un quartier solitaire [1]. C'est derrière le temple de Saint-Pierre, près de la prison de l'évêché. Par-dessus le feuillage d'un acacia, je voyais les ogives du temple, le bas de la grosse tour, un soupirail de la prison, et au delà par une trouée le lac et ses rives. Quels beaux enseignements, si j'avais su en profiter! Combien la destinée m'avait favorisé entre les garçons de mon âge! si j'ai mal profité, je tire gloire néanmoins d'être issu de cette école, plus noble que celle du seuil de boutique, plus riche que celle de la chambre solitaire, et d'où devait sortir un poëte, pour peu que ma nature s'y fût prêtée.

Au fait, tout est pour le mieux; car je me doute qu'à aucune époque les poëtes n'ont été heureux. Ne savez-vous un, parmi les plus favorisés, qui ait jamais pu étancher sa soif de gloire et d'hommages? en connaissez-vous un, parmi les plus grands, et surtout parmi ceux-là, qui ait jamais pu être satisfait de ses œuvres, y reconnaître les célestes tableaux que lui révélait son génie? Vie de leurres, de déceptions, de dégoûts! Et encore ceci n'en est que la surface; je m'imagine qu'elle recouvre des troubles plus grands, des dégoûts plus amers. Ces têtes-là se forgent une félicité surhumaine que chaque jour déçoit ou renverse; ils voient par delà les cieux, et ils sont cloués à la terre; ils aiment des déesses, et ne rencontrent que des mortelles. Tasse, Pétrarque, Racine, âmes tendres et malades, cœurs jamais paisibles, toujours saignants ou plaintifs, dites un peu ce qu'il en coûte pour être immortels!

Ceci est l'effet et la cause. C'est parce qu'ils sont poëtes qu'ils éprouvent ces tourments; c'est parce qu'ils éprouvent ces tourments qu'ils sont poëtes. De cette lutte qui se fait en eux jaillit, comme l'éclair de la nue, cette lumière qui nous frappe dans leurs vers; la souffrance leur révèle les joies, les joies leur apprennent la souffrance, leurs désirs vivent à côté de leurs déceptions; de ce riche chaos, de ces fécondes douleurs naissent leurs sublimes pages. Ainsi ce sont les vents orageux qui tirent de si doux sons de cette harpe solitaire.

Je m'étonne donc moins d'avoir ouï dire à un homme de sens qu'il vaut mieux être l'épicier du coin que le poëte du monde; Giraud, que Dante Alighieri.

Cette idée que je me fais du poëte, elle est si vraie que voyez, je vous prie, à quoi prétendent tout d'abord ceux qui aspirent à cette vocation. N'est-ce point à ce trouble, à ces peines, à ce riche chaos, si possible? Ainsi que l'on singe la vertu par des paroles de sainteté, ils singent, eux, la poésie par des paroles de tristesse, d'angoisse, d'ineffables douleurs; ils souffrent dans leurs vers, ils gémissent dans leurs vers, ils y traînent à vingt ans un reste éteint de vie décolorée, ils y meurent: presque tous commencent par là. Ah! mon ami, il n'est pas si facile que tu penses d'être triste, malheureux, affligé; d'être tourmenté de désirs, fasciné d'extase, de décolorer sa vie, de mourir comme Millevoye! Ote donc ton masque, que nous voyions ta face réjouie. Pourquoi, pourquoi, mon gros camarade, ne pas suivre ta nature? Quel avantage si grand trouves-tu donc à passer pour gémissant et plaintif, pour mort et jamais enterré!

Et le vieillard s'appuyant sur le bras de la jeune fille...

Au reste, quand je parle de fécondes douleurs, je n'entends point dire par là que tout grand poëte gémit et pleure nécessairement dans ses vers; mais, au contraire, que ses plus riantes extases recouvrent d'amers déplaisirs. Alors même qu'il nous entraîne dans un aimable Elysée, alors même qu'il peint la beauté sous ses plus célestes traits, c'est le vide de la terre qui lui fait déployer son essor vers ces hauteurs fortunées: il est peintre de la santé, parce qu'il est malade; de l'été, parce qu'il erre sur les glaces; des eaux fraîches, parce que tout est aride alentour. Le malheureux goûte quelques instants d'ivresse, et il nous fait boire à sa coupe. Pour nous le nectar, pour lui la lie.

Mais voici qu'à ce propos je découvre une pensée honteuse qui se cache derrière un repli de mon cerveau: c'est la pensée que je suis bien aise, pour mes plaisirs, qu'il ait existé de ces âmes souffrantes, pour mes plaisirs... que des infortunés aient vécu de peines durant de longues années, pour laisser quelques pages, quelques strophes qui me char-

[1] Ce quartier est celui qui avoisine l'église cathédrale de Genève. La maison dont il est ici question est connue sous le nom de *maison de la Bourse française*, parce qu'elle appartient à un établissement de bienfaisance destiné à secourir les Genevois protestants d'origine française.

ment, qui m'émeuvent un instant!... Profond égoïsme du cœur, cruauté du plaisir qui s'immole tout à lui-même! Mais aussi... Racine épicier! Virgile détaillant!... Non, je n'ai pas encore assez de sens, sur mon crâne chenu n'ont pas passé assez d'années encore. Un jour viendra, et trop tôt, où, plus sensé, non moins égoïste, je tiendrai ce propos devant les jeunes hommes. Et la pensée que je radote, s'élevant dans leur cerveau, s'épandra sur leur front, et ne s'arrêtera que sur leurs lèvres.

Il y a dans le cerveau beaucoup de ces pensées honteuses qui se cachent par pudeur, qui se taisent crainte de se faire honnir, qui parfois, venant à surgir hors de leur cachette, font circuler la rougeur sur les fronts honnêtes. Un jour un homme fit une battue dans son propre cerveau; il en sonda les replis; il chercha dessus, dessous; il visita les plus obscurs recoins; et de ce qu'il trouva fit un livre, le livre des *Maximes*, miroir fidèle où l'homme se voit bien plus laid qu'il ne croyait l'être.

Le duc en cela avait suivi la maxime de Socrate, qui exhorte l'homme à regarder dans son cerveau. Γνῶθι σεαυτόν (c'est du grec) ne signifie pas autre chose. Pour moi, je doute fort s'il y a beaucoup à gagner dans cette habituelle contemplation. Sur bien des choses vaut mieux s'ignorer soi-même. Certains à se connaître mieux deviendraient pires. Tel, voyant son champ ingrat au bon grain, prend l'idée de tirer parti des mauvaises herbes.

Aussi je ne regarde plus tant dans mon cerveau, mais ce m'est un passe-temps des plus récréatifs que de lorgner dans celui des autres. J'y applique la loupe, le microscope; et vous ne sauriez croire ce que j'y découvre de petites particularités curieuses, sans compter les grosses qui se voient à l'œil nu, et les monstruosités qui frappent à distance. Bien fou Gall, qui prétend juger du contenu par le contenant, du goût d'une orange par ses aspérités, d'un onguent par la boîte. Moi, j'ouvre et je goûte; j'ôte le couvercle et je flaire.

Imaginez-vous que tous les cerveaux sont faits de même; j'entends qu'ils ont tous le même nombre de loges, contenant les mêmes germes, ainsi qu'en toute orange même nombre de pepins habitent même nombre de loges pareillement disposées. Mais voici que bientôt de ces germes, les uns avortant, les autres se développant outre mesure, il résulte des disproportions d'où éclatent ces différences de caractères qui font les hommes si dissemblables.

Ce qui est curieux, c'est qu'il y a un de ces germes qui n'avorte jamais, qui s'alimente de rien comme de beaucoup, qui prend sa croissance l'un des premiers, et décroît le dernier de tous; si bien que, celui-là mort, on peut être assuré que tout le reste de l'homme a cessé de vivre : c'est celui de la vanité. Je tiens ceci d'un visiteur de morts, lequel m'a confié que, pour sa part, il s'en tenait à ce signe, le regardant comme plus sûr que tout autre; en sorte qu'appelé auprès d'un défunt il s'assurait tout d'abord qu'il n'y eût plus envie aucune de paraître; aucun soin de son air, de sa pose, nul souci du regard des autres; auquel cas, sans même tâter le pouls, il donnait son permis, et que, pour avoir toujours pratiqué cette recette, il était convaincu de n'avoir jamais envoyé en terre un vivant, ce que, disait-il, font souvent ses confrères, lesquels s'en tiennent au pouls, au souffle et autres signes incomplets.

Il prétendait ce visiteur, que ce n'est pas tant selon la condition, la richesse ou la profession, que ce bourgeon-là varie; que si quelque chose influe, ce serait plutôt l'âge. Dans l'enfance, il n'est pas le premier à se montrer; dans la jeunesse, il n'est pas le plus gros; mais, dès vingt ans, c'est un tubercule respectable et vorace qui s'alimente de tout.

J'oublie que c'est de mon logis que je voulais parler. J'y coulais dans une paix profonde les riants loisirs de ma première adolescence, vivant peu avec mon maître, plus avec moi-même, beaucoup avec Eucharis, avec Galatée, avec Estelle surtout.

Il y a un âge, un seul à la vérité et qui dure peu, où les pastorales de M. de Florian ont un charme tout particulier; j'étais à cet âge. Rien ne me semblait aimable comme ces jeunes bergères; rien de naïf comme leurs phrases précieuses et leurs sentiments à l'eau de rose; rien de champêtre, de rustique comme leurs élégants corsages, comme leurs gentilles houlettes à rubans flottants. A peine trouvais-je aux plus jolies demoiselles de la ville la moitié de la grâce, de l'élégance, de l'esprit, du sentiment surtout, de mes chères gardeuses de moutons. Aussi leur avais-je donné mon cœur sans réserve, et ma novice imagination se chargeait de le leur garder fidèle.

Enfantines amours, premières lueurs de ce feu qui, plus tard, pénètre, étreint, embrase!... Que de charmes, que de riant et pur éclat dans ces innocentes prémices d'un sentiment si fécond en orages!...

Le malheur de cette passion-là, c'est que je n'osais pas m'y livrer avec sécurité; et ceci, à cause d'un entretien très-grave que j'avais eu tout récemment avec mon maître. C'était à propos de la belle conduite de Télémaque dans l'île de Calypso, alors qu'il quitte Eucharis pour la vertu, laquelle conduite nous traduisions ensemble en fort mauvais latin :

« Et il précipita Télémaque dans la mer... »

Et Telemachum in mare de rupe præcipitavit, venais-je de traduire,

lorsque M. Ratin, c'était mon maître, s'avisa de me demander ce que je pensais de ce procédé de Mentor.

Cette question m'embarrassa fort, tant je savais déjà qu'il ne faut point blâmer Mentor devant son précepteur. Cependant, au fond, je trouvais que Mentor s'était comporté en cette occasion d'une façon brutale. — Je pense, répondis-je, que Télémaque fut bien heureux d'en être quitte pour avoir bu l'onde amère.

— Vous ne comprenez pas ma question, reprit M. Ratin. Télémaque était amoureux de la nymphe Eucharis; or l'amour est la passion la plus funeste, la plus méprisable, la plus contraire à la vertu. Un jeune homme qui aime s'adonne au relâchement et à la mollesse; il n'est plus bon à rien qu'à soupirer auprès d'une femme, comme fit Hercule aux pieds d'Omphale. Le procédé du sage Mentor était donc le plus admirable entre tous pour arrêter Télémaque sur les bords de l'abîme. Voilà, ajouta M. Ratin, ce que vous auriez dû me répondre.

C'est de cette façon indirecte que j'appris que mon cas était grave, et que j'avais déjà bien dévié de la vertu ; car j'aimais Estelle tout aussi évidemment à mes yeux, que l'autre, Eucharis. Je résolus donc à part moi, de combattre un sentiment si coupable, et qui pouvait tôt ou tard m'attirer quelque catastrophe, à en juger du moins d'après l'admiration que m'avait fait le procédé de Mentor.

Le discours de M. Ratin m'avait fait d'ailleurs une grande impression, bien moins pourtant par ce que j'en pouvais comprendre que par ce que j'y trouvais d'obscur et de mystérieux. En même temps que, pour être sage et ne pas tomber dans l'abîme, je réprimais une bien innocente ardeur, mon imagination s'attachait aux paroles sinistres de M. Ratin pour en pénétrer le sens, et pour y chercher des révélations.

Ce fut là mon premier amour. S'il n'eut pas de suite, vu sa nature tout imaginaire, la façon dont il fut refoulé par le discours de M. Ratin a imprimé à mes autres amours certains traits que l'on pourra reconnaître dans les récits qui suivront.

Cette prison dont j'ai parlé n'a qu'une seule fenêtre qui donne de mon côté. En général, les prisons ne sont pas riches en fenêtres.

Cette fenêtre est percée dans une muraille d'un aspect noir et triste. Des barreaux de fer empêchent le prisonnier d'avancer la tête au dehors ; et un appareil extérieur, qui lui dérobe la vue de la rue, ne laisse pénétrer dans le fond de sa retraite qu'un peu de la lumière du ciel. Je me souviens que là vue de ce soupirail ne m'inspirait alors que terreur et colère. C'est qu'en effet, dans une société que je me figurais tout entière composée d'honnêtes gens, il me paraissait infâme que quelqu'un s'y permit d'être assassin ou voleur ; et la justice, qui protégeait ces gens parfaits contre des monstres, m'apparaissait comme une matrone saintement sévère, dont les arrêts ne pouvaient entre trop terribles. Depuis, j'ai changé : la justice m'est apparue moins sainte ; ces gens parfaits ont baissé dans mon estime ; et dans ces monstres j'ai reconnu trop souvent les victimes de la misère, de l'exemple, de l'injustice... Alors la compassion est venue tempérer la colère.

L'esprit des enfants est absolu, parce qu'il est borné. Les questions, n'ayant pour eux qu'une face, sont toutes simples ; en sorte que la solution en paraît aussi facile qu'évidente à leur intelligence peu droite qu'éclairée. C'est pour cela que les plus doux d'entre eux disent parfois des choses dures, que les plus humains tiennent des propos cruels. Sans être de ces plus humains, cela m'arrivait souvent ; et, quand je voyais conduire un homme en prison, toute ma sympathie était pour les gendarmes, toute mon horreur pour cet homme. Ce n'était ni cruauté ni bassesse; c'était droiture. Plus vicieux, j'aurais détesté les gendarmes, plaint l'homme.

Un jour, j'en vis passer un qui alluma toute mon indignation. C'était le complice d'un atroce assassin. Entre eux deux, ils avaient tué un vieillard pour s'emparer de son argent ; puis, aperçus par un enfant au moment du crime, ils s'étaient défaits de cet innocent témoin par un second meurtre. Le camarade de cet homme avait été condamné à mort ; mais lui, soit habileté dans la défense, soit quelque circonstance atténuante, était condamné seulement à une réclusion perpétuelle. Au moment ou, près d'entrer dans la prison, il passa sous ma fenêtre, il me regarda ; les maisons voisines avec curiosité. Ses yeux ayant rencontré les miens, il sourit comme s'il m'avait connu ! Ce sourire me fit une impression sinistre et profonde. Pendant toute la journée rien ne put le chasser de ma pensée. Je résolus d'en parler à mon maître, qui saisit cette occasion pour me faire une remontrance sur le temps considérable que je perdais à regarder dans la rue.

C'était, quand j'y songe, un drôle d'homme que mon maître : moral et pédant, respectable et risible, grave et ridicule, en telle sorte qu'il me faisait une impression à la fois vénérable et bouffonne. Tel est pourtant l'empire de l'honnêteté, l'ascendant d'un aspect visible que la conduite est en accord avec eux, que, malgré l'effet vraiment risible que me faisait M. Ratin, il avait sur moi plus d'influence que tel maître bien plus habile, ou bien plus sensé ; mais aussi, que j'aurais surpris le moindre désaccord entre les préceptes qu'il me donnait à suivre et ceux qu'il suivait lui-même.

Il était pudibond à l'excès. Nous sautions des pages entières de Télémaque, comme contraires aux bonnes mœurs; et il prenait soin de me prémunir contre toute sympathie pour l'amoureuse Calypso, m'avertissait que je rencontrerais dans le monde une foule de femmes dangereuses qui lui ressemblent. Cette Calypso, il la détestait ; cette Calypso, bien que déesse, c'était sa bête noire. Quant aux auteurs latins, nous n'avions garde de les lire ailleurs que dans les textes expurgés par le jésuite Jouvency ; encore enjambions-nous bien des passages que ce pudique jésuite avait crus sans danger. De là l'épouvantable idée que j'étais porté à me faire une foule de choses ; de là aussi l'épouvantable frayeur que j'avais de laisser voir à M. Ratin mes innocentes pensées, si seulement elles avaient quelque teinte amoureuse, quelque lointain rapport avec Calypso, sa bête noire.

Il y aurait beaucoup à dire ce point. Cette méthode enflamme plus qu'elle ne tempère ; elle comprime plus qu'elle ne prévient, elle donne des préjugés plutôt que des principes ; son premier effet surtout est d'altérer presque infailliblement la candeur, cette fleur délicate qu'un rire flétrit, que rien ne relève.

Au surplus, M. Ratin, tout farci de latinité et d'ancienne Rome, mais bonhomme au demeurant, était plus harangueur que sévère. À propos d'un pâté d'encre, il citait Sénèque ; à propos d'une espièglerie, il me proposait Caton d'Utique pour exemple ; mais une chose qu'il ne pardonnait pas, c'était le fou rire. Cet homme voyait dans le fou rire les choses les plus singulières, l'esprit du siècle, l'immoralité précoce, le signe certain d'un avenir déplorable. Sur ce point il pérorait avec passion, interminablement. J'attribue ceci à une verrue qu'il avait sur le nez.

Cette verrue était de la grosseur d'un pois chiche, et surmontée d'une petite houppe de poils très-délicats, très-hygrométriques aussi ; car j'avais remarqué que, suivant l'état de l'atmosphère, ils étaient plus roides ou plus bouclés. Il m'arrivait souvent, durant mes leçons, de la considérer le plus naïvement du monde, comme un objet curieux, sans aucune idée de moquerie ; j'étais, dans ces cas-là, brusquement interpellé, et tancé vertement sur ma distraction. D'autres fois, plus rarement, une mouche voulait obstinément s'y poser malgré l'impatiente colère de mon maître, qui pressait alors l'explication, afin qu'attentif au texte je ne m'aperçusse point de cette lutte singulière. Mais cela même m'avertissait qu'il se passait quelque chose, en sorte qu'une curiosité irrésistible me faisait lever furtivement les yeux sur son visage. Selon ce que j'avais vu, le fou rire commençait à me prendre, et, pour peu que la mouche insistât, il devenait irrésistible aussi. C'est alors que M. Ratin, sans paraître concevoir le moins du monde la cause d'un pareil scandale, tonnait contre le fou rire en général, et m'en démontrait les épouvantables conséquences.

Le fou rire est néanmoins une des douces choses que je connaisse. C'est fruit défendu, partant exquis. Les harangues de mon maître ne m'en ont pas tant guéri que l'âge. Pour *fourire* avec délices, il faut être écolier, et, si possible, avoir un maître qui ait sur le nez une verrue et trois poils follets :

.... Cet âge est sans pitié.

Réfléchissant depuis cette verrue, je me suis imaginé que tous les gens susceptibles ont ainsi quelque infirmité physique ou morale, quelque verrue occulte ou visible, qui les prédispose à se croire moqués de leur prochain. Ne riez pas devant ces gens-là : c'est rire d'eux ; ne parlez jamais de loupe ni de verrue : c'est faire des allusions ; jamais de Cicéron, de Scipion Nasica : vous auriez une affaire.

C'était le temps des hannetons. Ils m'avaient bien diverti autrefois, mais je commençais à n'y prendre plus de plaisir. Comme on vieillit ! Toutefois, pendant que, seul dans ma chambre, je faisais mes devoirs avec un mortel ennui, je me dédaignais pas la compagnie de quelqu'un de ces animaux. À la vérité, il ne s'agissait plus de l'attacher à un fil pour le faire voler, ni de l'atteler à un petit chariot : j'étais déjà trop avancé en âge pour m'abandonner à ces puériles récréations ; mais penseriez-vous que ce soit là tout ce qu'on peut faire d'un hanneton ? Erreur grande : entre ces jeux enfantins et les études sérieuses du naturaliste, il y a une multitude de degrés à parcourir.

J'en tenais un sous un verre renversé. L'animal grimpait péniblement les parois pour retomber bientôt, et recommencer sans cesse et sans fin. Quelquefois il retombait sur le dos : c'est, vous le savez, pour un hanneton un très-grand malheur. Avant de lui porter secours, je contemplais sa longanimité à promener lentement ses six bras par l'espace, dans l'espoir toujours déçu de s'accrocher à un corps qui n'y est pas. — C'est vrai que les hannetons sont bêtes !... me disais-je.

Le plus souvent, je le tirais d'affaire en lui présentant le bout de ma plume, et c'est ce qui me conduisit à la plus grande, à la plus heureuse découverte ; de telle sorte qu'on pourrait dire avec Berquin, qu'une bonne action ne reste jamais sans récompense. Mon hanneton s'était accroché aux barbes de la plume, et je l'y laissais reprendre ses sens pendant que j'écrivais une ligne, plus attentif à ses faits et gestes qu'à ceux de Jules César, qu'en ce moment je traduisais. S'envolerait-il, ou descendrait-il le long de la plume ? À quoi tiennent pourtant les choses ? S'il avait pris le premier parti, c'était fait de ma découverte, je ne l'entrevoyais même pas. Bien heureusement il se mit à descendre. Quand je le vis qui approchait de l'encre, j'eus des avant-coureurs, j'eus des pressentiments qu'il allait se passer de grandes choses. Ainsi Colomb, sans voir la côte, pressentait son Amérique. Voici en effet le hanneton qui, parvenu à l'extrémité du bec,

trempe sa tarière dans l'encre. Vite un feuillet blanc... C'est l'instant de la plus grande attente !

La tarière arrive sur le papier, dépose l'encre sur sa trace, et voici d'admirables dessins. Quelquefois le hanneton, soit génie, soit que le vitriol inquiète ses organes, relève sa tarière et l'abaisse tout en cheminant ; il en résulte une série de points, un travail d'une délicatesse merveilleuse. D'autres fois, changeant d'idée, il se détourne ; puis, changeant d'idée encore ; il revient, c'est une S !... A cette vue, un trait de lumière m'éblouit.

Je compris l'étonnant animal sur la première page de mon cahier, la tarière bien pourvue d'encre ; puis armé d'un brin de paille pour diriger les travaux et barrer les passages, je le force à se promener de telle façon qu'il écrive lui-même mon nom ! Il fallut deux heures ; mais quel chef-d'œuvre !

La plus noble conquête que l'homme ait jamais faite, dit Buffon, c'est... c'est bien certainement le hanneton !

Pour diriger cette opération, je m'étais approché du jour. Nous achevions la dernière lettre, lorsqu'une voix appela doucement : — Mon ami ! Je regardai aussitôt dans la rue. Il n'y avait personne. — Ici ! dit la même voix. — Ou ? répondis-je. — A la prison.

Je compris que ces paroles, sorties du soupirail, m'étaient adressées par le scélérat dont l'affreux sourire m'avait tant bouleversé. Je reculai jusque dans le fond de ma chambre.

— N'aie pas peur, continua la voix, c'est un brave homme qui te parle... — Coquin, lui criai-je, si vous continuez à me parler, je vais avertir le factionnaire là-bas !

Il se tut un moment. — En passant l'autre jour dans la rue, reprit-il, je vis votre figure, et je vous attribuai un cœur capable de plaindre une victime infortunée de l'injustice des hommes...... — Taisez-vous ! lui criai-je encore, scélérat, qui avez tué un vieillard, un enfant !.... — Mais vous êtes, je le vois, aveuglé comme les autres. Bien jeune, pourtant, pour déjà croire au m 1 ! Il se tait à l'ouïe d'une personne qui passait dans la rue. C'était un monsieur vêtu de noir. J'ai su, depuis, que c'était un employé aux pompes funèbres.

Lorsque cet homme se fut éloigné : — Voilà, dit-il, le respectable aumônier de la prison. Celui-là sait, Dieu merci, que mon cœur est pur et mon âme sans tache ! Il se tut encore. Cette fois c'était un gendarme. J'hésitai à l'appeler pour lui redire les paroles du prisonnier. Mais ces paroles mêmes avaient déjà assez agi sur ma crédulité pour que je comprimasse ce mouvement. Il me semblait d'ailleurs qu'il y eût eu quelque trahison à le faire, puisque le prisonnier s'était fié à la candeur de mon visage. C'eût été démentir un éloge qui flattait mon amour-propre. J'ai dit plus haut que le bourgeon s'alimente de tout ; il s'était mis à l'œuvre, et il qui ne puisse encore le chatouiller agréablement.

Après cet entretien, qui m'avait attiré vers la fenêtre, le prisonnier continuant à se taire, je retournai à mon hanneton.

Je suis certain que je dus pâlir. Le mal était grand, irréparable ! Je commençai par saisir celui qui en était l'auteur, et je le jetai par la fenêtre. Après quoi, j'examinai avec terreur l'état désespéré des choses.

On voyait une longue trace noire qui, partie du chapitre quatre *de Bello gallico*, allait droit vers la marge de gauche ; là, l'animal, trouvant la tranche trop roide pour descendre, avait rebroussé vers la marge de droite ; puis, étant remonté vers le nord, il s'était décidé à passer du livre sur le rebord de l'encrier, d'où, par une pente douce et polie, il avait glissé dans l'abîme, dans la géhenne, dans l'encre, pour son malheur et pour le mien !

Là, le hanneton, ayant malheureusement compris qu'il se fourvoyait, avait résolu de rebrousser chemin ; et, en dépit de la tête aux pieds, il était sorti de l'encre pour retourner au chapitre quatre *de Bello gallico*, où je le retrouvai qui n'y comprenait rien.

C'étaient des pâtés monstrueux, des lacs, des rivières, et toute une suite de catastrophes sans délicatesse, sans génie... un spectacle noir et affreux !

Or, ce livre, c'était l'Elzévir de mon maître. Elzévir in-quarto, Elzévir rare, coûteux, introuvable, et m'étant remis à ma responsabilité avec les plus graves recommandations. Il est évident que j'étais perdu.

J'absorbai l'encre avec du papier brouillard, je fis sécher le feuillet ; après quoi, je me mis à réfléchir sur ma situation.

J'éprouvais plus d'angoisse que de remords. Ce qui m'effrayait le plus, c'était d'avoir à avouer le hanneton. De quel œil terrible mon maître ne considérerait-il pas cette honteuse manière de perdre mon temps, à cet âge de raison où il me disait que j'étais maintenant parvenu, et de le perdre en puérilités dangereuses, et très-probablement immorales ! Cela me faisait frémir.

Satan, dont je ne me défiais point pour l'heure, se mit à m'offrir des calmants. Satan est toujours là à l'heure de la tentation. Il me présentait un tout petit mensonge. Durant mon absence, cet infâme chat de la voisine serait entré dans la chambre, et aurait renversé l'encrier sur le chapitre quatre *de Bello gallico*. Comme je ne devais point sortir entre les leçons, j'aurais motivé mon absence sur la nécessité d'aller acheter une plume. Comme les plumes étaient dans une armoire à ma portée, j'aurais encore perdu ma clef hier au bain. Comme je n'avais pas la permission hier d'aller au bain, et que je n'y avais réellement pas été, j'aurais supposé y avoir été sans permission, et avoué cette faute, ce qui aurait jeté sur tout l'artifice beaucoup de vraisemblance, et en même temps diminué mes remords, puisque je m'accusais généreusement d'une faute, ce qui à mes yeux m'absolvait presque...

Ce chef-d'œuvre de combinaison était tout prêt, lorsque j'entendis le pas de M. Ratin, qui montait l'escalier !

Dans mon trouble, je fermai le livre, je le rouvris, je le fermai encore pour le rouvrir précipitamment, sur ce motif que le pâté parlerait de lui-même, et m'épargnerait l'embarras terrible des premières ouvertures...

M. Ratin venait pour me donner ma leçon. Sans voir le livre, il posa son chapeau, il plaça sa chaise, il s'assit, il se moucha. Pour avoir une contenance, je me mouchai aussi ; sur quoi M. Ratin me regarda fixement, car il s'agissait de nez.

Je ne compris pas d'abord que M. Ratin sondait l'intention que j'avais pu avoir en me mouchant presque au même instant que lui ; en sorte que, m'imaginant qu'il avait vu le pâté, je baissai les yeux, plus décontenancé par son silence scrutateur que je ne l'aurais été par ses questions, auxquelles j'étais prêt à répondre. A la fin, d'un ton solennel : — Monsieur ! je lis sur votre figure... — Non, monsieur... — Je lis, vous dis-je... — Non, monsieur, c'est le chat, interrompis-je.

Ici, M. Ratin changea de couleur, tant cette réponse lui sembla dépasser toutes les limites connues de l'irrévérence ; et il allait prendre un parti violent, lorsque, ses yeux étant tombés sur le monstrueux pâté, cette vue lui produisit un soubresaut qui, par contre-coup, en produisit un sur moi.

C'était le moment de conjurer l'orage. — Monsieur, pendant que j'étais sorti... le chat... pour acheter une plume... le chat... parce que j'avais perdu la clef... hier au bain... le chat...

A mesure que je parlais, le regard de M. Ratin devenait si terrible, qu'à la fin, ne pouvant plus le soutenir, je passai sans transition à l'aveu de mes crimes. — Je mens... monsieur Ratin... c'est moi qui ai fait ce malheur.

Il se fit un grand silence.

— Ne vous étonnez point, monsieur, dit enfin M. Ratin d'une voix solennelle, si l'excès de mon indignation en comprime et en retarde l'expression. Je dirai même que l'expression me manque pour qualifier... Ici une mouche... un souffle de fou rire parcourut mon visage.

Il se fit de nouveau un grand silence.

Enfin M. Ratin se leva. — Vous allez, monsieur, garder la chambre pendant deux jours, pour réfléchir sur votre conduite, tandis que je réfléchirai moi-même au parti que je dois prendre dans une conjoncture aussi grave...

Là-dessus M. Ratin sortit en fermant l'appartement, dont il emporta la clef.

L'aveu sincère m'avait soulagé ; le départ de M. Ratin m'ôtait la honte, de façon que les premiers moments de ma captivité ressemblèrent fort à une heureuse délivrance, et, sans l'obligation où je me voyais de songer deux jours à mes fautes, je me serais fort réjoui, comme on y est disposé au sortir des grandes crises.

Je me mis donc à songer : mais les idées ne venaient pas. Quand je voulais approfondir ma faute, je n'y voyais de grave que le mensonge, réparé pourtant par un aveu que je me plaisais à trouver spontané. Toutefois, pour la bonne règle, je tâchais de me repentir ; et, voyant la peine que j'avais à y parvenir, je commençais à craindre que mon cœur ne fût effectivement déjà bien mauvais, immoral, comme disait M. Ratin , en sorte que je formais avec contrition le projet de renoncer désormais au fou rire.

J'en étais là quand vint à passer dans la rue le marchand de petits gâteaux. C'était son heure. L'idée de manger des petits gâteaux se présenta naturellement à mon esprit ; mais je me fis un scrupule de céder à cette tentation de la chair, dans un moment où c'était sur l'âme qu'il m'était enjoint de travailler, de façon que, laissant le marchand attendre et crier, je restais au fond de ma chambre.

Mais ceux qui ont observé les marchands de petits gâteaux savent combien ils sont tenaces envers la pratique. Celui-ci, bien qu'il ne me vît point paraître encore, ne tirait de cette circonstance aucune induction fâcheuse pour son affaire, mais, bien au contraire, continuait à crier avec la plus robuste foi en ma gourmandise. Seulement il ajoutait au mot de *gâteaux* l'épithète pressante de *tout chauds*, et il est bien vrai que cette épithète faisait des ravages dans ma moralité. Heureusement je m'en aperçus, et j'y mis bon ordre.

Je crus devoir cependant ne pas laisser dans son erreur cet honnête industriel, à qui je faisais perdre un temps précieux ; je me mis à la fenêtre pour lui dire que je ne prendrais pas de gâteaux pour ce jour-là. — Dépêchons, me dit-il, je suis pressé... J'ai déjà dit qu'il croyait en moi plus que moi-même.

— Non, repris-je, je n'ai point d'argent.
— Crédit.
— Et puis, je n'ai pas faim.
— Mensonge.
— Et puis, je suis très-occupé.
— Vite !
— Et puis, je suis prisonnier,

— Ah ! vous m'ennuyez, dit-il en soulevant son panier comme pour s'éloigner.

Ce geste me fit une impression prodigieuse. — Attendez ! lui criai-je.

Quelques instants après, une casquette artistement suspendue à une ficelle hissait deux petits gâteaux... *tout chauds !*

— Bête de hanneton, pensais-je en mangeant mon gâteau, — qui, avec quatre ailes pour s'envoler, se va jeter dans un puits ! Sans cette stupidité inconcevable, je faisais mes devoirs tranquillement, j'étais sage, M. Ratin content, et moi aussi : point de mensonge, point de prison... Bête de hanneton !

Heureuse idée que j'eus là ! J'avais trouvé le bouc expiatoire, en sorte que, peu à peu, le chargeant de tous mes méfaits, ma conscience reprenait un calme charmant. Ce qui y contribuait, je m'imagine, c'est que l'indignation de M. Ratin avait été si forte qu'il avait entièrement oublié de me donner des devoirs à faire. Or, deux jours et point de devoirs, c'était peut-être, de toutes les punitions, celle que j'aurais choisie comme la plus délicieuse.

Une fois en paix avec ma conscience, et ayant devant moi deux jours de fête, je voulus embellir ma demeure par quelques dispositions qui me souriaient fort. La première fut d'éloigner de ma vue l'Elzévir, le dictionnaire, tous les livres et cahiers d'études. Cette opération faite, j'éprouvai une sensation aussi agréable que nouvelle ; c'était comme si l'on m'eût ôté mes fers. Ainsi, c'est en prison que je devais connaître pour la première fois tout le charme de la liberté.

Charme bien grand ! Pouvoir légitimement dormir, ne rien faire, rêver... et cela à cet âge où notre propre compagnie est si douce, notre cœur si riche en entretiens charmants, notre esprit si peu difficile en jouissances ; où l'air, le ciel, la campagne, les murs, ont tous quelque chose qui parle, qui émeut ; où un acacia est un univers, un hanneton un trésor ! Ah ! que ne puis-je remonter vers ces heures fortunées, retrouver ces loisirs enchanteurs ! Que le soleil est pâle aujourd'hui ! que les heures sont lentes, les loisirs ingrats !

Je retrouve sans cesse cette idée sous ma plume. Chaque fois que j'écris, elle me presse de lui donner le jour ; je l'ai fait mille fois, je le fais encore. En vain le bonheur m'accompagne, en vain les années m'ont apporté chacune un tribut de biens, en vain les jours se lèvent purs et sereins ; rien n'efface de mon cœur ces souvenirs d'alors ; plus je vieillis, plus ils semblent rajeunir, plus j'y trouve un sujet d'attendrissante mélancolie. Je possède plus que je ne désirerais, mais je regrette l'âge du désir ; les biens positifs me paraissent moins savoureux que ce nuage vide, mais brillant, qui, m'enveloppant alors, m'entretenait dans une constante ivresse.

Fraîches matinées de mai, ciel bleu, lac aimable, vous voici encore ; mais... qu'est devenu votre éclat ? qu'est devenue votre pureté ? où est votre charme indéfinissable de joie, de mystère, d'espérance ? Vous plaisez à mes yeux, mais vous ne remplissez plus mon âme ; je suis froid à vos riantes avances ; pour que je vous chérisse encore, il faut que je remonte les années, que je rebrousse vers ce passé qui ne reviendra plus ! Chose triste, sentiment amer !

Ce sentiment, on le retrouve au fond de toute poésie, si encore il n'en est pas la source principale. Nul poète ne chante du présent, tous rebroussent ; ils font plus : refoulés vers ces souvenirs par les déceptions de la vie, ils en deviennent amoureux ; déjà ils leur prêtent des grâces que la réalité n'avait pas, ils transforment leurs regrets en beautés dont ils les parent ; et, se créant à l'envi un brillant fantôme, ils pleurent d'avoir perdu ce qu'ils ne possédaient pas.

En ce sens, la jeunesse est l'âge de la poésie, celui où elle amasse ses trésors, mais non , comme quelques-uns le croient, celui où elle peut en faire usage.

De cet or pur et entassé autour d'elle, elle ne sait rien tirer. Vienne le temps qui le lui arrache pièce à pièce : alors, en lui disputant sa proie, elle commence à connaître ce qu'elle avait ; par ses pertes, elle apprend ses richesses ; par ses regrets, ses joies taries. Alors le cœur se gonfle, alors l'imagination s'allume, alors la pensée se détache et s'élève vers la nue... Alors Virgile chante !

Mais que dire des poètes imberbes qui chantent à cet âge où , s'ils étaient vraiment poètes, ils n'auraient pas trop de tout leur être pour sentir, pour s'enivrer en silence de ces parfums que plus tard seulement ils sauront répandre dans leurs vers !

Il y a des mathématiciens précoces, témoin Pascal ; des poètes, non. Homère sexagénaire fut plus croyable que la Fontaine enfant. Avant vingt ans, quelques lueurs peuvent apparaître ; avant ce terme, et plus loin encore, aucun génie de poète n'a atteint à sa hauteur. Beaucoup pourtant étendent leurs ailes bien plus tôt : faible essor, chute prochaine ; pour avoir pris leur vol prématurément, ils gisent bientôt sur le sol. Gazettes, coteries, c'est votre ouvrage ; relevez-les.

La Fontaine s'ignora bien tard, toute sa vie peut-être : n'est-ce point là son secret ? Lisez ses préfaces, je vous prie. Se doute-t-il qu'il soit autre que tout le monde ? Et ce n'est pas modestie, il n'a pas seulement assez de vanité pour être modeste ; c'est nature simple et naïve, c'est bonhomie pure. Il chante, sans art, sans la mission qu'il se donne, non le but qu'il se propose ; il chante, et la poésie coule à flots de ses lèvres.

Il était bête, vous savez. Il se persuadait que Phèdre était son maître; il oubliait de louer Louis le Grand ; sans y songer, il offensait les marquis, et manquait les pensions. Bien niais, en effet, en comparaison de tant de poëtes d'esprit !

Quand j'eus fait disparaître ces livres et cahiers d'études, je fus un peu embarrassé de savoir que faire. J'allais y songer lorsqu'il se fit quelque bruit dans la chambre à côté. Je regardai par le trou de la serrure : c'était le chat de la voisine qui avait guerre avec un énorme rat.

Je pris parti d'abord pour le chat, qui était de mes amis; et je vis que l'appui de mes vœux ne lui serait pas inutile; car, déjà blessé au museau, il attaquait timidement un ennemi bien déterminé. Cependant, quand j'eus assisté quelques instants à la lutte, le courage et l'habileté du faible, en face d'un adversaire si terrible, commencèrent à attirer ma sympathie; en sorte que je résolus de garder une stricte neutralité.

Mais j'éprouvai qu'il était bien difficile d'être neutre, c'est-à-dire indifférent entre le chat et le rat, surtout lorsque j'eus reconnu que ce rat et moi nous nous trouvions être du même bord en matière d'Elzévirs. En effet, l'animal s'était retranché le creux même que ses dents lui avaient préparé au sein d'un gros in-folio gisant sur le plancher. Je résolus de le sauver; et aussitôt, ayant lancé contre la porte un violent coup de pied pour effrayer le matou, je réussis si bien que la serrure sauta et la porte s'ouvrit.

Il n'y avait plus que l'in-folio : l'ennemi, disparu ; de mon allié, pas de nouvelles. Cependant j'étais compromis.

Cette chambre était une succursale de la bibliothèque de mon oncle, pour lors absent; un réduit poudreux, garni alentour de bouquins. Au milieu, une machine électrique délabrée, quelques tiroirs de minéraux; vers la lucarne, une antique bergère. À cause des livres, on tenait cette chambre toujours fermée, pour que je n'y pénétrasse point. Quand M. Ratin en parlait, c'était mystérieusement, et comme d'un lieu suspect. Sous ce rapport, l'accident servait merveilleusement ma curiosité.

Je voulus faire de la physique; mais, la machine ne jouant pas, je m'occupai de minéralogie; après quoi, je revins à l'in-folio. Le rat y avait travaillé en grand; sur le titre on ne lisait plus que Dictio... Dictionnaire ! pensais-je; voici un livre peu dangereux. Dictionnaire de quoi ?... J'entr'ouvris le volume. Il y avait un nom de femme au haut de la page; au-dessous, du grimoire mêlé de latin; en bas, des notes. Il s'agissait d'amour.

Pour le coup, je fus bien étonné. Dans un dictionnaire ! qui l'aurait jamais cru? De l'amour dans un dictionnaire ! Je n'en revenais pas. Mais les in-folio sont pesants ; j'allai donc m'établir dans la bergère, près de la lucarne, assez indifférent pour le quart d'heure au magnifique paysage qu'elle encadrait.

Ce nom, c'était Héloïse. Elle était femme, et elle écrivait en latin; elle était abbesse, et elle avait un amant ! Mes idées étaient bouleversées par des anomalies si étranges. Une femme aimer en latin ! Une abbesse avoir un amant ! Je reconnus que j'avais affaire à un très-mauvais livre, et l'idée qu'un dictionnaire pût se permettre des histoires semblables atténua mon antique estime pour cette espèce d'ouvrages; d'ordinaire comme si M. Ratin, mon maître, comme si Mentor se fût mis tout à coup à chanter le vin et l'amour, l'amour et le vin.

Je ne posai pourtant point le livre, comme j'aurais dû le faire ; mais, au contraire, alléché par ces premières données, je lus l'article, et, toujours plus alléché, je lus les notes, je lus le latin. Il y avait des choses singulières, d'autres touchantes, d'autres mystérieuses ; mais une partie de l'histoire manquait. Aussi je n'étais plus tant pour le rat, et il me semblait que la cause du chat fût, à quelques égards, bien soutenable.

Dans les volumes tronqués, c'est toujours ce qui manque qui semble le plus désirable à connaître. Les lacunes piquent la curiosité, mieux que les pages ne la satisfont. J'ai rarement la tentation d'ouvrir un volume ; je défais toujours les cornets pour les lire. Aussi trouvé-je que, pour un auteur, finir chez l'épicier, c'est moins triste que de languir chez le libraire.

Héloïse vivait au moyen âge. C'était un temps que je me figurais tout de couvents, de cellules, de cloches, avec de jolies nonnes, des moines barbus, et des sites boisés planant sur des lacs et des vallées; témoin Pommiers et son abbaye, au pied du mont Salève. En fait de moyen âge, je ne sortais pas de là.

Cette jeune fille était la nièce d'un chanoine; belle et pieuse enfant, charmante à mes yeux autant par ses attraits naturels que par l'habit de religieuse sous lequel je me la représentais. J'avais vu à Chambéry des sœurs du Sacré-Cœur, et sur ce modèle je façonnais toutes les nonnes, toutes les religieuses, et, au besoin, jusqu'à la papesse Jeanne.

Dans le temps qu'Héloïse, au sein d'une retraite profonde, s'embellissait de grâces pudiques et d'attraits ignorés, on ne parlait en tous lieux que d'un illustre docteur nommé Abeilard. Il était jeune et sage, d'un vaste savoir et d'une intelligence hardie. Sa figure attachait autant que ses paroles ; sa beauté égalait sa gloire, et devant sa renommée avait pâli celle de tous les autres. Abeilard disputait, dans les écoles, sur les questions qui s'agitaient alors ; et, dans ces

tournois, il avait terrassé tous ses adversaires sous les yeux de la foule, sous les yeux des femmes qui se pressaient dans l'amphithéâtre, attentives aux grâces du bel athlète.

Parmi cette foule se trouvait la nièce du chanoine. Cette fille, distinguée d'esprit, ardente de cœur, écoutait avec trouble. Les yeux attachés sur le jeune homme, elle dévorait ses paroles, elle suivait ses gestes, elle combattait avec lui, elle terrassait avec lui, elle s'enivrait de ses triomphes ; et, sans le savoir, elle s'abreuvait à longs traits d'un ardent et impérissable amour. C'est la science qu'elle croyait aimer : aussi son oncle, charmé de cultiver d'heureux dons, appelait auprès d'elle Abeilard pour la guider et pour l'instruire... Heureux amants ! chanoine insensé !...

Ici commençait le travail du rat.

Je passai au revers ; mais que tout était changé !

Héloïse avait pris le voile... J'en fus ému, car je l'aimais, je partageais son ivresse, et, belle que je me la figurais déjà, je la vis alors plus belle de tristesse, plus jeune sous les antiques arceaux du cloître d'Argenteuil, plus touchante succombant à ses douleurs jusqu'au pied des autels... Le livre relatait le tout dans un gothique langage ; de ses pages antiques s'échappait comme un parfum de vétusté, en telle sorte que la vive impression du passé mariait son charme à la fraîcheur juvénile de mes sentiments.

Cachée dans ce monastère, Héloïse s'efforçait d'éteindre aux eaux de la piété des feux brûlants encore ; mais la religion, impuissante à guérir cette âme malade, ajoutait à ses tourments. La tristesse , les regrets amers, les remords, un insurmontable amour, dévoraient les journées de cette pâle recluse ; ses yeux se mouillaient de larmes : elle pleurait Abeilard absent, les jours de sa gloire et ceux de son bonheur. Femme coupable, mais bien touchante ! Belle et tendre pécheresse, dont l'infortune colore d'un charme poétique tout cet âge lointain !

« Abeilard, traduisais-je avec émotion d'une lettre où Héloïse demande des forces à son amant, Abeilard, que de combats pour ramener un cœur aussi perdu que le mien ! combien de fois se repentir, pour retomber encore; vaincre, pour être ensuite vaincue ; abjurer, pour reprendre, pour ressaisir avec une nouvelle ivresse...

» Temps fortunés ! doux souvenirs où se brise ma force, où s'éteint mon courage !.... Quelquefois je verse avec délices les larmes de la pénitence, je me prosterne devant le trône de Dieu, la grâce victorieuse est près de descendre dans mon cœur... puis... votre image m'apparaît, Abeilard... Je veux l'écarter, elle me poursuit; elle m'arrache à ce calme où j'allais entrer, elle me replonge dans ce tourment que j'adore en l'abhorrant... Charme invincible ! lutte éternelle et sans victoire ! Soit que je pleure sur les tombeaux, soit que je prie dans ma cellule, soit que j'erre sous la nuit de ces ombrages, elle est là, toujours là, qui plaît seule à mes yeux, qui les baigne de pleurs, qui jette le trouble et le remords dans mon âme !... Que si j'entends chanter l'hymne saint, si l'encens s'élève vers la nef, si l'orgue remplit de ses sons l'enceinte sacrée, si le silence y règne... elle encore, toujours elle, qui trouble ce silence, qui détruit cette pompe, qui m'appelle, qui m'entraîne hors des parvis. Ainsi votre Héloïse, au milieu de ces vierges saintes que Dieu a reçues dans son port, demeure coupable, battue des orages, noyée dans une mer de passions ardentes et profanes... »

Après que j'eus savouré le puissant attrait de ces lignes mélancoliques, je me portai vers Abeilard. Où le retrouverai-je ? Hélas ! l'orage avait grondé sur sa tête; lui si brillant naguère, je le retrouvai déchu, proscrit, fuyant de retraite en retraite, et dérobant ses misérables jours aux fureurs de l'envie et de la persécution : les saints le dénonçaient, les moines lui donnaient du poison, les conciles brûlaient ses livres... Abreuvé d'amertume, il s'enfuit dans un lieu sauvage.

« Dans mes jours heureux, écrit-il lui-même, dans mes jours heureux, j'avais visité une solitude ignorée des mortels, habitée des bêtes fauves, où ne s'entendait que le cri rauque des oiseaux de proie. Je m'y réfugiai. Avec des roseaux je bâtis une oratoire que je couvris de chaume ; et, m'efforçant d'oublier Héloïse, je cherchais la paix dans le sein de Dieu... »

Je fis une pause dans ce désert, que la lettre d'Abeilard met comme sous les yeux, admirant l'étrangeté de ces antiques aventures, le mouvement passionné de ces vies, ce poétique assemblage d'amour et de dévotion, de gloire et d'amertume. Et comme il arrive, quand le cœur est amorcé et l'imagination séduite, j'oubliais les malheurs de ces deux infortunés, pour ne me souvenir plus que de cette ardente et mutuelle tendresse à laquelle je portais envie.

Abeilard priait dans cet asile sauvage; ailleurs on regrettait sa voix puissante, on plaignait ses malheurs, et la renommée de sa fuite soudaine préoccupait la publique attente. Mais la ferveur et l'amitié avaient retrouvé sa trace ; quelques pèlerins, d'anciens disciples, arrivaient jusqu'à lui ; bientôt la foule, chargée de riches offrandes, prenait la route du désert. De ces dons Abeilard avait bâti la belle abbaye du Paraclet, sur la place même où s'élevait naguère l'oratoire de chaume, lorsqu'il apprit que les moines de Saint-Denis, s'emparant du monastère d'Argenteuil, en avaient chassé les religieuses. Aussitôt, se dépouillant de son asile, il y appela sa chère Héloïse.

La jeune abbesse y vint avec ses compagnes. Devant elle s'était retiré Abeilard ; et l'abbaye de Saint-Gildas de Ruys , dans le diocèse de Vannes, abritait sa triste destinée.

Cette abbaye s'élève sur un rocher sans cesse battu des flots de la mer. Nulle forêt, nulle prairie ne s'y voit alentour, mais seulement une vaste plaine , où gisent sur un terreau stérile quelques pierres éparses. L'escarpement des rives , en mettant à nu des rocs déchirés , forme comme une ligne blanchâtre qui seule varie le morne aspect de cette contrée. De sa cellule , le solitaire voit la longue ligne s'enfoncer avec les golfes, reparaître aux promontoires, ceindre les côtes lointaines, et se perdre dans l'immense horizon.

Cette affreuse terre ne fut point trop triste pour Abeilard : son âme était plus triste encore. Toute joie s'était tarie ; les fumées de la gloire s'en étaient envolées; l'image même d'Héloïse n'y restait empreinte que pour y nourrir un regret amer, un repentir sombre. Cependant, au sein d'une solitude dont aucun bruit du monde ne variait la lugubre uniformité, l'illustre pénitent, ramené sans cesse sur lui-même, repassait les égarements de sa vie ; il sondait à loisir le vide de la gloire, la vanité des plaisirs ; il se pénétrait de plus en plus du néant des choses humaines ; puis, ému pour Héloïse , dont l'impénitence se dévoilait dans des lettres brûlantes, il retrouvait quelque pieuse ardeur ; un saint effroi relevait son courage , ranimait ses forces éteintes. C'est alors que cet homme , grand autant qu'infortuné , entreprend la difficile tâche d'épurer son âme , de briser les liens qui l'enchaînent encore à la terre , de tendre vers les célestes demeures, et d'y entraîner après lui son amante. C'est alors qu'il écrit cette fameuse lettre où, vainqueur enfin de cette lutte opiniâtre , il tend à son Héloïse une main de secours , il encourage ses efforts, soutient ses pas , et fait luire à ses yeux , au travers de la poussière du sépulcre, la vive et consolante lumière des cieux.

« Héloïse, écrit-il en terminant, je ne vous reverrai plus sur cette terre ; mais , lorsque l'Éternel , qui tient nos jours entre ses mains , aura tranché le fil de cette vie infortunée, ce qui , selon toute apparence , arrivera avant la fin de votre carrière... je vous prie de faire enlever mon corps , en quelque endroit que je meure , et de le faire transporter au Paraclet , pour y être enterré auprès de vous. Ainsi, Héloïse , après tant de traverses , nous nous trouverons réunis pour toujours ; et , désormais sans danger comme sans crime ; car alors, crainte, espérance, souvenir , remords , tout sera évanoui comme la poussière qui s'envole, comme la fumée qui se dissipe dans l'air , et il ne restera aucune trace de nos égarements passés. Vous aurez même lieu , Héloïse , en considérant mon cadavre , de rentrer en vous-même , et de reconnaître combien il est insensé de préférer , par un attachement déréglé , un peu de poussière , un corps périssable, vile pâture des vers , au Dieu tout-puissant, immuable , qui peut seul combler nos désirs , et nous faire jouir de l'éternelle félicité ! »

J'avais fini depuis longtemps de lire cette histoire , que mon esprit y demeurait tout entier attaché. Le livre sur les genoux , et les regards tournés vers le paysage que doraient les feux du couchant, j'étais réellement au Paraclet, j'errais au pied de ses murailles, je voyais sous de sombres allées la triste Héloïse ; et, tout rempli de sympathie pour Abeilard , avec lui j'adorais cette amante infortunée. Ces images ne tardèrent pas à se confondre avec les objets qui frappaient ma vue : en sorte que, sans quitter l'antique bergère, je me trouvai transporté dans un monde resplendissant d'éclat, et tout rempli d'émotions poétiques et tendres.

Mais outre cette lecture, outre la vapeur embrasée du soir et le brillant spectacle que m'ouvrait la lucarne , d'autres impressions se mêlaient à ma rêverie. Parmi les bruits confus qui , dans une ville , signalent l'activité des rues, le travail des métiers, le mouvement du port, les sons éloignés d'un orgue de Barbarie, apportés par les airs, venaient doucement mourir à mon oreille. Sous le charme de cette lointaine mélodie, tous les sentiments prenaient plus de vie , les images plus de puissance, le soir plus de pureté ; une fraîcheur inconnue paraît la création tout entière, et mon imagination, planant dans des espaces d'azur, goûtait au parfum de mille fleurs sans se fixer sur aucune.

Insensiblement je m'étais éloigné d'Héloïse, j'avais délaissé son ombre auprès des vieux hêtres, sous les gothiques arceaux ; j'avais navigué sur les âges, et bientôt, perdant de vue les cimes bleuâtres du passé , je m'étais rapproché de rivages plus connus, de jours plus voisins, d'êtres plus présents. Aussi, quand l'orgue vint à se taire, je rentrai dans la réalité, et le gros livre qui pesait sur mes genoux m'étant redevenu indifférent, j'allai machinalement le reporter dans sa case...

Qu'elle est morne l'heure qui succède à ces émotions ! que le retour est amer des éclatants domaines de l'imagination aux rives ingrates de la réalité ! Le soir m'apparaissait triste, ma prison odieuse , mon oisiveté un fardeau.

Pauvre enfant, toi qui aspires à sentir , à aimer , à vivre de ce poétique souffle , et qui retombes ainsi affaissé sous ton propre effort , j'ai compassion de toi ! Bien des mécomptes t'attendent; bien des fois encore ton âme , comme soulevée par une douce ivresse, tentera de se détacher de la terre pour voler vers la nue : autant de fois une

lourde chaîne retiendra son essor , jusqu'à ce que , domptée enfin , fait au joug, elle ait appris à se traîner dans le sentier de la vie.

Heureusement je n'en étais point là; et , sans sortir de ce sentier de la vie, j'y rencontrais une personne autour de laquelle mon cœur, reportant toutes ses émotions , en prolongeait à son gré le charme et la durée. Cette personne, je ne manquai pas, pour l'heure, d'en faire mon Héloïse, non pas infortunée , mais tendre ; non pas pécheresse, mais aussi pure que belle ; et, comme si elle eût été présente, je lui adressais les apostrophes les plus vives, les plus passionnées...

On voit que j'étais amoureux. C'était depuis huit jours, et depuis six je n'avais pas revu l'objet aimé.

Comme font les amants malheureux , les premiers jours je m'étais bercé d'espoir. J'avais ensuite cherché des distractions qui , comme on l'a vu, m'avaient fort mal réussi. Était venue ensuite ma captivité , et , dès les premiers loisirs de cette vie oisive, je n'avais eu garde d'oublier mes amours. Mais , ce soir-là , ma passion, fortement attisée par la romanesque lecture que je venais de faire , finit par se lasser des apostrophes et par me porter vers des voies désespérées.

Que l'on sache seulement qu'en pénétrant dans la chambre qui était au-dessus de la mienne je pouvais y voir ma bien-aimée !... Elle s'y trouvait seule à cette heure... La lucarne m'ouvrait un chemin pour y pénétrer par les toits.

La tentation était donc irrésistible , d'autant plus que je me trouvais déjà sur le toit depuis un petit moment. Je m'y assis pour prendre du courage et me familiariser avec mon projet ; car ce commencement d'exécution me causait une émotion si grande, que j'étais sur le point de rebrousser. Pour le moment, je n'eus rien de plus pressé que de m'effacer entièrement en me couchant sur le toit... Je venais d'apercevoir M. Ratin dans la rue !

Un peu revenu de ce coup de foudre, je me hasardai à soulever la tête, de manière à voir par-dessus la saillie du toit... Plus de M. Ratin ! il m'était évident qu'il montait l'escalier, et qu'avant une minute il me surprendrait allant en bonne fortune. Ah ! que j'avais de remords et de contrition! que le repentir m'était facile , et que je sentais bien l'énormité de ma faute !... lorsque je vis reparaître M. Ratin , et disparaître le remords et l'énormité. M. Ratin , après avoir traversé une allée, cheminait tranquillement dans une direction qui l'éloignait de moi.

Bientôt je le perdis de vue ; mais je compris que je ne pouvais rester à cette place, sans risquer d'être aperçu du soupirail de la prison , dans le fond duquel , de cette région élevée , je plongeais avec effroi mes regards. Je me remis donc en route pour profiter de ce qui restait du jour , et en quelques pas j'atteignis la fenêtre que je cherchais. Elle était ouverte...

Mon cœur battait avec force ; car, malgré la certitude que j'en avais , je ne pouvais assez me persuader que ma bien-aimée fût seule en ces lieux. J'hésitais donc, lorsque tout à coup je m'entends dire : Entrez! et ne craignez pas qu'on vous trahisse , bon jeune homme.

C'était la voix du prisonnier. Dès le premier mot , perdant toute présence d'esprit, je sautai brusquement dans la chambre, où je me trouvai sur les épaules d'une belle dame richement habillée, qui roula par terre avec moi.

Je ne puis décrire ce qui se passa dans les premiers instants qui suivirent la chute, car j'avais perdu tout sentiment. La première chose qui me frappa quand je revins à moi, c'est que la dame gisait la figure contre terre , ne faisant entendre ni cri ni plainte. Je m'approchai en rampant à moitié. — Madame ! lui dis-je d'une voix basse et altérée... Point de réponse. — Madame ! ! !... Rien.

Me voici arrivé à un événement bien lugubre. Une respectable dame morte... un écolier assassin ! Mon critique va dire que je force à dessein la situation pour sacrifier aux faux goût moderne. — Ne te hâte pas de dire cela, critique. Cette dame était un mannequin. J'étais dans l'atelier d'un peintre. Dis autre chose, critique.

Je commençai par relever la dame, après néanmoins que je me fus relevé moi-même. Le plus belle des sourires circonvolait sur sa face vermeille, bien que son nez eût gravement souffert. J'y fis quelques réparations, mais c'était une trop petite partie du mal pour que je m'y arrêtasse longtemps.

En effet, cette dame avait été donner du nez contre la boîte à l'huile , qui, perdant l'équilibre , était tombée , en répandant par la chambre les pinceaux, la palette et les huiles. Je voulus remettre quelque ordre dans ces objets , mais c'était encore une trop petite partie du mal pour que je m'y arrêtasse beaucoup.

En effet, la boîte à l'huile , en tombant , avait atteint le pied d'un grand nigaud de chevalet, lequel, s'étant mis aussitôt à chanceler, avait finalement pris le parti de tomber , en mirant juste dans la poitrine d'un beau monsieur qui, un clou, nous regardait faire. Le clou avait suivi son monsieur , qui avait suivi le chevalet, et tous ensemble étaient venus s'abattre sur la lampe, qui avait brisé la glace en renversant une bouillotte !

Le dégât était horrible, l'inondation générale, et la dame souriait toujours.

Au milieu de cette catastrophe , mes amours avaient un peu sourfert par l'effet de distractions si vives et si inattendues. Pendant que je reste là à réfléchir sur ma situation, je profite du quart d'heure pour faire savoir de qui j'étais amoureux, et comment je l'étais devenu.

Au-dessus de ma chambre était celle d'un habile peintre de portraits. Ce peintre avait le grand talent de faire les gens à la fois ressemblants et agréables. Oh! quel bon état, quand on le pratique ainsi! Quel appât merveilleux, où se viennent prendre carpes, brochets, carpillons, et jusqu'aux loutres et aux veaux marins, et de plein gré, et sans se plaindre de l'hameçon, et en remerciant le pêcheur!

Souvenez-vous du bourgeon. Une fois que vous êtes devenu aisé, riche, n'est-ce pas l'un des premiers conseils qu'il vous donne, que de faire reproduire sur la toile votre intéressante, originale, et, à tout prendre, si aimable figure? ne vous dit-il pas que vous devez cette surprise à votre mère, à votre épouse, à votre oncle, à votre tante? S'ils sont tous morts, ne vous dit-il pas qu'il faut encourager l'art, faire gagner un pauvre diable? Si le pauvre diable est riche, n'a-t-il pas mille autres rubriques? orner un panneau, faire un pendant... Car, enfin, que veut-il, le bourgeon? Il veut que vous vous voyiez là, sur la toile, joli, pimpant, frisé, linge fin, gants glacés; il veut surtout qu'on vous y voie, qu'on y admire, qu'on y reconnaisse et vos traits, et votre richesse, et votre noblesse, et votre talent, et votre sensibilité, et votre esprit, et votre finesse, et votre bienfaisance, et vos lectures choisies, et vos goûts délicats, et tant d'autres choses exquises, qui font de vous un être tout fait à part, rempli de mille et une qualités charmantes, sans compter vos défauts, qui sont eux-mêmes des qualités. Voulant tout cela, est-il étonnant que le bourgeon vous presse, au nom de votre père, au nom de votre mère, par votre épouse et par vos enfants, de vous faire peindre, repeindre, et peindre encore? Bien plutôt je m'étonnerais du contraire.

L'art du portrait est donc éminemment lié à la théorie du bourgeon; et beaucoup de peintres, pour avoir méconnu ce principe, sont morts à l'hôpital. Ils faisaient le brochet, brochet; le marsouin, marsouin. Grands peintres, mauvais *portraiteurs!* les gens s'en sont éloignés, et la faim les a détruits.

Ce peintre avait donc toutes les mines fashionables à reproduire, et il ne se passait pas de jour que l'on ne vît de belles voitures apporter leurs maîtres et les attendre devant la maison. Ce n'était un passe-temps délicieux que de considérer les beaux chevaux, de les voir se chasser les mouches, que d'écouter les cochers siffler, ou faire claquer le fouet. Mais, en outre, ces mêmes personnes qui sortaient de la voiture, et dont je ne pouvais voir le visage de ma fenêtre, j'étais sûr de pouvoir, au bout de deux ou trois jours, contempler leurs traits à loisir et autant que j'en aurais envie.

En effet, le peintre avait pour habitude, entre les séances, d'exposer ses portraits au soleil, en dehors de sa fenêtre, les suspendant à deux branches de fer disposées à cet effet. Une fois qu'ils étaient là, je n'avais qu'à lever les yeux, et je me trouvais au milieu de la plus belle société: milords et barons, duchesses et marquises. Tous ces gens, pendus au clou, se regardaient, et je les regardais, ils nous regardions.

Or, le lundi précédent, au bruit d'une voiture, j'étais accouru à mon poste. C'était un brillant carrosse; quatre chevaux, attelage superbe, gens en livrée. La voiture s'arrêta, et il en sortit un vieillard infirme que soutenaient respectueusement deux laquais. Je notai son crâne chauve et ses cheveux argentés, pour le bien reconnaître lorsqu'il arriverait à la galerie.

Quand le vieillard eut mis pied à terre, une jeune fille descendit de la calèche. Alors les deux laquais se retirèrent, et le vieillard s'appuyant sur le bras de la jeune fille, ils entrèrent doucement dans l'allée; un gros épagneul les suivait en jouant.

Je me sentis ému à cette vue, non point tant à cause de ce qu'il y a de réellement touchant à voir une fille jeune et belle servir d'appui au vieil âge, mais surtout parce que, dans mon habituelle préoccupation de tendres pensées, cette aimable nymphe, parée de tout ce qui rehausse la grâce et la beauté même, en me montrant la mortelle que je rêvais confusément, fixait sur elle les vagues sentiments, les feux sans objet dont je possédais quelque temps satisfait mon cœur.

Une chose plus particulière à cette jeune personne avait contribué à me séduire par un charme inattendu: c'était la grande simplicité de sa mise. Au milieu de tant de signes d'opulence, je ne sus lui voir qu'un simple chapeau de paille, qu'une robe blanche, et néanmoins tant d'élégance et de grâce, qu'il me semblait que seule, en plus de tous écartés, et privée de tout cet entourage de richesse, je n'eusse pu méconnaître à son port, à sa démarche, à tout son air, son rang, sa richesse, et jusqu'à ce noble dévouement qui la portait à se dérober aux hommages des jeunes hommes pour soutenir les pas d'un vieillard.

Et puis, le dirai-je? j'étais déjà gâté par la société que je voyais à ma fenêtre: le rang, la richesse, la grâce et le bon goût des manières, de la mise, toutes ces choses avaient pris pour moi un irrésistible attrait. A voir ces personnes, j'avais perdu toute sympathie pour ce qui est commun, pour ce qui est vulgaire, pour ma classe et mes semblables; et si, à la vérité, sous quelque habit que ce fût, une jeune fille m'eût vivement ému, l'aspect de celle-ci elle devait m'enflammer, me passionner sans mesure.

C'est ce qui ne manqua pas d'arriver, en sorte que je me trouvai subitement épris de cette jeune Antigone. Du reste, ma passion était d'une qualité si pure, si distinguée, que je ne songeai seulement pas à me demander si ce n'était point là l'une de ces Calypso dont M. Ratin m'avait tant parlé.

Et ceux qui croient qu'un amour d'écolier, pour être sans espoir et sans but, n'est pas vif et dévoué, ceux-là se trompent.

Ce sont des gens qui n'ont jamais été écoliers; ou bien ce furent des écoliers bien forts sur la particule et le *que* retranché; des écoliers admirables de mémoire, sages d'esprit, tempérés de cœur, rangés d'intelligence, bridés d'imagination, et toutes les années couronnés par trois fois; des écoliers modèles, des modèles selon M. Ratin, des monsieur Ratin en espérance.

Ils sont à présent des ministres, des avocats, des épiciers, des poëtes, des instituteurs, des marchands de tabac; et, où qu'ils soient, au tabac ou dans la chaire, à la banque ou sur le Parnasse, ils sont toujours des ministres modèles, des épiciers modèles, des poëtes modèles, des modèles, tous modèles, et rien que des modèles, sans plus ni moins, et c'est déjà bien beau!

Que mon amour ne fût pas vif et dévoué, parce que je ne pouvais m'en promettre que de folles extases; que je ne lui eusse pas tout sacrifié, quand même je n'en pouvais rien attendre, ah! que vous vous trompez fort! Pour un seul regard de cette aimable fille, j'aurais donné M. Ratin; pour un sourire, j'aurais mis le feu aux quatre Elzévirs du Vatican.

Ils montaient l'escalier. Quand ils eurent dépassé mon étage, j'entr'ouvris doucement; alors l'épagneul se précipita dans ma chambre, joyeux, brillant, amical.

C'était un animal magnifique. Outre sa beauté et l'extrême propreté de son poil soyeux, ses allures, son air et jusqu'à ses manières, avaient quelque chose d'élégant et d'aimable; en sorte que, faisant abstraction de la différence de nos natures, je me surpris à le regarder avec quelque envie, comme chien de haut lieu, comme chien familier avec des personnes trop élevées pour seulement se plaire à mes respects, surtout comme chien aimé de cette belle demoiselle, pour qui, moi, je n'étais rien. Au nom qui était gravé sur le collier, je me confirmai dans l'idée qu'elle était Anglaise.

Quand le chien fut sorti, je n'eus rien de mieux à faire que de m'occuper de ce qui se passait au-dessus de moi. Pour saisir quelque chose de ce qui s'y disait, je m'approchai doucement de la fenêtre. Le peintre et le vieillard causaient ensemble, mais la jeune fille demeurait silencieuse.

— Vous avez là, monsieur, disait le vieillard, une triste figure à peindre! et comme la copie est destinée à survivre bientôt à l'original, ce que vous pourrez y mettre de moins triste sera le bienvenu, car je ne suis point curieux de faire peur à mes petits-enfants. Certes, continua-t-il en souriant doucement, ce n'est pas une coquetterie que de me faire peindre à l'âge et dans l'état où me voici, et je pense que beaucoup de vos modèles choisissent mieux leur moment!!

— Pas toujours, monsieur, dit le peintre; une figure aussi vénérable que la vôtre se rencontre plus rarement peut-être que la fraîcheur et la jeunesse elles-mêmes.

— C'est un compliment, monsieur, je l'accepte. Je n'ai plus beaucoup de temps à en recevoir... Lucy, je vous attriste; mais, ma chère enfant, ne sauriez-vous envisager l'avenir aussi tranquillement que votre père? Je vous prie, quand nous nous quitterons, qui de nous deux aura le plus à regretter? J'en fais juge monsieur...

— Je me récuse, monsieur; il me paraît, comme à mademoiselle, qu'une pareille séparation doit être si à craindre pour tous les deux, qu'il vaut mieux en détourner les yeux.

— Voilà justement, monsieur, ce que j'appelle faiblesse; c'est celle dont je voudrais guérir ma fille. Je l'excuse, cette faiblesse, quand il s'agit de ces coups où, trompant de légitimes espérances, frappent la jeunesse dans sa fleur et lui ravissent les belles années qui lui semblaient acquises. Mais quand la mort nous atteint au terme prévu de la vie... quand elle est comme le sommeil qui vient succéder aux fatigues d'une journée laborieuse... quand un père, heureux jusqu'au dernier moment de la tendresse de sa fille chérie, s'aspire plus qu'à s'endormir dans ses bras... est-ce donc là un si triste tableau qu'il faille en détourner les yeux, et faut-il tant de force pour en soutenir la vue?... Lucy, pourquoi ces larmes?... Voyez, tâchez de voir comme moi, mon enfant... et nos jours seront paisibles, et nous en goûterons les joies jusqu'au dernier terme... et ce malheur, bien moins grand lorsqu'on a pu l'envisager en face, ne se grossira pas de tout ce que l'imagination, les fausses terreurs, une inutile résistance, y peuvent ajouter de sinistre et de terrible... Pardon, monsieur, ajouta-t-il, c'est votre sujet de guerre avec ma Lucy; et, sans ce portrait qui m'a ramené vers ces idées, je n'eusse pas pris la liberté de renouveler ici les hostilités...

J'écoutais avec ravissement ces paroles, qui, tout en m'apprenant tant de choses, paraient encore cette jeune fille d'un attrait de mélancolie et de filiale tendresse. Quoi! pensais-je, ces beaux chevaux, ces laquais respectueux, cette calèche, tout ce luxe, tant de sujets de joie ou de vanité! et la reine de ces choses, les yeux mouillés de larmes, qui s'attriste à l'idée de ne pas se dévouer pour toujours à son vieux père!

Ce jour même, le portrait vint à la galerie. C'était une simple ébauche, où je reconnus sans peine le beau vieillard. Il occupait la gauche du tableau ; sur la droite, un grand espace laissé vide produisait à mon sens un très-mauvais effet.

Mais, dès la seconde séance, le tableau ayant été retiré de la galerie, bien que cette fois la jeune miss fût venue seule, je me confirmai dans l'idée que l'espace vide lui était réservé, et que j'allais enfin contempler ses traits.

— Vous m'aviez promis, mademoiselle, lui dit le peintre, de me fournir un croquis de l'endroit de votre parc où monsieur votre père désire être placé.

— J'y ai pensé, monsieur, répondit-elle ; il est dans la voiture.... Puis, s'approchant de la fenêtre : — *John! bring me my album, if you please...* Mais je m'aperçois que John n'y est plus, reprit-elle en souriant.

Je trouvai le portrait adossé à la muraille, et je l'approchai du jour.

En effet, ses gens, ayant laissé un pauvre diable auprès des chevaux, se récréaient dans quelque café du voisinage. — Je vais y aller, dit le peintre... Mais je l'avais précédé, et déjà je remontais l'escalier, imprimant mes lèvres sur l'album de la jeune miss. J'espérais parvenir jusqu'à la porte de l'atelier, et, de là, entrevoir sa figure ; mais je rencontrai le peintre en chemin : — Grand merci! vous êtes, ma foi, le plus charmant garçon que je connaisse. Et il prit le livre de mes mains.

Je retournai à mon poste plus tranquillement que je ne l'avais quitté, et j'eus grand tort, j'avais perdu des paroles dont chacune avait un prix inestimable.

— .....Le complaisant enfant ! Il sait donc l'anglais? — Fort bien. C'est lui qui d'ordinaire me sert de truchement auprès de vos compatriotes... Un aimable jeune homme ! Il est fâcheux qu'il ne soit pas destiné à devenir un artiste, comme l'y porteraient ses goûts et ses talents.

Le peintre s'interrompt ; puis, s'étant levé : — Je veux vous montrer.... Voici ! c'est un croquis qu'il fit un jour à cette fenêtre...... le lac, un morceau de la prison... Ce mauvais chapeau suspendu à portée des passants, pour quêter l'aumône, indique la présence du pauvre prisonnier pour qui cette belle nature est invisible.

— Une charmante composition ! dit-elle, et remplie de sentiment. Mais pourquoi gêner un penchant qui paraît si décidé ?

— Ce sont ses tuteurs ; ils veulent qu'ils suivent la carrière du droit.

— Ses tuteurs !... Il est donc orphelin ?

— Depuis longtemps. Il n'a plus qu'un vieil oncle qui pourvoit à son éducation.

— Pauvre enfant! dit la jeune Anglaise avec un accent plein de compassion.

Ces paroles m'enivrèrent. Elle m'avait plaint ; c'était assez pour que je fusse glorieux de me trouver orphelin, pour changer en félicité mon plus grand malheur !

Oh ! que j'eusse voulu retenir sur moi sa pensée ! Mais, au lieu de ce bonheur suprême, ses discours changèrent d'objet; et j'appris, par quelques mots, que dans huit jours elle repartirait pour l'Angleterre. Que deviendrais-je alors, face à face avec M. Ratin ? Je m'abandonnai à la tristesse.

Angleterre ! pays charmant, vers lequel voguent les navires; frais rivages, parcs ombragés, où vont les jeunes miss promener leur mélancolie !... Ici, tout est sans charme ; ici, rien n'est aimable ; et je regardais le lac sans plaisir.

Quand elle s'éloignera ! quand d'autres contrées la verront passer ! Quand, à l'heure de midi, elle voyagera par les routes poudreuses, laissant tomber ses regards sur la verdure des arbres, des prés !...... que ne suis-je dans ces prés, sous ces arbres!... Jeune miss, vous fuyez?... Que ne suis-je devant ses chevaux, exposé à être foulé par eux ! Je verrais sa crainte, je retrouverais sa compassion ! Et je m'imaginais que sans sa compassion ce n'était pas la peine de vivre.

La séance était finie. Tout en songeant ainsi, j'attendais avec une avide impatience que le portrait vînt à la galerie ; mais le soir arriva avant qu'il eût paru, et les jours suivants se passèrent dans cette ingrate attente. C'est alors que les événements m'ayant conduit vers la lucarne, je ne pus résister au désir d'aller jusque dans l'atelier même contempler les traits de celle qui régnait sur mon cœur. On a vu quelle catastrophe s'ensuivit, et comment j'étais resté à songer au milieu d'un beau désordre. Je reprends mon récit.

J'avais cette fois le sentiment très-net de ma ruine définitive. Déjà coupable de mensonge et de lèse-Elzévir, aller encore enfoncer une porte, lire des livres défendus, puis m'échapper de ma prison, puis courir les toits, puis porter le ravage dans un atelier, déranger un mannequin, percer un tableau !.... Affreuse série de crimes, dont M. Ratin tenait le premier chaînon, à savoir le fou rire.

Mon oncle venait de rentrer. A peine l'eus-je vu que je courus me jeter dans ses bras.

Que faire ? arranger, réparer, remettre en place ? Impossible, il y avait trop de mal. Inventer une fable ? Tout à l'heure, à propos du hanneton, je n'avais pas trouvé que ce fût si facile. Avouer ? Plutôt tout au monde ; car il aurait fallu laisser voir que j'étais amoureux, et au seul soupçon d'une pareille immoralité, je voyais toute la pudeur de M. Ratin lui monter au visage, et son seul regard m'anéantir.

Je résolus de reprendre le chemin de ma chambre, de refermer sur moi la porte, et de m'adonner à l'étude avec plus de zèle que jamais, soit pour écarter de mon esprit d'importunes terreurs, soit pour donner le change à M. Ratin, qui serait très-certainement content de ma moralité, si je lui présentais une copieuse provision de devoirs bien écrits, soigneusement faits, et témoignant de ma parfaite application. Seulement, comme le jour baissait rapidement, je crus devoir différer mon départ de quelques minutes encore, afin que l'obscurité me dérobât aux regards du prisonnier quand je repasserais sur le toit.

Je mis à profit ces minutes pour contenter ma curiosité. Après quelques recherches, je trouvai le portrait adossé à la muraille, et je l'approchai du jour.

Il était presque achevé. La jeune miss, dans une gracieuse attitude, était assise auprès de son père, et sa main délicate reposait négligemment sur le cou du bel épagneul. D'antiques hêtres ombrageaient la scène, et, par une trouée, on apercevait un beau château assis sur une pelouse qui dominait la mer.

A la vue de ces traits tout remplis de grâce et animés par un touchant attrait de douceur et de mélancolie, j'éprouvai les plus tendres émotions, mais pour retomber bientôt dans l'amer regret de ne lui être rien, de la voir s'éloigner bientôt. Tout en me repassant du charme de son regard : — Pourquoi, lui disais-je, pourquoi n'êtes-vous pas ma sœur? Que vous me trouveriez un frère tendre et soumis! que je rendrais heureux avec vous ce vieillard! Que la verdure est belle où vous êtes!.... que les déserts seraient aimables avec vous!...Lucy!... ma Lucy!... ma bien-aimée!

La nuit était venue. Je me séparai tristement du portrait, et je me retrouvai bientôt dans ma chambre, au moment où l'on m'apportait de la lumière et mon souper.

Dans l'état d'agitation où je me trouvais, je n'avais ni faim ni sommeil; aussi je ne songeai qu'à me mettre vite à l'ouvrage, afin d'être en mesure de présenter à M. Ratin les preuves visibles de mon travail et de mon entière régénération, à quelque moment qu'il vînt me surprendre.

Après César, Virgile; après Virgile, Bourdon; après Bourdon, trois pages de composition; après les trois pages... je m'endormis.

Je fus bien étonné d'être réveillé au petit jour par une voix qui psalmodiait à plein gosier. Je prêtai l'oreille... c'était le prisonnier. Il continua sur un ton moins éclatant, et finit par cesser tout à fait. Cette pratique pieuse me donna de cet homme une opinion presque favorable. Après quelque silence :

— Vous avez, me dit-il, bien travaillé cette nuit?...

— Chantez-vous ainsi tous les matins? l'interrompis-je.

— Dès mon enfance.... Pensez-vous que, sans les consolations de la religion, je pusse ne pas succomber à mon infortune?

— Non. Je m'étonne plutôt que la religion ne vous ait pas détourné du crime qui vous a conduit en prison.

— Ce crime, j'en suis innocent. Dieu a permis l'erreur de mes juges; que la volonté de Dieu soit faite! je serais résigné, ajouta-t-il, si seulement, avec la nourriture du corps, j'avais le pain de l'âme... mais je n'ai point de Bible!

— Quoi! interrompis-je, on vous refuserait une Bible?

— On refuse tout à celui que l'on croit méprisable.

— Il faut que vous ayez une Bible! je veux que vous en ayez une! j'irai plutôt vous porter la mienne!!!

— Bon jeune homme, dit-il avec un accent de reconnaissance, pénétrer jusqu'à moi? impossible. D'ailleurs je n'y consentirais pas. L'aspect de cette affreuse demeure ne doit pas contrister vos regards... Je vous dirai toutefois ce qui me porte à m'adresser à vous? Hier, quand je vis une corde remonter ces gâteaux jusqu'à vous... que n'y a-t-il, pensai-je avec envie, une âme compatissante qui pareillement fasse remonter le pain de vie jusqu'au pauvre prisonnier!

A ce trait de lumière : — Avez-vous une corde? — La Providence, reprit-il, a permis que j'en eusse une, que je réservais pour cet unique usage... Vous aurez une Bible! m'écriai-je en l'interrompant, vous l'aurez!...

Et tout joyeux de l'idée d'être si véritablement utile à cet infortuné, je cherchai avec empressement ma Bible parmi mes livres, que la veille j'avais entassés dans l'armoire.

Pendant que je cherchais ainsi, il me sembla entendre du côté de la prison comme un murmure étouffé. Ayant prêté l'oreille : — Est-ce vous? dis-je au prisonnier. Il ne répondit rien, mais le murmure continuait de se faire entendre plus distinct et plus plaintif.

— Qu'est-ce? qu'avez-vous? lui demandai-je alors d'un accent ému et pressant.

— Un horrible mal... répondit-il, et sans remède... L'un de mes fers, trop étroit pour ma jambe, a provoqué une enflure qui, pressée par le métal... Aïe! s'écria-t-il en s'interrompant.

— Achevez... achevez, pauvre homme!

— ... Me fait souffrir les plus cruelles tortures. C'est ainsi que, privé de tout sommeil, je vous voyais travailler cette nuit.

— Infortuné! et vous ne demandez pas qu'on vous soulage?

— Ils ne me visitent que tous les cinq jours... Aïe... Encore trois... et je leur demanderai...

— Oh! que vous me faites pitié! ne pourrais-je donc...

— Rien! rien! pauvre enfant... Il faudrait... mais je sens déjà que votre pitié me soulage... il faudrait pouvoir... Ohé!... Aïe! aïe!...

— Il faudrait pouvoir?...

— Miséricorde! miséricorde!... le sang coule!... pouvoir user un peu le fer...

— Une lime! m'écriai-je, une lime! Attendez! dans ma Bible...

J'avais une lime (car, à travers mon latin, j'étais un peu menuisier comme Émile); je la mis précipitamment dans le livre. Mais, après avoir lié tout avec une ficelle, je me souvins avec désespoir que j'étais enfermé. Cependant le prisonnier continuait à se plaindre de la façon la plus lamentable, et chacun de ses cris me déchirait le cœur. Aussi je songeais déjà à forcer la serrure de ma porte, lorsqu'à la vue d'un chiffonnier qui passait dans la rue j'éprouvai le plus vif plaisir.

— Tiens, lui criai-je, attache cela à cette corde que tu vois là-bas contre la muraille. Vite! vite! c'est pour soulager un pauvre homme.

Le chiffonnier attacha le paquet, qui remonta rapidement. Au même instant on ouvrait ma porte.

C'était M. Ratin! il me trouva à l'ouvrage.

— Hier, monsieur, me dit-il, dans l'indignation où m'avait jeté votre conduite, j'oubliai de vous donner des devoirs à faire pendant ces deux jours...

— J'en ai fait, lui dis-je tout tremblant.

M. Ratin examina les devoirs avec quelque défiance, tant le procédé lui paraissait nouveau. Puis, certain que c'était bien de l'ouvrage fait depuis ma captivité :

— Je vous loue, reprit-il, d'avoir fui de vous-même les dangers de l'oisiveté. Un jeune homme oisif ne saurait que faire des choses détestables; car il est à la merci de toutes les pensées mauvaises qui, à l'âge où vous êtes, assiègent son esprit paresseux. Souvenez-vous des Gracques, qui ne causèrent tant de plaisir à leur mère que parce qu'ils furent de bonne heure rangés et studieux.

— Oui, monsieur, dis-je.

— Vous ne vous êtes pas donné le temps de manger? reprit M. Ratin en apercevant mon repas resté intact.

— Non, monsieur.

— J'aime à y reconnaître l'effet du chagrin profond que vous avez dû ressentir de votre conduite d'hier.

— Oui, monsieur.

— Avez-vous fait à cet égard de sérieuses réflexions?

— Oui! monsieur.

— Avez-vous bien reconnu comment, du fou rire, vous êtes tombé dans l'irrévérence?

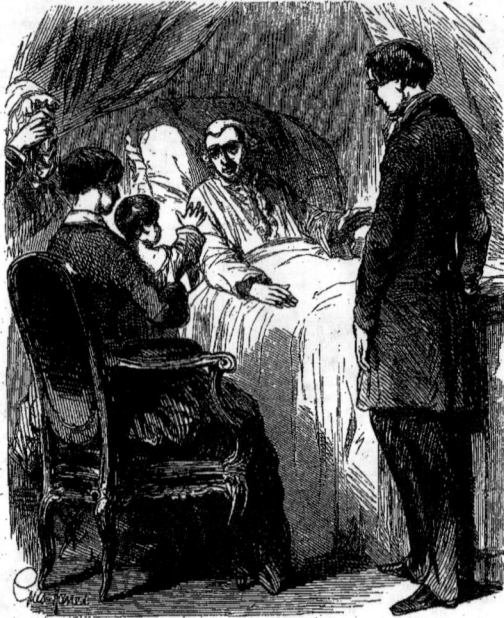

Derniers moments de mon oncle Tom.

— Oui, monsieur. (Dans ce moment quelqu'un montait l'escalier!)
— Et de l'irrévérence dans le mensonge?
— Oui, monsieur. (On ouvrait la porte de l'atelier!!)
— Et du mensonge...?
— Oui, monsieur. (On faisait un cri de stupéfaction!!)
— Quel est ce bruit?...
— Oui, monsieur. (On en était aux exclamations, aux apostrophes, aux grandes prosopopées; j'étais près de me trouver mal!!!)

Rassemblant néanmoins toutes mes forces pour détourner l'attention de M. Ratin de dessus les prosopopées : — Quand vous m'eûtes quitté hier, lui dis-je...

— Attendez... interrompit-il, toujours plus attentif à ce qui se passait dans l'atelier.

Il est vrai que le vacarme y était grand : — Perdu! perdu! criait le peintre à tue-tête. Il faut qu'on soit entré par la fenêtre! Il s'en approcha.

— Jules! êtes-vous resté chez vous depuis hier soir?
— Oui, monsieur, dit en s'avançant M. Ratin, et par mon ordre.
— Eh bien, monsieur, mon atelier est en déroute, mes tableaux détruits, mon chevalet à bas!... et votre élève doit avoir tout entendu...

— Voulez-vous écouter un pauvre prisonnier? dit alors une voix qui partit du soupirail de l'Evêché : moi j'ai tout vu, je vous dirai tout.

— Parlez, dites...

— Vous saurez donc, monsieur, qu'hier soir il y avait grande société sur ce toit, précisément à l'entrée de votre fenêtre. C'étaient cinq chats. Vous savez que quand ces messieurs content fleurette...

— Abrégez, dit M. Ratin.

—... Leurs propos sont bruyants. La chatte était coquette...

— Abrégez, vous dis-je, répéta M. Ratin, ceci n'importe pas au fait principal.

— Je vous demande bien pardon, monsieur, car sans la coquetterie de cette demoiselle et la jalousie des quatre galants...

— Jules! me dit M. Ratin, retirez-vous un instant sur l'escalier.

Je ne me fis pas prier.

—... Tout, continua le prisonnier, se serait passé en douceur. Ils miaulaient donc, et d'une façon fort tendre; mais madame, n'écoutant à aucun, se lustrait le visage du velours de sa patte. Vous eussiez dit Pénélope au milieu des prétendants...

— Et puis? dit le peintre. Un peu vite...

— Et puis, tout à coup, voici un des matous qui se permet d'appliquer sa griffe sur le museau d'un des prétendants. Celui-ci prend mal la chose, les autres s'en mêlent, pli! pla! c'est le signal : guerre à mort!... Ce n'est plus qu'une pelote fourrée, hérissée de griffes, de dents, un concert à réjouir le diable. Pendant qu'ils se battent, Pénélope saute dans l'atelier; toute la pelote lui saute après... Je n'ai plus rien vu; mais, au sabbat qui se fit, je jugeai qu'ils avaient pu renverser quelque objet qui en aurait renversé quelque autre. C'était à près de huit heures.

J'étais très-humilié du service que me rendait en cet instant le prisonnier, d'autant plus que ce mensonge hardi après tant de piété, ce ton facétieux après de si vives souffrances, calmaient subitement tout l'intérêt que m'avait inspiré cet homme. Aussi je suis convaincu que, sans la présence de M. Ratin, j'aurais eu la force de le démentir sur l'heure, et de tout avouer au peintre; mais il y avait de l'amour dans mon crime, et la bande pudeur de M. Ratin m'apparaissait comme un grand roc sinistre, contre lequel, au moindre soupçon de sa part, j'irais me briser sans retour.

Pendant que ces choses se passaient, la calèche venait d'arriver devant la maison; déjà la jeune miss et son père montaient l'escalier.

— Ma séance! s'écria le peintre avec désespoir. Prisonnier! vous nous faites un conte absurde. Voilà un portrait que j'avais adossé à la muraille, et que je trouve tourné à l'extérieur... Sout-ce les chats qui retournent les portraits?... On est venu, on est venu par la fenêtre... Jules! qu'avez-vous vu?...

Jules! chassez ce chien, me dit au même instant M. Ratin.

Il faut savoir qu'en cet instant le bel épagneul flairait curieusement le parapluie neuf de M. Ratin. Je m'empressai de le chasser jusque dans les greniers, et par delà, pour laisser au peintre le temps d'oublier sa fatale question.

Quand je rentrai, il était en effet occupé à accueillir ses hôtes, les priant de l'excuser s'il les recevait au milieu d'un aussi affreux désordre. — Si vous ne partiez pas demain, ajouta-t-il, je vous prierais de remettre à un autre jour cette dernière séance. — Il est malheureusement impossible que nous différions notre départ, répondit le vieillard; mais de grâce, ne vous gênez point, et que notre présence ne vous empêche pas de faire ces premières recherches, indispensables pour arriver à la connaissance du coupable. Alors le peintre monta lui-même sur le toit pour en examiner les abords.

Fort heureusement, M. Ratin, qui était à mille lieues de me supposer la moindre part dans ces événements, après avoir remis soigneusement son parapluie dans le fourreau, était revenu auprès de la table feuilleter mes livres, y marquant à mesure les endroits qui devraient faire le sujet de mes devoirs. — En considération, me dit-

il, du travail que vous m'avez présenté et des dispositions meilleures où je vous vois... Ici le peintre entra, et tout préoccupé de son idée :
— N'avez-vous pas une chambre, monsieur?... Ah! oui, la voici!
Auriez-vous la bonté de me l'ouvrir? On n'a pu parvenir sur le toit que par là, et nous saurons par où l'on a pu s'introduire dans la chambre. — Volontiers, monsieur, dit M. Ratin. Et ayant pris la clef dans un tiroir à son usage, il la mit dans la serrure, que j'avais rajustée de mon mieux; tandis que, pâlissant de stupeur, je feignais une grande application au travail.

Pendant que ces messieurs procédaient à leur inspection, je m'aperçus d'une rumeur dans la prison. Des hommes parlaient avec véhémence, quelques mots sinistres parvenaient à mon oreille, le factionnaire était aux écoutes, et deux passants s'étaient arrêtés pour attendre l'issue de cette scène.

— Voici la corde! cria une voix.
— La lime! la lime! cria une autre voix; ici, tenez, sous cette pierre.
— C'est bien son mouchoir de poche! dit au même instant M. Ratin. Serait-il possible!... Jules!

La porte était ouverte. Je tournai tout chancelant d'épouvante, sans autre projet que de me dérober pour l'instant aux affreuses tortures de la peur et de la honte. Mais, quand j'eus fait cent pas dans la rue, et qu'ayant tourné la tête j'eus reconnu l'honnête chiffonnier qui entrait dans la maison, en montrant à un magistrat le chemin de ma demeure, je doublai le pas; et dès que j'eus tourné l'angle de la rue voisine, je courus de toutes mes forces jusqu'aux portes de la ville, que je franchis, non sans éprouver une grande terreur à la vue des paisibles gendarmes qui stationnent auprès.

Tout en m'éloignant, j'eus le loisir de réfléchir sur ma situation, qui me parut désespérée. Retourner sur mes pas, ce n'était plus seulement retomber dans les mains de M. Ratin, c'était bien certainement me livrer aux gendarmes; et cette idée me causait la plus sinistre épouvante. Ainsi agité par ces réflexions, et la frayeur soutenant mon courage, je marchai tout d'une traite jusqu'à certain pré voisin de Coppet, où je m'assis enfin sur la terre étrangère.

C'est à peine si, dans ce lieu écarté, je me croyais en sûreté contre les atteintes de la justice. Je tournais sans cesse mes regards du côté de la grande route; et chaque fois que des bestiaux, un âne, quelque chariot, y soulevaient un peu de poussière, je m'imaginais voir toute la gendarmerie lancée à ma poursuite dans toutes les directions. Cette angoisse me préoccupant de plus en plus, je pris un parti décisif : c'était de poursuivre ma route du côté de Lausanne, où mon oncle faisait son séjour. Je me remis donc en marche.

A tout âge, c'est une triste chose que l'exil; mais, pour l'enfant, qu'il est voisin du seuil paternel! Trois lieues à peine me séparaient de ma ville natale, et il me semblait qu'abandonné au sein du vaste univers j'eusse perdu tout appui, tout asile. Aussi suivais-je, le cœur bien gros, la rive de ce lac si riant jadis à voir de ma fenêtre. A mesure que je m'éloignais, moins dominé par la crainte, ces sentiments prenaient sur moi plus d'empire, et deux ou trois fois, m'étant assis sur le bord de la route, ma tristesse devint si forte, que je fus tenté de rebrousser chemin et d'aller implorer le pardon de mon maître.

Il était trop tard. D'ailleurs, à force de marcher, j'allais me trouver bientôt aussi près de Lausanne que de Genève, de mon oncle que de M. Ratin. Cette circonstance ranimait puissamment mon courage; le calme renaissait en moi; déjà je recommençais à songer à la jeune miss, et à renouer le fil des tristes rêveries qui m'avaient charmé la veille à la même heure. Au milieu de cette nature enchantée, son image se présentait à mon cœur plus douce encore; elle s'y associait à la pureté des cieux, aux teintes vaporeuses des monts, à la fraîcheur de ces beaux rivages, et l'exil perdait sa tristesse.

Que de sève dans l'adolescence! Est-ce bien moi que je viens de peindre? Est-ce bien moi, ce jeune garçon qui suit la rive d'un pied léger, regardant avec amour l'azur des flots, les côtes vertes de Savoie, l'antique manoir d'Hermance, peuplant l'air et l'espace du vif sentiment qui le domine?

Au crépuscule, je me détournai de la route pour demander asile chez les paysans, qui acceptèrent en retour l'unique pièce de monnaie que je possédais. Je partageai leur soupe et leur gîte rustique, et le lendemain, au point du jour, je les quittai pour continuer mon voyage.

J'étais parti sans casquette; les rayons du soleil levant brûlaient mon visage. Aussi m'arrêtais-je sous le porche des fermes, pour y goûter quelque fraîcheur, jusqu'à ce que le regard des métayers ou des passants me chassât de ces retraites. En effet, je redoutais toujours que quelque soupçon des crimes que j'avais commis ne fût le motif de cette curiosité, dont ma jeunesse et mon bizarre accoutrement étaient l'unique cause.

Après le tranquille village d'Allaman, on voit sur la gauche de la route de magnifiques chênes qui forment la lisière d'un grand bois. De dessous ces ombrages, l'œil, planant sur toute l'étendue du lac, s'arrête, du côté du Valais, contre les majestueuses parois des Alpes, ou, tourné vers Genève, se promène mollement sur une suite de cimes douces et lointaines dont les dernières se confondent avec les plages du ciel. Je ne pus résister aux charmes de cet ombrage, et j'allai m'y établir pour y manger le morceau de pain noir don: les paysans m'avaient pourvu.

Je songeais au plaisir de me jeter bientôt dans les bras de mon oncle. Ce désir était si pressant, si extrême, qu'à la seule pensée qu'il pût être déçu je m'abandonnais au découragement. — Mon oncle! mon bon oncle! disais-je le cœur gonflé d'attendrissement, que je vous voie seulement, que je vous parle... que je sois où vous êtes!

En ce moment une voiture de voyage passait sur la grande route, traînée par six chevaux de poste dont le galop soulevait un long tourbillon de poussière. Le postillon faisait claquer son fouet, tandis que les domestiques dormaient nonchalamment sur les sièges. Cette voiture avait déjà dépassé d'environ deux cents pas l'endroit où j'étais assis, lorsqu'elle s'arrêta; et un des domestiques étant descendu se dirigea vers moi.

J'allais m'enfuir, lorsque je crus reconnaître John, le domestique de la jeune miss. — Êtes-vous, me dit-il, le jeune homme qui a disparu hier de la maison de Saint-Pierre?

— Oui, lui dis-je.

— Alors, suivez-moi.

— Où?

— Vers la voiture. Votre maître est dans un bel état, allez!

— Où est-il, mon maître?

— Il vous cherche par les quatre chemins,... petit drôle!

Ces mots me donnèrent quelque soupçon que M. Ratin pouvait s'être joint aux voyageurs, en sorte que je me refusais à suivre John, lorsque je vis de loin une robe blanche descendre de la voiture. Je me levai aussitôt, et je me mis à courir vers la jeune miss pour ne pas l'obliger à marcher sur cette route poudreuse; mais quand j'approchai la honte et l'émotion me firent ralentir le pas, et je finis par m'arrêter à quelque distance d'elle.

— Vous êtes monsieur Jules, n'est-ce pas? me dit-elle d'un ton affable.

— Oui, mademoiselle.

— Oh! comme le soleil vous brûle! montez, je vous prie, dans la voiture... Votre maître est fort en peine, et j'ai bien du plaisir que nous vous ayons rencontré.

— Montez, mon ami, dit le vieillard, qui avait mis la tête à la portière, montez; nous causerons un peu de votre affaire... Vous devez être fatigué?

Je montai, et la voiture repartit aussitôt.

J'étais dans un état d'ivresse qui m'ôtait la parole. Le bonheur, le trouble, la honte, faisaient battre mon cœur, et coloraient d'une vive rougeur mon visage hâlé. Je tenais encore le reste de mon morceau de pain noir.

— Vous n'avez pas fait bien bonne chère, à ce que je vois, me dit le vieillard. De quel hôtel sortez-vous, je vous prie?

— De chez des paysans, monsieur, qui m'ont hébergé cette nuit.

— Et où comptiez-vous aller ce soir?

— A Lausanne, monsieur.

— Aussi loin que cela! reprit la jeune miss, et découvert comme vous êtes?

— Plus loin encore, partout, mademoiselle, jusqu'à ce que j'aie rencontré mon oncle! Et les larmes me vinrent aux yeux.

— Il n'a plus que lui! dit-elle à son père. Et elle fixa sur moi un regard compatissant, dont le charme réalisait tout ce que j'avais rêvé de plus hardi à ma fenêtre.

— Mon enfant, reprit le bon vieillard, vous allez rester avec nous jusqu'à Lausanne, où nous vous remettrons aux mains de votre oncle. Vous avez fait là un coup de tête; de quoi donc aviez-vous si peur?

— C'est moi, monsieur, qui ai donné cette lime au prisonnier. Il souffrait cruellement, je vous assure. C'était seulement pour desserrer un de ses fers...

— Eh bien, je ne vois là, mon ami, que le mouvement d'un bon cœur. A votre âge, on n'est pas tenu de savoir que lorsqu'un prisonnier emprunte une lime, ce n'est jamais que pour un certain usage. Mais vous ne me parlez pas de l'atelier. C'est pourtant vous, n'est-ce pas?

— Oui, monsieur, je l'aurais dit au peintre, à mon oncle, à vous... mais j'avais peur de M. Ratin.

— C'est donc un terrible homme que ce monsieur Ratin? Mais encore, qu'alliez-vous faire dans cet atelier? Est-ce vous qui avez retourné le portrait de ma fille?

Je rougis jusqu'au blanc des yeux.

Il se mit à rire. — Ah! ah! c'est ceci qui est grave! car ce n'était sûrement pas pour voir ma figure. A vous, Lucy, de vous fâcher.

— Point du tout, mon père, dit-elle en souriant avec une grâce charmante. Je sais que M. Jules aime les arts; il dessine lui-même avec talent: rien de plus naturel qu'il voulût voir l'ouvrage d'un homme habile.

— Lucy, reprit le vieillard avec une douce malice, vous n'êtes pas tenue non plus de savoir que lorsqu'on retourne un tableau où se trouve votre figure, il est fort naturel que ce soit pour la voir... Puis, comme il voyait ma honte : — Ne rougissez pas, mon enfant; croyez bien que je ne vous en estime pas moins, et que ma fille vous pardonne. N'est-ce pas, Lucy?

Un léger embarras succéda à ces paroles, mais il ne se prolongea que pour moi seul. Bientôt je répondre à toutes les questions que me firent ces aimables personnes. Après qui venait d'être dit, j'avais remarqué chez le vieillard une gaieté plus cordiale encore, et, en même temps, chez la jeune miss un peu plus de réserve, mais non moins d'intérêt et de sollicitude pour ma situation. Pour moi, je ne tournais les yeux sur elle, que je ne sentisse comme enivré de sa vue, et rempli des plus doux transports de plaisir.

Mais nous touchons à la ville. — Votre oncle vous grondera-t-il? me dit le vieillard.

— Oh! non, monsieur. Et puis, je serai si joyeux de le voir, qu'encore cela me ferait-il peu de chagrin.

— Aimable enfant! dit Lucy en anglais.

— Je veux tout de même vous remettre entre ses mains. Rue du Chêne, dites-vous? John! faites arrêter rue du Chêne, n° 3.

Toute ma crainte était que nous ne trouvassions pas mon oncle chez lui, lorsque, la voiture s'étant arrêtée, un jeune enfant nous dit qu'il était en ce moment dans sa chambre. — Qu'il descende! dis-je à l'enfant.

— Non, nous monterons, dit le vieillard. Est-ce bien haut?

— Au premier, répondit l'enfant.

Et, comme chez le peintre, la jeune miss, soutenant le bras de son père, entrait dans l'allée avec lui, pendant que j'aurais baisé les traces de ses pas.

Mon oncle venait de rentrer. A peine l'eus-je vu, que je courus me jeter dans ses bras. — C'est toi, Jules! dit-il. Mais je l'accablais de caresses sans pouvoir lui répondre.

Tu arrives sans chapeau, mon enfant, mais en bonne compagnie, à ce que je vois. Madame et monsieur, veuillez prendre la peine de vous asseoir. Je quittai sa main pour approcher des sièges.

— Nous ne voulons, monsieur, dit le vieillard, que remettre entre vos respectables mains cet enfant, coupable, à la vérité, d'une étourderie, mais dont le cœur est bien honnête. Il vous dira lui-même par quelles circonstances nous avons eu le plaisir de l'avoir pour compagnon de voyage, et pris la liberté de nous présenter chez vous. Adieu, mon ami, me dit-il en me tendant la main, je vous laisse mon nom sur cette carte, afin que vous sachiez qui je suis, si jamais vous me faites le plaisir de recourir à mon amitié.

— Adieu, monsieur Jules... ajouta l'aimable fille. Et elle me tendit sa main.

Je les vis se retirer les yeux mouillés de larmes.

C'est de cette façon que je retrouvai mon bon oncle Tom. Au bout de quelques jours, nous retournâmes à Genève. Il m'ôta M. Ratin, et me prit avec lui.

Ainsi s'ouvrit ma jeunesse. Je raconterai, dans le prochain chapitre, comment j'en sortis à trois ans de là.

II.

Afin d'utiliser mes vacances, mon oncle m'a conseillé de lire Grotius, pour lire ensuite Puffendorf, pour lire ensuite Burlamaqui, égaré pour le moment. Aussi je me lève matin, je vais à ma table, je m'établis, je croise les jambes, puis j'ouvre à l'endroit... Mais voici ce qui m'arrive.

Au bout d'une demi-heure, mon esprit, ainsi que mes yeux, commence à faire des excursions à droite et à gauche. C'est d'abord sur la marge de l'in-quarto, où je gratte un point jaune, je souffle un poil, je détache une paille avec toutes sortes d'ingénieuses précautions; c'est ensuite sur le bouchon de mon encrier, tout rempli de petites particularités curieuses dont chacune m'occupe à son tour : jusqu'à ce qu'enfin, passant ma plume dans la bouclette, je lui imprime une moelleuse rotation qui me réjouit infiniment. Après quoi, volontiers, je me renverse sur le dossier de mon fauteuil, en étendant les jambes, et croisant les mains sur ma tête. Dans cette situation, il me devient très-difficile de ne pas siffler un petit air quelconque, tout en suivant avec une vague fixité les bonds d'une mouche qui veut sortir des vitres.

Cependant, les articulations commençant à se roidir, je me lève pour faire, les deux mains dans mes goussets, une petite promenade qui me conduit au fond de ma chambre. Là, rencontrant l'obscure paroi, je rebrousse tout naturellement vers la fenêtre, contre laquelle je bats, du bout des ongles, un joli roulement où j'excelle. Mais voici un char qui passe, un chien qui aboie, ou rien du tout; il faut voir ce que c'est. J'ouvre... Une fois là, j'ai éprouvé que j'y suis pour longtemps.

La fenêtre! c'est le vrai passe-temps d'un étudiant; j'entends d'un étudiant appliqué, je veux dire qui ne hante ni les cafés ni les tavernes. Oh! le brave jeune homme! il fait l'espoir de ses parents, qui le savent rangé, sédentaire; et ses professeurs, ne le voyant ni fréquenter les promenades, ni cavalcader dans les places, ni jouer aux tables d'écarté, se plaisent à dire qu'il ira loin, ce jeune homme-là. En attendant, lui ne bouge de sa fenêtre.

Lui... c'est donc moi, modestie à part. J'y passe mes journées, et si j'osais dire... Non, jamais mes professeurs, jamais Grotius, Puffendorf, ne m'ont donné le centième de l'instruction que je hume de là, rien qu'à regarder dans la rue.

Toutefois, ici comme ailleurs, on va par degrés. C'est d'abord simple flanerie récréative. On regarde en l'air, on fixe un fétu, on souffle une plume, on considère une toile d'araignée, ou l'on crache sur un certain pavé. Ces choses-là consument des heures entières, en raison de leur importance.

Je ne plaisante pas. Imaginez-vous un homme qui n'ait jamais passé par là. Qu'est-il? que peut-il être? Une sotte créature, toute matérielle et positive, sans pensée, sans poésie, qui descend la pente de la vie sans jamais s'arrêter, dévier du chemin, regarder alentour, ou se lancer au delà. C'est un automate qui chemine de la vie à la mort, comme une machine à vapeur de Liverpool à Manchester.

Oui, la flanerie est chose nécessaire au moins une fois dans la vie, mais surtout à dix-huit ans, au sortir des écoles. C'est là que se ravive l'âme desséchée sur les bouquins; elle fait halte pour se reconnaître; elle finit sa vie d'emprunt pour commencer la sienne propre. Ainsi un été entier passé dans cet état ne me paraît pas de trop dans une éducation soignée. Il est probable même qu'un seul été ne suffirait point à faire un grand homme : Socrate flana des années; Rousseau jusqu'à quarante ans; la Fontaine toute sa vie.

Et cependant je n'ai vu ce précepte consigné dans aucun ouvrage d'éducation.

Ces pratiques dont je viens de parler sont donc la base de toute instruction réelle et solide. En effet, c'est pendant que les sens y trouvent un innocent aliment, que l'esprit contracte le calme d'abord, puis la disposition à observer :

> Car, que faire en FLANANT, à moins que l'on N'OBSERVE »

puis enfin, par suite et à son insu, l'habitude de classer, de coordonner, de généraliser. Et le voilà tout seul arrivé à cette voie philosophique recommandée par Bacon et mise en pratique par Newton, lequel un jour, flanant dans son jardin et voyant choir une pomme, trouva l'attraction.

L'étudiant à sa fenêtre ne trouve pas l'attraction; mais, par un procédé tout semblable, à force de regarder dans la rue, il lui arrive au cerveau une foule d'idées qui, vieilles ou neuves en elles-mêmes, sont du moins nouvelles pour lui, et prouvent clairement qu'il a mis son temps à profit.

Et ces idées venant à heurter dans son cerveau ses anciennes idées d'emprunt, du choc naissent d'autres lumières encore; car, par nature, ne pouvant flotter entre toutes, et surtout entre les contraires. le voilà qui, tout en fixant un fétu, compare, choisit, et se fait savant à vue d'œil.

Et quelle charmante manière de travailler, que cette manière de perdre son temps!

Mais quoiqu'à la rigueur un fétu suffise pour flaner avec avantage, je dois dire que je ne m'en tiens pas là; car ma fenêtre embrasse un admirable ensemble d'objets.

En face, c'est l'hôpital, immense bâtiment où rien n'entre, d'où rien ne sort, qui ne me paye tribut. Je suis les intentions, je devine les causes, ou je perce les conséquences. Et je me trompe peu; car, interrogeant la physionomie à chaque cas nouveau, j'y lis mille choses curieuses sur les gens. Rien ne marque mieux les nuances sociales que la figure d'un portier. C'est un miroir admirable où se viennent peindre, dans tous leurs degrés, le respect rampant, l'obséquiosité protectrice, ou le dédain brutal, selon qu'il réfléchit le riche directeur, l'employé subalterne, ou le pauvre enfant trouvé : miroir changeant, mais fidèle.

Vis-à-vis de ma fenêtre, un peu plus haut, est celle d'une des salles de l'hôpital. De la place où je travaille, je vois l'obscur plafond, quelquefois le sinistre infirmier, le nez contre les vitres, regardant dans la rue. Que si je monte sur la table, alors mes yeux plongent dans ce triste séjour, où la douleur, l'agonie et la mort ont étendu leurs victimes sur deux longues files de lits. Spectacle funèbre, où souvent néanmoins m'attire un intérêt sombre, lorsqu'à la vue d'un infortuné qui se meurt mon imagination se promène autour de son chevet; et, tantôt rebroussant dans cette vie qui s'éteint, tantôt s'avançant vers cet avenir qui s'ouvre, se repaît de ce charme mélancolique, toujours attaché au mystère où s'enveloppe la destinée de l'homme.

A gauche, au bas de la rue, c'est l'église, solitaire la semaine, remplie le dimanche et retentissant de pieux cantiques. Là aussi je vois qui entre, je vois qui sort; je conjecture, mais moins sûrement. En effet, point de portier. Et il y en aurait un, que je n'en serais guère plus avancé; car c'est le propre du portier de s'arrêter à l'habit; au delà, il est aveugle, muet, sourd, et sa physionomie ne réfléchit plus rien. Or, c'est l'âme de ceux qui hantent l'église qui m'intéresserait à connaître; malheureusement, l'âme est sous l'habit, sous le gilet, sous la chemise, sous la peau, et encore bien souvent n'y est pas, s'allant promener pendant le prêche. Je vais donc tâtonnant, hésitant, supposant, et ne m'en trouve pas plus mal; car c'est précisément le vague, l'incertain, le douteux qui fait l'aliment comme le charme de la flanerie.

A droite, c'est la fontaine, où tiennent cour, autour de l'eau bleue,

servantes, mitrons, valets, commères. On s'y dit des douceurs au murmure de la seille qui s'emplit ; on s'y conte l'insolence des maîtres, les ennuis du service, le secret des ménages. C'est ma gazette, d'autant plus piquante aussi, que, n'entendant pas tout, il faut souvent deviner.

Là-haut, entre les toits, je vois le ciel, tantôt bleu, profond, tantôt gris, borné par des nuages flottants; quelquefois traversé par un long vol d'oiseaux émigrant aux rives lointaines par-dessus nos villes et nos campagnes. C'est par ce ciel que je suis en relation avec le monde extérieur, avec l'espace et l'infini : grand trou où je m'enfonce du regard et de la pensée, le menton appuyé sur le poignet.

Quand je suis fatigué de m'élever, je redescends sur les toits. Là, ce sont les chats, qui, maigres et ardents, miaulent dans la saison d'amour; ou, gras et indolents, se lèchent au soleil d'août. Sous le toit, les hirondelles et leurs oisillons, revenus avec le printemps, fuyant avec l'automne, toujours volant, cherchant, rapportant vers la couvée criarde. Je les connais toutes, elles me connaissent aussi ; non plus effrayées de voir là ma tête qu'à la fenêtre au-dessous un vase de capucines.

Enfin, dans la rue, spectacle toujours divers, toujours nouveau : gentilles laitières, graves magistrats, écoliers polissons ; chiens qui grognent ou jouent follement; bœufs qui mâchent, remâchent le foin pendant que leur maître est à boire. Et si vient la pluie, croyez-vous que je perde mon temps? Jamais je n'ai tant à faire. Voilà mille petites rivières qui se rendent au gros ruisseau, lequel s'emplit, se gonfle, mugit, entraînant dans sa course des débris que j'accompagne chacun dans ses bonds avec un merveilleux intérêt. Ou bien, quelque vieux pot cassé, ralliant ses fuyards derrière son large ventre, entreprend d'arrêter la fureur du torrent : cailloux, ossements, copeaux, viennent grossir son centre, étendre ses ailes; une mer se forme, et la lutte commence. Alors, la situation devenant dramatique au plus haut degré, je prends parti et presque toujours pour le pot cassé ; je regarde au loin s'il lui vient des renforts; je tremble pour son aile droite qui plie, je frémis pour l'aile gauche déjà minée par un filet... tandis que le brave vétéran, entouré de son élite, tient toujours, quoique submergé jusqu'au front. Mais qui peut lutter contre le ciel ? La pluie redouble ses fureurs, et la débâcle... Une débâcle ! Les moments qui précèdent une débâcle, c'est ce que je connais de plus exquis en fait de plaisirs innocents. Seulement, si, pour franchir le ruisseau, les dames montrent leur fine jambe, je laisse la débâcle, et je suis de l'œil les bas blancs jusqu'au tournant de la rue. Et ce n'est là qu'une petite partie des merveilles qu'on peut voir de ma fenêtre.

Aussi je trouve les journées bien courtes, et que, faute de temps, je perds bien des choses.

Au-dessus de ma chambre est celle de mon oncle Tom. Assis sur un fauteuil à vis, l'échine courbée en avant, tandis que le jour glisse, sur ses cheveux d'argent, il lit, annote, compile, rédige, et enserre dans son cerveau la quintessence de quelques mille volumes qui garnissent sa chambre tout alentour.

Au rebours de son neveu, mon oncle Tom sait tout ce qu'on apprend dans les livres, rien de ce qu'on apprend dans la rue. Aussi croit-il à la science plus qu'aux choses mêmes. Vous le croyez sceptique sur sa propre existence, très-dogmatique sur tel système nuageux de philosophie. Du reste, bon et naïf comme un enfant, pour n'avoir jamais vécu avec les hommes.

Trois bruits distincts m'annoncent presque tout ce que fait mon oncle Tom. Quand il se lève, la vis crie; quand il va prendre un livre, l'échelle roule; quand il s'est distrait d'une prise de tabac, la tabatière frappe la table.

Ces trois bruits se suivent d'ordinaire, et j'y suis tellement habitué, qu'ils me détournent peu de mes travaux. Mais un jour...

Un jour la vis crie, l'échelle ne roule pas, j'attends la tabatière..... Rien. Je fus réveillé de ma flanerie, comme un meunier de son somme quand la roue de son moulin vient à se taire. J'écoute : mon oncle Tom cause, mon oncle Tom rit... Une autre voix... « C'est bien cela, » me dis-je très-ému.

C'est qu'il faut savoir que depuis que je travaillais à la fenêtre je n'étais point resté dans les généralités. Je m'étais depuis quelques jours occupé tout particulièrement d'un objet qui avait atténué l'intérêt que je portais aux autres. Et voici les symptômes qui ont signalé ce changement dans la direction de mes travaux.

Dès le matin, j'attends; dès deux heures, le cœur me bat; quand elle a passé, ma journée est finie.

Avant, je n'avais jamais songé que je fusse seul; d'ailleurs, n'étions-nous pas moi et mon oncle, et le ruisseau, et les hirondelles, et tout le monde? Aujourd'hui je me trouve seul, tout seul, excepté vers trois heures, que tout reprend vie autour et au dedans de moi.

Je vous ai dit comment auparavant coulaient mes douces heures. Aujourd'hui je ne sais plus ni m'occuper, ni être oisif, ni flaner, ce qui est fort différent. C'est au point que, l'autre jour encore, une grosse plume tournoya lentement à deux doigts de mon nez, sans que l'idée seulement me vint de souffler dessus. Et je pourrais citer cent traits pareils.

Au lieu de cela, je songe tout éveillé. Je rêve qu'elle me connaît, qu'elle me sourit, que je lui agrée; ou bien, cherchant les voies et moyens de lui être quelque chose, je la rencontre, je voyage avec elle, je la protège, je la défends, je la sauve entre mes bras, et je m'attriste profondément de n'être point ensemble tous les deux, en un bois sombre, attaqués par d'affreux brigands que je mets en fuite, quoique blessé en la défendant.

Mais il est temps de dire ce qu'était cet objet. Je ne sais comment m'y prendre, car les mots sont bien inhabiles à peindre sous quel air nous apparut la première fille qui fit battre notre cœur; impressions fraîches et vives, qui auraient besoin d'un langage tout jeune.

Je dirai donc seulement que tous les jours, sortant vers trois heures d'une maison voisine, elle descendait la rue et passait sous ma fenêtre.

Sa robe était bleue et si simple, que vous ne l'eussiez pas distinguée sur tant d'autres robes bleues qui passaient; ni moi non plus, n'était que je lui trouvais une grâce toute singulière à flotter autour de cette jeune taille. Et cette jeune taille me semblait tenir son charme de l'air modeste de l'aimable fille si douce à voir; de façon que, revenant ensuite à la robe, il me devenait impossible d'en imaginer une plus à mon gré, cent lieues à la ronde, et les premières faiseuses.

Aussi, tant que cette robe était sur mon horizon, tout me semblait sourire et s'embellir alentour; et quand elle avait disparu, il me fallait encore une robe bleue pour tous mes rêves de félicité.

Or, ce jour-là, je la vis venir à son ordinaire, et approcher jusque sous ma fenêtre, d'où mes yeux se disposaient à la suivre jusqu'au tournant de la rue, et mes pensées au delà encore, lorsque, faisant un détour, elle entra dans l'allée juste au-dessous de moi. J'en fus si troublé, que je retirai ma tête comme si elle fût entrée de plain-pied dans ma chambre. Puis j'allais réfléchir qu'elle traversait dans l'autre rue, lorsque se passèrent dans la bibliothèque de mon oncle Tom les choses extraordinaires qui causèrent l'émotion dont j'ai parlé. Quoi! elle parle à mon oncle!... Et je faisais d'incroyables efforts d'ouïe pour saisir quelques mots, lorsqu'un événement imprévu vint bouleverser l'univers qui commençait à se former autour de moi.

Cet événement si grave était au fond de mince importance. L'échelle venait de rouler, et j'entendais mon oncle Tom monter les degrés en causant. Je crus même distinguer le mot *hébraïque* sortant de sa bouche. De tout cela il résultait clairement que mon oncle Tom avait affaire en ce moment à quelque docteur hébraïsant qui remaniait avec lui quelque vétille d'érudition. Car, pour elle, s'imaginer que sa jeune tête s'enquît de niaiseries scientifiques, ou que sa jolie main voulût feuilleter de poudreux in-folio, il n'y avait pas moyen.

Je me remis machinalement à la fenêtre, fort désappointé, et regardant sans voir, comme lorsqu'on a une idée qui vous rend absent de vous même. Cependant, en face, au gros soleil, deux ânes philosophaient attachés au même gond. Après un grand moment, l'un fit une réflexion; ce que je reconnus à un imperceptible frisson de son oreille gauche; puis, allongeant la tête, il lui montrait amoureusement à l'autre son vieux râtelier; sur quoi celui-ci ayant compris en fit autant, et ils se mirent tous deux à l'œuvre, se grattant le cou avec une telle réciprocité de bons offices, avec une nonchalance si voluptueuse, une flânerie si suave, que je ne pus m'empêcher de sympathiser, moi troisième. C'était la première fois depuis ma préoccupation. C'est qu'il est dans la naïveté de certains spectacles des attractions irrésistibles qui enlèvent l'âme à elle-même, et la font infidèle à ses plus doux pensers. Aussi allais-je m'enivrer de celui-là, lorsqu'une robe bleue sortit de l'allée. C'était elle. « Hé! » m'écriai-je involontairement.

La jeune fille, entendant quelque chose, leva la tête assez pour que l'aile de son chapeau laissât passer son beau regard, qui vint m'inonder de bonté, de trouble, et d'un plaisir rapide comme l'éclair. Elle rougit et continua d'aller.

C'est le charme de cet âge de rougir au souffle du vent, au bruit d'une paille, mais rougir à mon occasion me sembla néanmoins une faveur inexprimable, une circonstance qui changeait beaucoup ma situation : car c'était la première fois que d'elle à moi il se passait quelque chose.

Ce qui diminua bientôt ma joie, ce fut un prompt retour sur moi-même. Elle m'avait vu disant « Hé! » la bouche béante, l'œil ahuri, de l'air d'un idiot qui voit choir son chapeau dans la rivière. L'idée de cette première impression que j'avais dû lui produire m'était singulièrement amère.

Mais que pensez-vous qu'elle eût sous son bras? Un in-octavo couvert de parchemin, fermé de clous d'argent; misérable bouquin que cent fois j'avais vu traîner dans la chambre de mon oncle, et qui alors, doucement pressé sous son bras, me semblait le livre des livres... Je compris pour la première fois qu'un bouquin peut être bon à quelque chose. Sage, mon oncle Tom, d'en avoir amassé toute sa vie! Imbécile, moi, de n'avoir pas eu en ma possession ce fameux livre, dont le titre même m'était inconnu.

Elle traversa la rue, se dirigeant vers l'entrée de l'hôpital, où elle dit quelques mots au portier, qui me parut la connaître, et ne lui accorder que juste ce qu'il fallait de protection pour qu'elle pût passer. Bien qu'indigné contre le brutal, cela me fit plaisir, en me prouvant que la fille de mes pensées n'était pas d'une condition assez

riche ou élevée pour rendre ridicule à mes propres yeux les vœux qui commençaient à germer dans mon cœur.

J'éprouvai un grand plaisir à la savoir si près de moi, car j'avais craint de la perdre jusqu'au lendemain. Je brûlais d'apprendre ce qui l'avait amenée chez mon oncle, et ce qui pouvait l'attirer dans ce lieu. Mais pour le moment, enchaîné par le désir de la voir sortir, je me résignai à attendre jusqu'à ce que, la nuit étant venue, je perdis l'espoir de la revoir ce jour-là, et je montai en toute hâte chez mon oncle Tom.

Il avait déjà allumé sa lampe, et je le trouvai considérant avec la plus grande attention au travers d'une fiole remplie d'un liquide bleuâtre. — Bonjour, Jules, me dit-il sans se déranger ; assieds-toi là, je te vais tire à toi.

Je m'assis impatient de questionner mon oncle, et considérant la bibliothèque qui m'apparaissait toute changée. Je regardais avec respect ces vénérables livres, frères de celui que j'avais vu sous son bras, et les choses que je voyais, l'air que je respirais, me semblaient autres, comme si la jeune fille venue en ce lieu y eût laissé quelque signe de sa présence.

— J'ai fait, dit mon oncle. A propos, Jules, tu ne sais pas?...
— Non, mon oncle...
— Remercie la jeune fille qui est venue ici...

En disant ces mots, il prit le chemin de sa table, pendant que j'entendais battre mon cœur d'attente. Puis se retournant :
— Devine... me dit-il comme voulant jouir de ma surprise.

J'étais hors d'état de rien deviner.
— Elle vous a parlé de moi? dis-je avec une émotion croissante.
— Mieux que ça, reprit mon oncle d'un air fin.
— Dites, dites, mon oncle, je vous en supplie.
— Tiens, voilà mon Burlamaqui retrouvé.

Je tombai du ciel sur la terre, faisant des imprécations intérieures contre Burlamaqui, que, par respect, je substituai à mon oncle en cette occasion.

— En lui cherchant un livre, continua mon oncle Tom, je t'ai retrouvé celui-ci, que je croyais perdu. Oh! l'aimable fille! reprit-il, et qui vaut bien, ma foi, douze de tes professeurs.

J'étais de son avis pour le moins, et cette exclamation de mon oncle Tom me raccommoda un peu avec lui.
— Elle lit l'hébreu comme un ange!

Je n'y étais du tout. — Elle lit l'hébreu! Mais, mon oncle... Car cette idée m'était désagréable.
— Et j'ai eu un plaisir extrême à lui faire lire le psaume XLVIII dans l'édition de Buxtorf. Je lui ai expliqué, en comparant les variantes avec l'édition de Crœsius, combien le texte de Buxtorf est préférable.
— Vous lui avez dit cela?... à elle?
— Mais c'est clair, puisque je lui parlais.
— Elle était là, devant vous, et vous avez pu lui dire cela?
— Mais oui; d'ailleurs, ce que j'ai dit là ne peut guère se dire qu'à une juive!
— Elle est juive!

D'autres sont-ils faits comme moi? Juive, belle et juive! Je l'en trouvai tout de suite dix fois plus belle, et l'en aimai dix fois davantage.

Cela est peu chrétien; j'assure pourtant qu'il en fut ainsi, et que le charme que je lui trouvais déjà s'en trouva rafraîchi, vivifié, comme si, dès lors, les mêmes choses que j'aimais en elle se fussent trouvées différentes et nouvelles.

Je sais encore que ce n'est point là raisonner fort mal, et que le plus mince logicien eût pu me convaincre d'absurdité, à plus forte raison mon oncle Tom; aussi je ne lui en parlai pas, car je tenais plus encore à mon erreur qu'à la logique.

Mais l'impression fut ce que j'ai dit. D'ailleurs... aime-t-on sa sœur d'amour? Non. Sa compatriote? Non. L'étrangère? Plus vite encore. Mais une belle juive! et puis, délaissée peut-être, mal vue des bonnes sœurs peut-être, cela était à mes yeux un avantage, comme si cela l'eût rapprochée de moi.
— Veut-elle donc hébraïser? dis-je à mon oncle Tom.
— Non, bien que je l'y aie engagée de tout mon pouvoir. Il s'agit d'un pauvre vieillard qui s'en va mourant. Elle venait m'emprunter une Bible hébraïque pour lui faire quelque lecture pieuse.
— Elle ne reviendra donc plus?
— Demain vers dix heures, pour me rapporter le livre.

Et mon oncle se remit à examiner sa fiole, pendant que je restais à songer. — Demain, ici, dans cette même chambre! me disais-je. Si près de moi, sans que je lui sois rien! pas même autant que mon oncle Tom et sa fiole! Je redescendis tristement chez moi.

Je fus très-surpris de trouver ma chambre éclairée par une légère lueur. Ayant reconnu que c'était le reflet d'une lumière qui brillait vis-à-vis, dans la salle de l'hôpital, ordinairement sombre à cette heure, je montai sur une chaise, d'où je vis d'abord une ombre qui se projetait contre la muraille du fond. Ma curiosité étant vivement excitée, je me guindai, entre la chaise et la fenêtre, de telle façon que je pus plonger assez bas pour reconnaître, suspendu à cette même muraille un chapeau de femme. « C'est elle! m'écriai-je. » Mettre la chaise sur la table, Grotius et Puffendorf sur la chaise et moi sur le tout, fut l'affaire d'un clin d'œil. Et je retenais mon souffle pour mieux jouir du spectacle qui s'offrait à moi.

Au chevet d'un vieillard pâle et souffrant, je la voyais pieuse, recueillie, embellie de tout l'éclat que prêtait à sa jeunesse et à sa fraîcheur cet entourage de maladie et de vieillesse. Elle baissait ses belles paupières sur le livre de mon oncle, où elle lisait les paroles de consolation. Quelquefois, s'arrêtant pour laisser reposer le malade, elle lui soutenait la tête, ou lui prenait affectueusement la main, le considérant avec une compassion qui me paraissait angélique.

— Heureux mourant! disais-je. Que ses paroles doivent lui être douces et ses soins pleins de charme!... Oh! que j'échangerais ma jeunesse et ma force contre ton âge et tes maux!

Je ne sais si je fis ces réflexions tout haut, ou si ce fut un pur effet du hasard; mais en ce moment la jeune fille, s'interrompant, leva la tête et regarda fixement de mon côté. J'en fus troublé comme si elle eût pu me voir dans la nuit où j'étais; et ayant fait un mouvement en arrière, je tombai, emmenant avec moi la chaise, la table, Grotius et Puffendorf.

Le vacarme fut grand, et je restai quelque temps étourdi par la chute. Au moment où j'allais me relever, mon oncle Tom parut, un bougeoir à la main.

— Qu'est-ce, Jules? me demanda-t-il effrayé.

— Ce n'est rien, mon oncle... c'est ici au plafond... (mon oncle jeta les yeux sur le plafond). Je voulais suspendre... (mon oncle jeta les yeux tout alentour, pour voir quelque chose à suspendre)... et puis pendant que... alors je suis tombé... et ensuite... je suis tombé.

— Remets-toi, remets-toi, mon ami, me dit mon oncle Tom avec bonté. La chute t'a probablement affecté les fibres cérébrales, ce qui est cause de l'incohérence de ton discours. Il me fit asseoir, et, pendant ce temps, s'empressa de relever les deux in-folio, dont il avait considéré les ais fracassés avec plus d'émotion sans doute qu'il n'en avait ressenti en parlant à la belle juive. Il les replaça avec soin sur la table; puis, revenant à moi : — Et tu voulais suspendre quoi? me dit-il en me prenant la main de manière à glisser furtivement son index sur mon pouls.

Cette question m'était très-embarrassante, car en vérité il n'y avait pas apparence de chose à suspendre dans toute ma chambre. Aussi, connaissant d'ailleurs l'indulgente douceur de mon bon oncle Tom, j'allais lui raconter tout, lorsqu'au moment de le faire je ne le fis point.

C'est que pour ce que j'avais dans le cœur l'indulgence n'était déjà plus assez. J'aurais voulu de la sympathie; et mon oncle n'en pouvait éprouver que pour les idées abstraites, scientifiques. C'est ce qui fit que je répugnai à lui ouvrir mon cœur, crainte de faner un sentiment que j'étais jaloux de nourrir à ma guise.

— C'était pour suspendre... Ah! mon Dieu, déjà!

— Hé?

— Ah! mon oncle, c'est fini.

— Quoi?

En ce moment la lumière venait de s'éteindre dans la chambre du mourant, et avec elle tout mon espoir.

Pour mon oncle, à cette exclamation, il commença à juger le cas très-grave, et m'engagea à me mettre au lit, où il m'examina avec attention, pendant que je songeais à la jeune fille dont la vue venait de m'être ravie.

Mon oncle Tom était loin de se douter de la cause de mon mal. Cependant, après m'avoir anatomiquement considéré, palpé, il se convainquit, avec une certitude faisant honneur à sa science, que le squelette était en parfait état. Débarrassé de toute inquiétude à ce sujet, il s'occupa d'examiner le jeu de la respiration, celui de la circulation et de toutes les fonctions vitales; passant ensuite aux symptômes tout à fait extérieurs, il parut enfin avoir satisfait sa curiosité, et, de l'air d'un homme qui emporte quelque chose dans sa tête pour y songer, il me quitta.

Il était environ minuit. Je restai seul avec mes idées, où je me plongeais tout entier, lorsque le roulement de l'échelle me fit tressaillir, et peu après je m'endormis.

J'étais fort agité. Mille images sans rapport avec l'objet de mes pensées se croisaient, se succédaient devant mes yeux; ce n'était ni le sommeil ni la veille, encore moins le repos. Enfin, à ce trouble succéda l'épuisement; et bientôt mes songes, quelque temps suspendus, revinrent et prirent une autre teinte.

Je rêvai qu'en un bois silencieux je marchais souffrant; mais pourtant calme, et l'âme pénétrée de je ne sais quel sentiment, tout plein d'un charme qui m'était inconnu. Personne d'abord, et rien de tout ce qui aurait pu me rappeler la vie ordinaire. C'était bien moi, mais doué de beauté, de grâce, de tous les avantages que je désire éveillé.

Fatigué, je m'étais assis dans une clairière solitaire. Une figure s'était approchée que je ne connaissais pas, mais dont les traits étaient animés par l'expression d'une mélancolique bonté. Insensiblement elle avait pris un air qui m'était plus connu;... enfin c'était vraiment ma chère juive. Elle aussi, douée de tout ce que je lui désire, paraissait se plaire à me considérer; et, quoiqu'elle ne parlât pas, son regard avait un langage qui me touchait au plus doux endroit de mon cœur. Je voyais sa belle tête s'incliner sur mon front, je sentais sa douce haleine, et à la fin sa main avait trouvé la mienne. Alors, une émotion croissante m'agitant, mon rêve peu à peu perdit sa quiétude. Les images devinrent flottantes et incertaines; et, de figure en figure, je ne vis plus que celle de mon oncle Tom, qui m'avait pris la main pour me tâter le pouls, et dont la tête, inclinée sur la mienne, me considérait au travers de ses besicles.

Oh! que la figure de mon oncle Tom me parut affreuse en ce moment-là! Je l'aime, et beaucoup, mon oncle Tom; mais passer du plus doux objet à la figure de son oncle, des plus charmants songes du cœur aux froides réalités! Il en faut moins pour faire prendre en dégoût et la vie et son oncle.

— Tranquillise-toi, Jules, me dit-il, je suis sur la trace de ton mal. Et, continuant à m'observer, il feuilletait un vieux in-quarto, comme pour ajuster d'après l'auteur le remède aux symptômes.

— Oh! je n'ai point de mal! vous vous trompez, mon oncle; le seul mal est de m'avoir réveillé. Ah! j'étais si heureux!

— Tu étais bien, tu étais tranquille! heureux!

— Ah! j'étais au ciel. Pourquoi m'avez-vous réveillé? Ici, une joie visible, mélangée d'une teinte d'orgueil et de docte satisfaction, se peignit sur le visage de mon oncle Tom, et je crus l'entendre dire : — Bon, le remède opère.

— Que m'avez-vous donc fait? lui dis-je.

— Tu le sauras. Je tiens ici ton cas, page 64 d'Hippocrate, édition de la Haye. Pour le moment, il ne nous faut que de la tranquillité.

— Mais, mon oncle...

— Quoi?

Je ne savais comment m'y prendre pour engager mon oncle à me parler de la jeune juive sans lui révéler ce que je sentais pour elle. J'aurais voulu le mettre sur la voie.

— Demain, ne m'avez-vous pas dit?... et je me tus.

— Demain?

— Elle vient chez vous.

— Qui?

Je craignis d'en avoir trop dit. — C'est la fièvre...

— La fièvre?

Aussi mes questions et mes réponses lui semblèrent-elles incohérentes au dernier point, et je l'entendis murmurer le mot de délire; sur quoi il sortit. Bientôt l'échelle roula, je tressaillis; mais c'est tout ce que je pus ressaisir de la situation d'où je venais de sortir. Je fis d'incroyables efforts pour retrouver le sommeil et mon songe. Rien. Je ne pouvais pas même ressaisir cette réalité, dont auparavant je me contentais : le songe s'était effacée, mais je ne pusse la faire renaître; c'était le vide. Ce ne fut qu'après m'être reporté en idée au lendemain, que je pus retrouver l'image de ma juive, antérieure à mon sommeil. Je me représentai de mille façons sa venue chez mon oncle, et à force d'imaginer des moyens de la voir, de lui parler, de me faire connaître d'elle, j'en vins à former le projet le plus extravagant.

Écarter mon oncle,... la recevoir moi-même,... lui parler... Mais que lui dirai-je? Savoir que lui dire était la première condition pour que mon plan fût possible; et j'étais fort embarrassé, car c'était la première fois que j'avais à parler d'amour. Je n'avais pour guides que quelques romans que j'avais lus, où l'on me semblait parler si bien, que je désespérais de pouvoir atteindre à cette perfection.

Oh! si seulement je pouvais lui peindre l'état de mon cœur! disais-je. Il me semble que toute fille accepterait ce que je ressens pour elle. Et je sautai à bas du lit pour essayer ce que je pourrais lui dire.

Après avoir allumé ma bougie, je plaçai en face de moi une chaise à qui je pusse m'adresser; et m'étant recueilli un moment, je commençai en ces termes :

— Mademoiselle!

Mademoiselle? ce mot me déplut. Un autre? Point. Le sien? Je l'ignorais. Je pensai qu'en cherchant... Je cherchai bien. Rien que mademoiselle! Me voilà arrêté au début.

— Mais est-ce bien une demoiselle? Est-ce pour moi une demoiselle comme la première venue? Mademoiselle! Impossible. Il ne reste plus qu'à tirer mon chapeau et dire : J'ai bien l'honneur d'être, et je m'assis fort désappointé.

Je recommençai plus de dix fois sans pouvoir trouver autre chose. Je me décidai enfin à éluder la difficulté en écartant ce mot, et je repris d'un ton passionné :

— Vous voyez devant vous celui qui ne veut vivre, qui ne veut brûler que pour vous... Et dès ce jour... mon cœur vous jure un éternel...

— Ah! mon Dieu! c'est un quatrain! car je sentais arriver au galop une rime fatale. Je me rassis désespéré. C'est donc si difficile d'exprimer ce que l'on sent! pensais-je avec amertume. Que deviendrai-je? Elle rira... ou plutôt elle prendra en pitié ma bêtise, et je serai perdu! Cette pensée me rongeait, et je renonçais déjà à mon projet.

Cependant mille sentiments gonflaient mon cœur, comme s'ils eussent cherché une issue; en sorte que, malgré moi, je roulais dans ma tête une foule de phrases, de protestations, d'apostrophes passionnées, qui formaient un cauchemar pénible sous lequel je restais affaissé.

Je me levai pour me soulager, et je me promenai dans ma chambre, laissant échapper des mots, des phrases entrecoupées.

. ... — Vous ignorez qui je suis, et déjà je ne vis plus que de vous ou de votre image... Pourquoi je suis ici?... J'ai voulu vous voir... J'ai voulu, au risque de vous déplaire, vous faire savoir qu'il est un jeune homme dont vous êtes l'unique pensée... Pourquoi suis-je ici? C'est pour mettre à vos pieds mon amour, mon sort, ma vie... Juive? Et qu'importe! Juive, je vous adorerai; juive, je vous suivrai partout... O ma chère juive! trouverez-vous ailleurs qui vous aime comme moi?... Trouverez-vous ailleurs la tendresse, le dévouement, la félicité que mon cœur vous tient en réserve? Ah! si vous pouviez partager la moitié de ce que j'éprouve, vous béniriez le jour où vous me vîtes à vos pieds, et aujourd'hui même vous me laisseriez l'espoir que je ne vous ai pas parlé en vain.

Je m'arrêtai soulagé. J'avais versé dans ces mots une partie des sentiments que renfermait mon âme; et, au feu dont j'accompagnais mes discours, je croyais voir la jeune fille rougir, s'émouvoir, et mes paroles arriver jusqu'à son cœur. Alors, portant la main sur le mien : — Oh! non, ajoutai-je, par pitié pour un malheureux, ne me repoussez pas, vous ne me repousseriez dans l'abîme! La vie pour moi, c'est où vous êtes!... Hé!... Le diable l'emporte! Oh! mon oncle! mon oncle!

Tout était perdu, perdu sans ressource, et je fus sur le point d'en verser des larmes amères. La passion m'avait ennobli à mes propres yeux; pour quelques instants cette défiance de moi-même, ce dégoût, ces craintes qui toujours venaient empoisonner mes espérances, avaient disparu; je me trouvais comme posé d'égal à égal devant ma divinité, et, en achevant ces mots, je portais ma main sur son cœur, que je sentais brûlant jusqu'à la peau, lorsque... Non! j'eusse mis la main avec moins de dégoût sur une froide couleuvre, sur un humide crapaud... J'arrachai le monstre, et je le jetai loin de moi.

En cet instant entra mon oncle Tom, calme comme le temps, une fiole à main et son livre sous le bras.

— Maudits soient, lui dis-je avec emportement, votre Hippocrate, vos bouquins, et tous ceux qui... Qu'avez-vous fait? Dites, mon oncle, qu'avez-vous fait?... Deux fois troubler les plus doux instants de ma vie! Qu'est-ce encore? Venez-vous m'empoisonner?

Durant cette apostrophe, mon oncle Tom, loin de se fâcher, avait repris la chaîne de son raisonnement là où il l'avait laissée; et, s'étant confirmé dans l'idée que le délire continuait, il avait pris l'attitude d'un observateur attentif. Sans tenir aucun compte du sens de mes paroles, il étudiait avec sagacité, au geste, à l'altération de la voix, au feu de mes regards, la nature et les progrès du mal, notant dans son esprit jusqu'aux plus petits symptômes pour les combattre ensuite.

— Il a ôté l'emplâtre, dit-il tout bas. Jules!

— Quoi?

— Couche-toi, mon ami; couche-toi, Jules; fais-moi ce plaisir. Et, tout bien considéré, je me couchai, songeant qu'il m'était devenu impossible de prouver à mon oncle que je n'étais pas fou, à moins de lui avouer mon secret, ce qui, dans ce moment, aurait ruiné tout mon projet, sans lui prouver que je fusse sain d'esprit.

— Et voici une boisson que je t'apporte. Bois, mon ami, bois. Je pris la fiole; et faisant semblant de boire, je laissai couler le liquide entre le lit et la muraille. Mon oncle m'entoura la tête d'un mouchoir à lui, me couvrit jusqu'aux yeux, ferma les rideaux, les volets, et tirant sa montre : Il est trois heures, dit-il; il doit dormir jusqu'à dix heures : à dix heures moins vingt minutes, ce sera le moment de descendre. Il me quitta.

Épuisé de fatigue, je dormis quelques instants; mais bientôt l'agitation me chassa de mon lit, et m'occupai des préparatifs de mon projet. Je fis un mannequin aussi semblable à moi qu'il me fut possible, je lui entourai la tête du mouchoir de mon oncle, je le couvris bien; puis je refermai mes rideaux, afin que d'ailleurs que mon oncle, sur l'autorité d'Hippocrate, ne les ouvrirait pas avant dix heures. Après quoi, j'allai m'établir à la fenêtre.

Déjà passaient quelques laitières; le portier ouvrait, les hirondelles étaient à l'ouvrage. Le retour de la lumière, la fraîcheur du matin, la vue des objets accoutumés, ramenant en moi plus de calme, me faisaient voir mon entreprise sous un aspect moins favorable, et je chancelais presque; mais, lorsque les impressions de mon songe me revenaient en mémoire, il me semblait que renoncer à ce projet, c'était renoncer sans retour à tout ce qu'il y a de plus doux au monde, et je retrouvais tout mon courage.

Cependant le temps s'écoulait. Je venais de tirer ma montre, quand la vis cria. C'était dix heures moins un quart. Je sortis promptement, et je laissai mon oncle s'installer auprès du mannequin, pendant que j'allai sans bruit m'établir dans la silencieuse bibliothèque.

J'entrai très-doucement, et je courus vers la fenêtre. Debout derrière les vitres, les yeux fixés sur l'extrémité de la rue, à l'endroit où elle devait paraître, je commençai à trembler d'attente et de malaise. Pour comble de malheur, je m'aperçus que ma harangue s'échappait; et, voulant en retenir les lambeaux, je tombai dans des transpositions si étranges, que j'en étais suffoqué d'émotion. Je me voyais perdu; et ma peur devint si forte, que je me mis à siffler, comme pour m'en imposer à moi-même. En ce moment l'horloge sonna dix heures. J'en conçus l'espoir qu'une fois dix heures sonnées elle ne viendrait pas ce jour-là, et je me mis à compter les coups, dont chacun se faisait attendre un siècle. Enfin, le dixième sonna, et j'éprouvai un grand soulagement.

Je commençai à me remettre, lorsqu'une robe bleue parut. C'était elle!... Mon cœur bondit, ma harangue s'envola. Je n'eus plus de sentiment que pour désirer de toute ma force qu'elle fût sortie dans quelque autre but; et j'attendais, dans une anxiété inexprimable, de voir si, arrivée devant la maison, elle passerait outre, ou se détournerait pour entrer. Observant jusqu'aux plus légères déviations de sa marche, j'en tirais des inductions qui me comblaient tour à tour d'aise et de terreur; et la seule chose qui me rassurât un peu, c'est qu'elle marchait de l'autre côté du ruisseau.

Elle le franchit! et, comme les vitres m'empêchaient d'avancer la tête, je la perdis de vue. Aussitôt je la sentis dans la bibliothèque, et, toute présence d'esprit m'abandonnant, je courus vers la porte pour m'enfuir; mais, en traversant le vestibule, le bruit de ses pas, répercuté dans la silencieuse cour, me fit réfléchir que j'allais la rencontrer. Je m'arrêtai. Elle était là... Au coup de cloche, mes yeux se troublèrent, je chancelai, et je m'assis bien déterminé à ne pas ouvrir.

En ce moment, la chatte de mon oncle, sautant du haut d'une lucarne voisine, vint tomber sur la tablette de la fenêtre. Au bruit, je fus secoué par un énorme tressaut, comme si la porte se fût ouverte tout à coup. L'animal m'ayant reconnu, je vis avec une affreuse angoisse qu'il allait miauler; il miaula!... Alors il me sembla si bien que le secret de ma présence était trahi, que baissant les yeux de honte, je sentis la rougeur me monter au visage. Un second coup de cloche vint m'achever.

Je me levai, je me rassis, je me levai encore, les yeux toujours fixés sur la cloche, que je tremblais de voir s'ébranler de nouveau. J'écoutais attentivement, dans l'espérance que je l'entendrais s'éloigner; mais un autre bruit frappa mon oreille, c'était celui des pas de mon oncle Tom qui bougeait dans ma chambre. Alors la crainte plus grande encore d'être surpris par lui en présence de la jeune fille me troublant tout à fait, j'aimai mieux aller à la rencontre du danger que de l'attendre. Je retournai tout doucement en arrière pour paraître venir de la bibliothèque, puis je toussai, et, d'un pas affermi par la peur, je vins et j'ouvris... Sa gracieuse figure se dessinait en silhouette sur le demi-jour de l'escalier. — Monsieur Tom est-il chez lui? dit-elle.

Ces furent les premières paroles que j'entendis sortir des lèvres de la belle juive. Elles résonnent encore à mon oreille, tant est de charme que me fit le son de cette voix. Pour le moment, quoique la question ne fût pas compliquée, je n'y répondis rien, moins par adresse pourtant que par trouble, et je me mis gauchement à la précéder vers la bibliothèque, où elle me suivit.

J'allai sans me retourner jusqu'à la table de mon oncle. J'aurais désiré que cette table fût bien loin, tant je redoutais le moment de rencontrer son regard. A la fin je la vis; elle me reconnut et rougit.

Où était ma harangue? A mille lieues. Je gardai le silence, plus rouge qu'elle, jusqu'à ce que, la situation n'étant plus tenable, voici comment je débutai :

— Mademoiselle... et j'en restai là.

— Monsieur Tom... reprit-elle. Puis, surmontant son embarras :—Je reviendrai, puisqu'il n'y est pas. Et, après s'être légèrement inclinée, elle s'en allait, me laissant tellement hors de moi, que je ne songeai à la reconduire qu'après qu'elle eut déjà franchi le seuil de la bibliothèque. Alors seulement je me pressai sur ses pas. Elle était troublée, moi aussi; et pendant que, dans l'obscurité du vestibule, nous cherchions ensemble à ouvrir la porte, nos mains s'étant rencontrées, un frisson de plaisir circula par tout mon corps. Elle sortit; je restai seul, seul au monde.

A peine fut-elle loin, que ma harangue revint tout entière. Je me mis à déplorer ma gaucherie, ma sottise, mon embarras. J'ignorais alors que cet embarras, cette gaucherie, sont aussi leur langage éloquent auprès de quelques femmes, et plus malaisé à contrefaire que l'autre. Bientôt pourtant me rappelant son air, son trouble et son regard, je fus moins mécontent. J'allais me replacer vers la fenêtre pour la voir sortir, lorsque j'entendis la porte s'ouvrir. Je n'eus que le temps de sauter sur le lit de mon oncle, où je me cachai derrière les vieux rideaux verts qui en écartaient le jour.

— Mais, ma belle enfant, ce que vous me dites là...

— Un jeune homme, je vous assure, monsieur Tom.

— Un jeune homme! ici! Impudent! Et comment est-il fait?

— Il est fait... Il n'a pas l'air impudent, monsieur.

— Ce n'est pas autre chose... Permettez, s'introduire ainsi...

— Peut-être quelqu'un de votre connaissance...

— Moi ou mon neveu; personne autre.

— Je crois... je n'est lui, dit-il en baissant la voix et les yeux.

— Lui! que je quitte en cet instant! au-dessous de cette chambre!... Et dites-moi, le connaissez-vous, mon neveu?

Ici il y eut une pause, une pause d'un siècle.

— Vous rougissez, ma belle enfant!... Soyez sûre que vous en pourriez rencontrer de moins honnêtes... de moins aimables aussi... Mais dites, d'où le connaissez-vous?

— Monsieur,... vous dites qu'il demeure au-dessous de votre chambre. J'y ai vu quelquefois à la fenêtre... le même jeune homme qui m'a reçue ici.

— Impossible, je vous dis. C'est bien mon neveu que vous avez vu à la fenêtre, car il y passe sa vie; mais pour s'être introduit ici, il en est bien innocent, mon pauvre Jules! Et je vous dirai pourquoi. Hier au soir, vers neuf heures, l'étourdi s'était perché sur un échafaudage, sans que j'aie pu comprendre pour quelle cause; si ce n'est peut-être pour quelque espièglerie dans la salle de l'hôpital vis-à-vis. (Ici la jeune fille, de plus en plus troublée, détourna la tête de mon côté, pour cacher à mon oncle sa rougeur.) Et puis crac... un grand bruit; j'accours, et je le trouve gisant, de telle façon que je l'ai fait mettre au lit, où il est encore... Mais, tenez, voici, moi, ce que je suppose. Une jeune personne de votre air doit souvent trouver des jeunes gens sur ses pas. Quelqu'un d'eux, plus hardi,... vous m'entendez,... a pu vous précéder. Pas de honte, ma fille, pas de honte; il n'y en a pas à être belle... Eh bien, laissons cela si cela vous embarrasse, une autre fois je fermerai mieux ma porte, et parlons d'autre chose. Vous me rapportiez mon livre! Hem, que dites-vous de ce texte? Eh bien, posez-le là, et attendez un instant. Je veux... attendez. — Et il entra dans un cabinet qui ouvrait dans la bibliothèque. Je frémis; car ce cabinet, ordinairement fermé, communiquait à ma chambre par un escalier intérieur.

Mon oncle Tom.

Je restais seul avec elle. J'étais l'unique témoin qu'elle eût durant ces instants : cela me parut une inestimable faveur, comme si j'eusse été associé à son secret; et dans ses traits, son attitude, ses moindres gestes, je croyais lire des choses semblables à celles qui venaient de se passer en moi. Moments de mystère! moments d'un calme délicieux, où mon cœur retrouvait dans la réalité quelques-unes des impressions de mon songe!

C'était la première fois que, la voyant de près, je pouvais me repaître du charme que je trouvais en elle. Que ne puis-je le répandre dans ces lignes, et la peindre comme elle m'apparaissait! Et encore semblait-il que la bibliothèque de mon oncle Tom lui fût comme un cadre merveilleux qui rehaussait son éclatante beauté. Sur les rayons poudreux, ces livres vénérables représentaient la suite des âges, ce parfum de vétusté, ce silence de l'étude, et au milieu cette jeune plante toute de fraîcheur et de vie,... ce sont choses qui ne se peuvent enclore dans des mots.

Cependant, debout depuis longtemps, elle alla s'asseoir près de la fenêtre, sur le fauteuil de mon oncle, et, appuyant sa joue sur sa jolie main, elle se mit à regarder le ciel, pensive et mélancolique; un sourire, léger comme le souffle, parcourut ses lèvres. Puis ses regards se portèrent négligemment sur le gros in-folio que mon oncle

venait de quitter; peu à peu ils s'y fixèrent, et un intérêt croissant se peignit sur son modeste visage, que colorait une vive rougeur. « Je l'ai! » cria en cet instant mon oncle Tom. Alors elle se leva sans pourtant ôter ses yeux de dessus l'in-folio, jusqu'à ce que mon oncle fût rentré dans la bibliothèque.

— Le voilà, et non sans peine! Je vous le donne, pour l'amour de l'hébreu. Je garde l'autre, plus précieux pour moi qui tiens au texte; le maroquin de celui-ci siéra mieux à vos jolis doigts. Tenez, et souvenez-vous du docteur Tom.

— Vous êtes trop obligeant, monsieur. J'accepte votre joli livre, et je ne vous oublierai point, quand même je n'espérerais pas de revenir vous voir.

— Et quand j'y serai, lui dit mon oncle en souriant, crainte des neveux. A propos, j'oublie que j'ai le mien... Adieu... au revoir.

Et il l'accompagna. Déjà l'in-folio qui avait attiré ses regards était en ma possession; mais je tremblais que mon oncle ne me donnât pas le temps de m'évader. Heureusement il avait laissé la porte du cabinet ouverte. Je m'y élançai. En un clin d'œil mon livre est en sûreté, le mannequin sous le lit, et moi dessus, attendant mon bon oncle Tom, qui entre.

— Oh! oh! levé! dit-il, et réveillé à quelle heure?

— A dix heures sonnantes, mon oncle.

Ici, une satisfaction complète se peignit sur le visage de mon oncle Tom. Il était content de me voir rétabli, plus content encore de l'honneur qui en résultait pour la science. Alors, prenant un ton solennel : —A présent, Jules, je vais te dire ce que tu as eu : c'est une *hémicéphalalgie*.

— Croyez-vous, mon oncle?

— Je ne crois pas, Jules, je sais, et je sais bien; car je ne me suis pas écarté d'Hippocrate d'un iota. C'est la chute qui, par l'ébranlement du cervelet, a fait extravaser les sécrétions internes de la membrane cérébrale. Et sais-tu bien dans quel état je t'ai trouvé? Pouls précipité, regard fixe, délire complet. Sur ce, emplâtre...

— Ah! mon oncle, n'en parlez plus et ne contez cela à personne.

— L'emplâtre provoque une légère transsudation : il y a du mieux; le délire cependant ne paraît pas diminuer. Sur ce, julep.

— Oui, mon oncle.

— Et alors, sommeil paisible.

— Oh! oui, mon oncle, délicieux!

— Sommeil prévu, prédit, prophétisé, d'une heure de la nuit à dix heures sonnantes du matin; et te voilà convalescent!

— Guéri, mon oncle!

— Non; et surtout évitons une rechute. Tu vas te tenir tranquille pendant que je te préparerai un léger sinapisme, après quoi nous verrons. Repose-toi, et pour aujourd'hui ne travaille pas. Promets-le-moi.

— Vous pouvez y compter.

Aussitôt que mon oncle fut sorti, je me jetai sur l'in-folio; mais je tombai dans une autre perplexité. Le livre avait deux mille pages, et, dans ma précipitation, j'avais négligé de marquer celle qui seule m'intéressait. Fouiller cet autre! Il y a là dedans une pensée, un mot peut-être qui a pu la toucher; et ce mot, le découvrir entre un million d'autres! Cependant une invincible curiosité me poussait à le chercher, comme si mon sort eût dépendu de cette découverte.

Je me mis à l'œuvre. Oh! que de grimoire passa sous mes yeux! quelle ardeur à l'étude! Si mon oncle m'eût vu, ou seulement mon professeur! — Studieux jeune homme, ménagez-vous, m'eût-il dit, vous y allez trop fort.

C'était un recueil de vieilles chroniques du moyen âge, où étaient relatés maintes aventures fabuleuses, amoureuses, maintes pièces de blason, des notes, des actes, un pot-pourri dans le goût de mon oncle. J'y trouvai pourtant beaucoup de choses qui pouvaient s'appliquer à elle, à moi, mais non plus qu'à tout autre. J'arrivai ainsi à la deux centième page.

Cependant la vis criait, l'échelle roulait, une agitation extrême se manifestait dans la chambre de mon oncle, et évidemment, pendant que je me livrais à l'étude, il perdait son temps. Il me vint une idée... Je montai.

En effet, mon oncle Tom était dans un état déplorable, comme une lionne à qui... Je veux dire qu'il errait, cherchant son bouquin, le redemandant à ses layettes, à sa table, au ciel; le trouble et le désordre avaient envahi son tranquille et silencieux domaine.

— Volé! je suis volé, Jules... et perdu! (Il m'expliqua le fait.) Ce livre est sans prix, introuvable, et j'étais sur le point, à la page même... Mais je n'ai plus mon autorité! O Libanius! tu vas triompher!

— Pas possible! Il faut absolument... Voyons... et à quelle page, mon oncle?

— Eh! le sais-je? Trois années de discussions sur la bulle *Unigenitus*, et faire naufrage au port!

— La bulle, dites-vous...

— *Unigenitus!*

— *Unigenitus!* Il est vrai que c'est affreux. Et cette page?

— Relatait la bulle avec une variante qui ne se trouve nulle part ailleurs.

— Et rien autre?

— Et tu trouves, toi, que ce n'est pas assez! Je donnerais ce que j'ai pour cette page. Mais je l'aurai, continua-t-il ; une seule personne a pu faire le coup... Il faudra bien qu'elle me fasse connaître quel est ce drôle qui prend les in-folio... Allons... Et mon bon oncle rajusta sa perruque, prit sa vieille canne, mit son petit chapeau à cornes et sortit. Je redescendis aussitôt, répétant tous bas : Bulle *Unigenitus*, bulle *Unigenitus*... crainte de perdre mon mot.

Bulle *Unigenitus*, bulle *Unigenitus*! disais-je en fouillant mon bouquin, bulle *Unigenitus*... La voilà en grosses lettres! C'était du latin! horrible mécompte! Depuis cette impression-là j'ai toujours eu de la répugnance pour le latin, qu'auparavant, à la vérité, je n'aimais pas. Remarquant toutefois que la bulle commençait au milieu de la page, je jetai les yeux sur ce qui précédait. Voici :

... Quelquefois s'arrêtant pour laisser reposer le malade.

Comment la chastellerie d'Anglivois entra en la branche des Chauvin par le mariage de messire de Saintré avec Henriette d'Estragues.

« Oncques n'avoit esté d'amour féru le jeune damoiseau. Or il avint que la barbe lui bourgeonnoit à peine, qu'il veit Henriette en la cour du chasteau et preint moult plaisir à la considérer, gente qu'elle estoit pour lors et d'avenante figure, et humoit par ainsy faire le mal d'amour, ne pouvant à aultre chose songer durant le jour et les veilles de la nuict. Toutesfois ne sçavoit comme lui dire, estant neuf aux propos d'amour. Et aisé et sans paour qu'il estoit parmi les garçons, par devant la demoiselle estoit gauche et mal avisé. Or estil que, toujours plus espris, se donna couraige ; et un jour, s'estant posté en la chambre de son aïeul où le demoiselle devoit venir, lui apprestoit avec un bouquet un tant magnifique témoignaige de la flamme dont il ardoit pour ses beaulx yeux. Et tant qu'elle ne vint pas, estoit merveilleux à lui en dire, en lui présentant gracieusement son bouquet. Ains oyant Henriette entrer, le jeta vistement dessoubs la table et devint muet, gauche, et plus mal apprins qu'un varlet prins en faulte. Henriette de son costé l'ayant veu, et le bouquet épars, rougit merveilleusement ; en telle façon qu'ils estoient là en face, rouges comme deux pavots des champs, et sans plus dire. Et y feussent encore sans l'aïeul, lequel entré : « Que faites vous céans?... » etc.

Je lus et relus mille fois cette page. J'étais transporté de joie ; car, comparant dans mon esprit les naïfs incidents de cette histoire avec ce que j'avais lu sur le visage de ma juive, j'avais tout lieu de croire que ma timidité et ma gaucherie ne lui avaient pas déplu, comme j'avais pu l'inférer, de son entretien avec mon oncle, que ma préoccupation et aussi ma figure à la fenêtre ne lui avaient pas échappé. Ainsi, nous nous étions compris ; ainsi, j'étais mille fois plus avancé que je ne croyais l'être, et je pouvais désormais me livrer au penchant de mon cœur sans être arrêté par la difficulté du premier pas, ou par

la crainte de lui être étranger. Je commençai par prendre une exacte copie de ces lignes chéries ; puis, ayant sur le cœur le chagrin que j'avais fait à mon oncle, je profitai de son absence pour reporter le livre, que j'ajustai parmi d'autres, de manière qu'il pût croire qu'il l'avait lui-même égaré.

Je revins chez moi, où je m'enfermai pour être plus seul avec mes pensées, qui, ce jour-là, me furent une douce compagnie. Je repassais dans mon esprit les mêmes choses, pour leur trouver de nouvelles faces, jusqu'à ce qu'enfin, fatigué, je laissai le pas fait ; car unir mon sort au sien était désormais l'unique but de ma vie.

J'avais dix-huit ans. J'étais étudiant, sans état, sans ressource autre que celle de mon oncle. Mais ces difficultés m'arrêtaient peu, et je les aplanissais au moyen de mille ressources que je puisais dans ce courage que donne la vivacité d'un premier amour. L'ambition, le dévouement, de vagues désirs de gloire, ennoblissant mon cœur, m'élevaient jusqu'à ma chère juive ; alors je recevais sa main, en lui offrant un sort digne d'elle. Ou bien, songeant combien j'étais encore loin de ces brillantes choses, je formais le vœu qu'elle se trouvât être pauvre, obscure, délaissée, telle enfin qu'elle eût à gagner en s'alliant à moi ; et les dédains du portier, me revenant en mémoire, devenaient alors mon unique espérance.

C'était dimanche, les cloches appelaient les fidèles au temple, et leur son monotone ramenait du calme dans mon âme. Elles se turent, et le silence des rues encouragea ma pensée, qui s'était portée au delà des obstacles. Bientôt l'harmonie des chants sacrés, le son grave des orgues se mêlant doucement à ma rêverie, j'en vins insensiblement à me figurer moi-même au milieu des fidèles, jouissant d'un tranquille bonheur auprès de ma compagne, tous les deux lisant au même psaume, ses belles paupières baissées sur le livre, son haleine se mêlant à la mienne, et une douce félicité devenue notre partage sur cette terre et notre commune attente dans l'autre.

Et m'étant mis à l'œuvre, je me vis cette fois bien décidément lancé dans la carrière des beaux-arts.

Mais une juive au sermon ! — Non, cette idée ne me vint pas. Un cœur épris ne convie à ses rêves que ses désirs et son imagination, société douce et facile que rien ne gêne dans ses ébats. Hélas ! je suis revenu depuis sur la terre, j'ai cheminé en compagnie de la réalité, sous la férule du jugement et de la raison ; ils ne m'ont pas donné tous ensemble, ces rigides précepteurs, un moment qui se puisse comparer aux célestes émotions d'alors. Pourquoi faut-il que ces moments soient si courts et qu'ils ne se retrouvent plus?

J'ignorais le nom, la demeure de celle qui s'était ainsi emparée de mon existence. J'attendis avec une croissante impatience l'heure du lundi. Elle ne parut pas. Le mardi et le mercredi se passèrent de même. J'appris que depuis deux jours le malade auquel elle avait donné ses soins était mort. Le vendredi, impatient, j'étais monté chez mon oncle ; un inconnu frappe à la porte, et lui remet un paquet.

— Ouvre cela, Jules, me dit-il.

J'ouvris. C'était le livre de maroquin. Sur la couverture intérieure on lisait ces mots :

Si je meurs, je prie que l'on rende ce livre à M. Tom, de qui je le tiens.

Et plus bas !

Que si M. Tom veut me faire plaisir, il le donnera à son neveu, en souvenir de celle qu'il a reçue dans la bibliothèque.

— Si elle meurt ! m'écriai-je. Elle mourir !

— Pauvre enfant ! dit mon oncle Tom, que peut-il lui être arrivé ?

— Où demeure-t-elle, mon oncle ?

— Nous irons ensemble chercher de ses nouvelles.

Et un instant après nous étions dans la rue. Il pleuvait. Nous marchions presque seuls. Au détour d'une rue nous vîmes un groupe. Mon oncle ralentit le pas...

— Qu'est-ce ? dis-je. N'allons-nous pas...

— Mon pauvre Jules, il est trop tard !... C'était le convoi : depuis deux jours la petite vérole l'avait emportée !

Dès le lendemain je recommençai à flâner : flânerie d'amertume et de vide, insipides loisirs ; dégoût du monde, des hommes, de la vie elle-même, sans le charme de quelques souvenirs. J'avais pour toute compagnie, pour tout ami, le petit livre ; et quand j'avais relu la ligne qui m'était destinée, le regret serrait mon cœur, jusqu'à ce que les larmes coulassent de mes yeux et vinssent me soulager...

Mon autre ami fut mon oncle Tom. Je lui dis tout ; et quand je lui contai mon stratagème, je ne trouvai dans son cœur qu'indulgence et bonté. Emu de ma tristesse, il y entrait pour sa part, sans la comprendre toute ; et quand le soir il me voyait sombre, il approchait doucement sa chaise de la mienne, et nous demeurions en silence, unis tous deux dans une même pensée. Puis, par intervalles : — Une fille si sage ! disait-il dans sa simplicité naïve,... une fille si belle !... une fille si jeune !... Et je voyais, à la lueur du foyer, une larme poindre dans sa vieille paupière.

Enfin le temps aussi vint à mon aide. Il me rendit le calme et d'autres plaisirs, jamais de semblables : j'avais enterré là ma jeunesse.

III.

Que le cœur est fidèle quand il est jeune et pur encore ! qu'il est tendre et sincère ! Combien j'aimai cette juive, à peine entrevue, sitôt ravie ! Que angélique image m'est restée de cet être fragile, charmant assemblage de grâce, de pudeur et de beauté !

L'idée de la mort est lente à naître. Aux premiers jours de la vie, ce mot est vide de sens. Pour l'enfance, tout est fleuri, naissant, créé d'hier ; pour le jeune homme, tout est force, jeunesse, surabondante vie ; à la vérité, quelques êtres disparaissent de la vue, mais ils ne meurent pas... Mourir ! c'est-à-dire perdre à jamais la joie ! perdre la riante vue des campagnes, du ciel ! perdre cette pensée elle-même, toute peuplée de brillants espoirs, d'illusions si présentes et si vives !...

Mourir ! c'est-à-dire voir ses membres où la vigueur abonde, que la vie réchauffe, qu'un sang vermeil colore, les voir s'affaiblir, se glacer, se dissoudre au sein d'une affreuse pâleur.

Pénétrer sous cette terre, soulever ce linceul, entrevoir ces chairs ravagées, cette poussière d'ossements... Le vieillard connaît ces images, il les écarte ; mais au jeune homme, elles ne se présentent pas même.

Il perd celle qu'il aime, il sait qu'il ne doit plus la revoir, il rencontre son convoi ; il la sait là, sous ce bois, sous cette terre... Mais c'est elle encore, point changée, toujours belle, pure, charmante de son pudique sourire, de son regard timide, de son émouvante voix.

Il perd celle qu'il aime, son cœur se serre ou s'épand en bouillants sanglots ; il cherche, il appelle celle qui lui fut ravie ; il lui parle, et donnant à cette ombre sa propre vie, son propre amour, il la voit présente... C'est elle encore, point changée, toujours belle et pure, charmante de son pudique sourire, de son regard timide, de son émouvante voix.

Il perd celle qu'il aime ; non, il s'en sépare ; elle est en quelque lieu, et ce lieu est embelli de sa présence ; il est

Honoré par ses pas, éclairé par ses yeux.

Tout est beauté, tendresse, lumière douce, chaste mystère...

Et pourtant, en ce lieu où elle est, la nuit, le froid, l'humide, la mort et ses immondes satellites sont à l'œuvre !

L'idée de la mort est lente à naître ; mais, une fois qu'elle a pénétré dans l'esprit de l'homme, elle n'en sort plus. Jadis son avenir était la vie ; maintenant, de tous ses projets, la mort est le terme ; ainsi dès lors elle intervient à tous ses actes : il songe à elle lorsqu'il remplit ses greniers, il la console lorsqu'il acquiert ses domaines ; elle est présente quand il passe ses baux, il s'enferme avec elle dans un cabinet pour tester, et elle signe au bas avec lui.

La jeunesse est généreuse, sensible, brave,... et les vieillards la disent prodigue, inconsidérée, téméraire.

La vieillesse est ménagère, sage, prudente,... et les jeunes hommes la disent avare, égoïste, poltronne.

Mais pourquoi se jugent-ils, et comment pourraient-ils se juger ?

Ils n'ont point de mesure commune. Les uns calculent tout sur la vie, et les autres tout sur la mort.

Il est critique, ce moment où l'horizon de l'homme change. Ces plages de l'air, naguère lointaines, infinies, se rapprochent ; ces fantastiques et brillantes nuées deviennent opaques et immobiles ; ces espaces d'azur et d'or ne montrent plus que la nuit au bout d'un court crépuscule... Oh ! que son séjour est changé ! que tout ce qu'il faisait avait peu de sens ! Il comprend alors, que son père soit sérieux, que son aïeul soit grave ; qu'il se retire le soir quand les jeux commencent.

Lui-même s'émeut ; cette nouvelle idée travaille son cœur ; elle y réveille le souvenir de beaucoup de paroles, de beaucoup de choses, dont il ne pénétra point jadis le lugubre sens ou le charme consolateur.

C'était aux jours de sa première jeunesse, un dimanche ; il vit, il entendit des convives réjouis, assis sous une treille, fêtant la vie, narguant la tombe ; l'on riait, l'on buvait, l'on égayait cette courte existence ; et le couplet, s'échappant de dessous le feuillage, volait joyeusement par les airs :

> .... Puisqu'il faut dans la tombe noire
> S'étendre pour n'en plus sortir,
> Amis, il faut jouir et boire ;
> Amis, il faut boire et jouir.
>
> Et quand la camarde à l'œil cave
> Viendra nous vêtir du linceul,
> Encore un verre !... et de là cave
> Passons tout d'un saut au cercueil !

Et le chœur répétait avec une mâle et chaude harmonie :

> Et quand la camarde à l'œil cave
> Viendra nous vêtir du linceul,
> Encore un verre !... et de là cave
> Passons tout d'un saut au cercueil !

Autrefois, plus anciennement encore, c'était au coin d'un champ pierreux, un vieillard infirme, courbé sous le rude travail du labourage. Sous le feu du soleil il défrichait une lande stérile ; la sueur ruisselait de sa tête chauve, et la bêche vacillait dans ses mains desséchées.

En cet instant un cavalier longeait la haie. A la vue du vieil homme, il modéra son allure :

— Vous avez bien de la peine ? dit-il. Le vieillard, s'arrêtant, fit signe que la peine ne lui manquait pas ; puis bientôt, reprenant sa bêche :

— Il faut, dit-il, prendre patience pour gagner le ciel !

Souvenirs lointains, mais puissants, et dont chacun recèle un germe bien divers. Lequel veut éclore ?...

La nuit, au bout de ce court crépuscule, est-elle éternelle ? Qu'alors je choque le verre avec vous, convives réjouis ; qu'avec vous je fête la vie, je nargue la camarde !... Qu'alors je place tout en viager, et sur ma tête : honneur, vertu, humanité, richesse ; car mon dieu, c'est moi ; mon éternité, c'est un jour ; ma part de félicité, tout ce que je pourrai prendre sur la part des autres, tout ce que je pourrai tirer de voluptés de mon corps, donner de jouissances à ma chair ! Honnête si je suis fort, riche, bien pourvu par le sort ; mais honnête encore si, faible, je ruse ; si, pauvre, je dérobe ; si, déshérité, je tue dans les ténèbres pour avoir ma part à l'héritage ; car ma nuit s'approche, et autant qu'eux j'avais droit à jouir !

> Et quand la camarde à l'œil cave...

Gai couplet, que je te trouve triste ! Tu me sembles comme ce sol fleuri qui ne recouvre qu'ossements vermoulus !

Mais si la nuit s'ouvre au bout de ce court crépuscule ? si elle n'est qu'un voile épais qui cache des cieux resplendissants et infinis ?...

Alors, vieil homme, que je m'approche de toi ; tes haillons m'attirent ; je veux cheminer dans ta voie.

Quelle paix pour le cœur, et quelle lumière pour l'esprit ! Une tâche commune, un Dieu commun, une éternité commune ! Venez, mon frère, votre misère me touche ; cet or me condamne, je te veux soulage. Souffrance et résignation, richesse et charité, ne sont plus de vains mots, mais de doux remèdes, et des pas vers la vie !

Le mal est donc un mal ; le bien est donc à choisir et à poursuivre. La justice est sainte, l'humanité bénie ; le faible a ses droits, et le fort ses entraves. Puissant ou misérable, nul n'est déshérité que par son crime... Voluptés, plaisirs, richesses, vous avez vos laideurs et vos redevances. Indigence, douleurs, angoisses, vous avez vos douceurs et vos privilèges... Mort ! que je ne te brave ni ne te craigne ; que seulement je m'apprête à voir ces plages fortunées dont tu ouvres l'entrée !

Vieil homme, que je te trouve sain, riche, consolateur ! Tu me sembles comme ces vieux débris qui, dans les lieux écartés, recouvrent un trésor.

Ainsi changent les objets selon le point de vue. Ainsi est critique ce moment où, l'idée de la mort envahissant l'esprit de l'homme, deux voies s'ouvrent devant lui.

Si l'homme était purement logicien, selon son point de départ, on le verrait, par une nécessité impérieuse, fatale, cheminer de prémisses en conséquences dans l'une ou l'autre de ces deux voies. Heureusement l'homme, indépendamment de toute doctrine, connaît et aime l'ordre, la justice, le bien; la vertu, lorsqu'il l'a goûtée, l'attire et le retient à elle. D'ailleurs, pauvre raisonneur, esprit flottant, être faible, travaillé de passions, ou tout entier à ses besoins, il n'a ni le temps ni la force d'être atroce ou sublime... Toutefois, suivez ce troupeau; observez ceux qui s'isolent pour lui être bienfaisants ou funestes; vous y rencontrerez, parmi les plus convaincus, les plus énergiques aussi, et vous les verrez marcher à la vertu sans orgueil, ou aux forfaits sans remords.

Pourtant, pauvre couplet, je ne t'en veux pas; tu ne songeais point au mal; il est bon de boire, il est bon de chanter; la joie élargit le cœur. Sous la treille, au bruit des flacons, c'est au grave, à l'austère de se retire r, et tu arrives alors, porté sur les ailes de la gaieté et de la folie.

Est-ce ta faute si quelques refrains échappés de dessous ce feuillage vinrent frapper l'oreille d'un jeune enfant qui gravissait la côte en compagnie de son oncle?

Nous nous retournâmes. Mon oncle Tom, bien que pour son compte il s'abstînt de boire du vin, aimait à voir les bonnes gens oublier, autour de quelques verres, les soucis et les travaux de la semaine. Il n'était pas dans ses habitudes de partager ces banquets, mais il se récréait à les considérer; la gaieté en arrivait jusqu'à lui, et ses traits s'animaient d'un bienveillant sourire.

Aussi, le dimanche soir, je me promenais sur ses pas, non point aux lieux publics, non point aux solitudes écartées, mais autour de ces treilles qui, aux environs de la ville, ombragent les familles du petit peuple.

Maintenant, j'y vais encore; parfois j'y figure, soit parce que je suis resté petit peuple, soit parce que mon art m'y conduit.

Voilà deux choses nouvelles que je vous apprends, lecteur. L'une vous cause une impression désagréable, qui que vous soyez; l'autre vous surprend, si toutefois, de ce que vous avez lu jusqu'ici de mon histoire, vous n'avez pas conclu déjà qu'Ostade et Teniers devaient m'attirer à eux plus que Grotius et Puffendorf. Mais je divise ces deux assertions pour en causer à part.

Auriez-vous oublié ce bourgeon qui est dans votre tête comme dans la mienne? Je prends la liberté de vous le rappeler. Apprenez donc que nul ne se dit du petit peuple, ne se plaît à être du petit peuple, ni à y rencontrer ses amis. Et ne serais-je point un peu votre ami? Qui que vous soyez, le petit peuple, dans votre bouche, c'est le peuple des échelons inférieurs à celui que vous occupez dans l'échelle de la société; vous, vous n'en êtes pas; et, à moins que votre vanité (le bourgeon encore) n'y trouve son compte, l'on ne vous verra point vous faire gloire d'être du petit peuple. Apprenez-vous cela.

A la vérité, si votre bourgeon, froissé par l'insolence d'un grand, s'apprête à le froisser à son tour, il pourra se faire qu'en ce moment vous tiriez gloire d'être du petit peuple, n'en tirez-vous même pas; mais ce n'est que pour un instant, et ce sens seulement que le petit peuple a plus de savoir-vivre, de meilleures manières, un ton bien préférable à celui de ce grand-là, et qu'il le regarde comme infiniment au-dessous de soi.

Si pareillement votre bourgeon veut que vous présidiez un club, que vous soyez l'âme d'une émeute, le chef d'un parti, le rédacteur d'une feuille populaire, encore en ce moment-là vous ne tirerez gloire que d'une chose, à savoir d'être de ce petit peuple, d'être sorti du sein de ce petit peuple, de vouloir mourir au milieu de ce petit peuple, et pour lui, si possible; mais vos gants blancs, votre habit fin, votre linge frais, votre badine à l'occasion, votre binocle au besoin, témoignent contre votre assertion. Vous vous dites du petit peuple, et vous vous trouveriez offensé que l'on vous prît au mot.

Comme vous voyez, l'exception confirme la règle.

Or c'est un fait que je suis resté du petit peuple. Je tâche de n'en tirer ni vanité ni honte, bien que j'éprouve que c'est excessivement difficile.

Je passe à mon autre assertion.

Mon oncle Tom avait de grandes préventions contre la profession d'artiste; il la trouvait peu digne d'un être pensant, et très-impropre à faire vivre un être mangeant, buvant, et surtout se mariant. Ce qui est bizarre, c'est qu'en dédaignant l'artiste il honorait particulièrement l'art, en tant que l'art tombe dans le domaine de l'érudition, qu'il est matière à recherche, à mémoire. Mon oncle avait écrit deux volumes sur la glyptique grecque.

Pour moi, je n'avais que faire de la glyptique grecque; mais, bien jeune encore, la fraîcheur des bois, le bleu des montagnes, la noblesse de la figure humaine, la grâce des femmes, la blanche barbe des vieillards, m'avait séduit par de secrets attraits, plus vifs, plus pressants encore quand j'avais rencontré, sur la toile ou le papier, l'imitation de ces choses qui me charmaient. Mille gauches essais, épars sur mes cahiers, sur mes livres, témoignaient du plaisir merveilleux que je trouvais dès lors à imiter moi-même; et je me souviens que, durant les longues heures de l'étude, je griffonnais

avec délices les images charmantes que présentaient à mon imagination quelques vers de Virgile, souvent mal ou à peine compris. Je fis Didon, je fis Iarbas, je fis Vénus elle-même :

Virginis os habitumque gerens, et virginis arma
Spartanæ : vel qualis equos Threissa fatigat
Harpalyce, volucremque fugâ prævertitur Eurum.
Namque humeris de more habilem suspenderat arcum
Venatrix, dederatque comam diffundere ventis,
Nuda genu, nodoque sinus collecta fluentes.

Mon oncle Tom avait d'abord souri à mes griffonnages; mais, plus tard, il avait cessé d'encourager un goût qui me détournait de mes études. Toutefois, lorsque le dimanche soir il me menait promener autour des treilles, il alimentait, sans le savoir, ce goût qu'il voulait combattre. Sous ces feuillages, je retrouvais les jeux charmants de l'ombre et de la lumière; des groupes animés, pittoresques; et cette figure humaine où se peignent, sous mille traits, la joie, l'ivresse, la paix, les longs soucis, l'enfantine gaieté ou la pudique réserve. Aussi, comme lui, j'aimais ces promenades; mais nous n'y cherchions pas les mêmes plaisirs. Cependant, depuis qu'aux Iarbas et aux Didon eurent succédé peu à peu, sur mes cahiers, des figures plus vulgaires, mais plus vraies, ces promenades cessèrent.

Alors mon bon oncle, contre son penchant et malgré son grand âge, me mena sur ses pas loin de la ville, dans les campagnes éloignées, quelquefois jusqu'à ces lieux où, sous les rochers du mont Salève, l'Arve serpente au travers d'une vallée verdoyante, embrassant de ses flots des îles désertes, et mirant dans son onde le doux éclat du couchant. Du lieu où nous nous reposions, on voyait une vieille barque porter sur l'autre rive quelques rustiques passagers, ou bien, dans le lointain, une longue file de vaches passaient à gué des îles sur la terre ferme. Le pâtre suivait, monté sur une vieille cavale, avec deux marmots en croupe : insensiblement les mugissements plus lointains arrivaient à peine à notre oreille, et la longue file se perdait dans les ombres bleuâtres du crépuscule.

Ces spectacles me ravissaient. Je quittais ces lieux le cœur ému, l'âme remplie d'enchantement, pressé déjà d'un secret désir d'imiter, de reproduire quelques traits de ces merveilles. Au retour, j'y employais ma soirée; et, par une illusion charmante et toujours prête à renaître, parant mes plus informes croquis de tout l'éclat des couleurs dont mon imagination était pleine, je tressaillais de la plus innocente mais de la plus vive joie.

Quoiqu'il écrivît sur la glyptique et qu'il sût par cœur les ouvrages de Phidias et les trois manières de Raphaël, mon bon oncle s'entendait peu aux arts du dessin et de la peinture. Il vantait les beaux temps de la renaissance; mais son penchant était pour les médaillons de le Prince et les pastorales de Boucher, dont il avait orné sa bibliothèque.

Toutefois, près du lit, dans un cadre vermoulu, il y avait un tableau que nous affectionnions, mon oncle et moi, plus que tous les autres, mais par des causes bien diverses : lui, parce que cet ouvrage, antérieur au temps de Raphaël, jetait de vives lumières sur la question de la découverte de la peinture à l'huile; moi, parce qu'il me révélait, avant tout autre, la mystérieuse puissance du beau.

C'était une Madone tenant dans ses bras l'enfant Jésus. L'auréole d'or entourait le chaste front de Marie; ses cheveux tombaient sur ses épaules, et une tunique bleue à longues manches laissait voir dans l'attitude une grâce naïve et le tendre maintien d'une jeune mère. Cette peinture, dénuée de tout artifice de composition, mais empreinte du fort caractère d'un siècle de foi, de jeunesse et de renaissance, me captivait par un attrait invincible. La jeune Madone était mon admiration, mon amour; ma foi; et quand je montais pour voir mon oncle, mon premier et mon dernier regard étaient pour elle.

Et pourtant, mon oncle, tout ceci lui paraissant au moins étranger à l'étude du droit, décrocha le tableau et le fit disparaître.

Le droit n'en alla pas mieux, je n'y trouvais aucun plaisir; et, lorsque j'eus perdu ma juive, je cessai toute espèce de travail. Nulle ambition, nul goût à rien; plus de crayons, plus de livres, hormis un seul qui ne me quittait guère mes mains. Les semaines, les mois s'écoulaient ainsi; et mon pauvre oncle s'en affligeait, sans néanmoins m'adresser de reproches.

Un jour que j'étais monté chez lui, j'allai m'asseoir, à mon ordinaire, auprès de sa table. Il était à ses livres, occupé à transcrire une citation. Je remarquai le tremblement de sa main, ce jour surtout où, plus mal assurée que de coutume, elle formait des caractères incertains. Les signes croissants de cette insensible atteinte de l'âge provoquèrent en moi une tristesse qui commençait à devenir familière, et, à défaut d'autre objet, mes pensées se tournèrent de ce côté.

C'est que cet oncle, que j'avais sous les yeux, était ma providence sur la terre; et, aussi loin que pussent remonter mes souvenirs, ils ne me montraient d'autre appui que le sien, d'autre paternelle affection que la sienne. On a pu le conclure des récits qui précèdent; mais si l'on veut bien remarquer qu'à ce bon oncle je n'ai pas encore consacré une page qui le fît connaître, on m'excusera si je me livre avec complaisance au plaisir d'en parler ici.

Mon oncle Tom est connu des savants, de tous ceux, par exemple, qui s'occupent de la glyptique grecque ou de la bulle *Unigenitus*; son nom se lit au catalogue des bibliothèques publiques; ses ouvrages s'y voient aux layettes écartées. Notre famille, originaire d'Allemagne, vint s'établir à Genève dans le siècle passé; et, vers 1720, mon oncle naissait dans cette vieille maison qui est proche du Puits-Saint-Pierre, ancien couvent où subsiste encore une tour de l'angle. C'est tout ce que je sais des ancêtres de mon oncle et des premières années de sa vie. J'ai lieu de croire qu'il fit ses classes, qu'il prit ses grades, et que, se vouant au célibat et à l'étude, il vint se fixer bientôt après dans cette maison de la Bourse française, ancien couvent aussi, où s'est achevé tout entier le cours de sa longue vie.

Mon oncle, vivant avec ses livres et n'ayant point de relations en ville, son nom, connu de quelques érudits étrangers, et principalement en Allemagne, était presque ignoré dans son propre quartier. Nul bruit dans sa demeure, nulle variété dans ses habitudes; nul changement dans sa mise antique; aussi, comme tout ce qui est uniforme et constamment semblable, comme les maisons, comme les bornes, on le voyait sans le remarquer. Deux ou trois fois pourtant, des passants m'arrêtèrent pour me demander quel était ce vieillard; mais c'étaient des étrangers que frappait son allure ou sa mise, différente de celle des autres passants. — C'est mon oncle! leur disais-je, fier de leur curiosité.

De ce genre de vie et de goûts dérivaient certaines habitudes d'esprit. Si mon oncle, homme d'étude, ignorait le monde, d'autre part, plein de foi à la science, il prenait dans les livres ses doctrines et ses opinions, apportant à ce choix non pas l'impartialité suspecte d'un philosophe, mais le calme d'un esprit qui, étranger aux passions et aux intérêts du monde, n'a ni hâte de conclure ni motif pour pencher. Ainsi toutes les hardiesses de la philosophie lui étaient familières, et il avait débattu avec non moins de soin jusqu'aux plus ardues questions de la théologie, sans qu'il fût facile de deviner quelle était au fond sa croyance religieuse. Quant à la morale, il l'avait étudiée avec ce même esprit d'érudition, pour connaître plus que pour comparer, en telle sorte qu'il était tout aussi malaisé de démêler quels étaient les principes qui dirigeaient sa conduite. En fait de croyances comme en fait de principes, rien ne l'étonnait, rien ne l'irritait; et si ses convictions étaient faibles, sa tolérance était entière.

Ce portrait que je trace de mon oncle lui ôtera l'affection de bien des lecteurs, peut-être leur estime. Je m'en afflige, et d'autant plus qu'à cause de cela je sens moi-même décroître mon amitié pour eux. A la vérité, quand il s'agirait de juger si l'espèce de scepticisme que j'attribue à mon oncle est une chose bonne ou mauvaise en elle-même ou par sa tendance, je serais, je m'imagine, d'accord avec ces lecteurs; mais je me sépare d'eux dès qu'ils s'autorisent de la nature d'une doctrine, pour refuser leur affection et leur estime à l'homme qui la professe, si cet homme est bon et honnête.

Au surplus, ces lecteurs sont dignes d'excuse; leur opinion provient d'une source respectable. En effet, le plus grand nombre des hommes, j'entends de ceux qui font honneur à l'espèce, ont été plus d'une fois à portée de reconnaître par eux-mêmes l'insuffisance des bons penchants à guider toujours vers le bien, et comment ces penchants succombent souvent, lorsqu'ils sont aux prises avec d'autres penchants moins bons. De là, à leurs yeux, l'absolue nécessité des principes et des croyances, auxiliaires puissants, et les seuls propres à assurer au bien la victoire. De là aussi leur défiance à l'égard de ceux en qui ils ne croient pas reconnaître ces garanties.

C'est justement dans cette opinion, qu'au fond je partage, que je trouve l'explication et en quelque sorte la clef du caractère de mon oncle, et des apparentes contradictions qu'offraient entre elles, au premier abord, ses opinions et sa vie. Cet homme était d'une trempe naturellement si bonne, si honnête et si bienveillante, qu'il ne s'était peut-être fait jamais trouvé à portée, comme les lecteurs dont je parle, de reconnaître le besoin d'aucun auxiliaire qui le portât au bien, et encore moins qui l'empêchât de faire le mal. Une décence naturelle l'avait préservé de tous désordres; une timidité naïve et sa vie solitaire lui avaient conservé une antique simplicité; tandis que son cœur, humain plutôt que sensible, généreux plutôt qu'ardent, et point usé par les déceptions et les déboires, avait retenu certaine verdeur juvénile qui se manifestait dans ses sentiments et dans ses procédés. Et, comme il arrive quand les vertus n'ont pas coûté d'effort, nul orgueil, nulle froideur; une modestie vraie, une bonté candide et certain charme d'innocence paraient les aimables qualités de cet excellent vieillard.

Aussi, malgré les opinions plus ou moins étranges et contradictoires qui pouvaient flotter et coexister dans l'esprit de mon oncle, on y établir entre elles une lutte, en dépit des principes de morale ou de conduite qui pouvaient logiquement découler de ces opinions, ses habitudes portaient toutes l'empreinte de l'honnêteté la plus sévère et de la plus vraie bonté. Si, à la vérité, la semaine s'écoulait dans de laborieuses recherches qui le préoccupaient tout entier, il consacrait le dimanche à un décent et tranquille repos. Dès le matin un vieux barbier son contemporain rasait son visage, apprêtait sa perruque; puis, vêtu d'un habit marron neuf, quoique d'une coupe antique, il se rendait à l'église de sa paroisse, appuyé sur sa canne à pomme

d'or, et portant sous le bras un psaume proprement relié en peau de chagrin et fermé de clous d'argent. Assis à sa place d'habitude, il écoutait le sermon avec une consciencieuse attention, et sans doute nul plus que lui n'apportait de la candeur à s'en appliquer les leçons. Sa voix cassée se mêlait aux chants; puis, après avoir déposé dans le tronc son offrande, large, mais toujours la même, il rentrait au logis; nous dînions ensemble, et la soirée était consacrée aux paisibles promenades dont j'ai parlé.

Ces traits, qui ne se rapportent qu'à l'une des habitudes de mon oncle, suffisent à donner l'idée de l'honnête simplicité qui présidait à tous les actes de sa vie solitaire; mais ils ne donnent aucunement la mesure de la bonté également simple de son cœur, et je me trouve embarrassé pour la peindre sans lui ôter son charme, sans risquer de faire prendre pour des vertus ce qui était chez lui nature, manière d'être. Dirai-je que, demeuré mon protecteur par la mort de mes parents, qui avaient laissé quelques engagements à remplir, jamais il ne lui était entré dans l'esprit que ce ne fût pas sa plus naturelle affaire que d'y satisfaire en entamant ses modiques capitaux? dirai-je que jamais il n'imagina un instant que je n'eusse pas droit à tous ses sacrifices, sans même qu'il examinât si j'en étais toujours digne, si j'étais docile à ses directions, ou reconnaissant de ses bienfaits? Mais aux yeux de plusieurs ces choses paraissent des devoirs tout tracés, et la bonté se peint mieux peut-être dans des actes plus faciles.

Je suis de cet avis. Aussi regretté-je que la vieille servante qui, durant trente-cinq années, gouverna le petit ménage de mon oncle, ne tienne pas ici la plume à ma place. Moins infirme qu'elle, il trouvait bien plus simple de suppléer lui-même à l'irrégularité de son service que de lui donner une rivale; et, au lieu d'en concevoir de l'humeur, son habituel mouvement auprès d'elle était de la ragaillardir par quelque propos d'affectueuse gaieté. A la vérité, il la querellait parfois, mais seulement pour n'être pas docile à ses prescriptions; et, tout en la tyrannisant de par Hippocrate, ce pauvre oncle, changeant en quelque sorte d'office avec elle, était devenu son serviteur. Dans les derniers mois de la vie de cette femme, il lui avait donné sa bonne chaise à vis; et je l'ai vu chaque jour, après que nous l'y avions transportée ensemble, faire lui-même le lit de sa vieille servante, et tirer encore un sourire de ses lèvres décolorées.

Un soir cette pauvre femme éprouvant une douleur inaccoutumée, mon oncle, après s'être fait dire les symptômes avec le plus grand soin, consulta son livre, imagina une drogue victorieuse, et sortit vers minuit pour la faire préparer sous ses yeux chez le pharmacien. Son absence se prolongeant, Marguerite m'appela pour me faire part de son inquiétude. Je m'habillai en toute hâte, et je courus chez le pharmacien par le chemin le plus court. Mon oncle en était sorti depuis quelques moments. Tranquillisé par cette assurance, je m'acheminai par la rue qu'il avait dû suivre; c'est celle de la Cité.

J'avais gravi la moitié de cette rue, dont la pente est assez rapide, lorsque je vis à quelque distance un homme seul, qu'à son action je ne reconnus point d'abord pour mon oncle. Il portait avec effort un objet pesant qu'il posa à deux reprises, comme pour reprendre haleine; puis, arrivé au haut de la rue, il le plaça dans un coin formé par la saillie des maisons, s'assurant avec le bout de sa canne que cet objet ne pût rouler de nouveau dans la voie.

Je reconnus mon oncle, qui fut bien surpris de me voir. Après lui avoir expliqué le motif de ma course : — Eh! j'y serais déjà, me dit-il, sans un énorme caillou où je me suis choqué rudement. Et il hâtait le pas en boitant.

Ce trait peint, ce me semble, cet excellent homme. Agé, boiteux, ayant hâte, il avait solitairement porté sa grosse pierre en un lieu où elle ne pût plus nuire, et de son aventure, c'était la seule circonstance qu'il eût déjà oubliée.

L'on comprend mieux maintenant avec quelle tristesse je regardais ce jour-là trembler la main de mon oncle. J'attribuais ce signe à plusieurs autres que je rapportais à la même cause : la croissante sobriété de son régime, ses promenades bien plus courtes, et le dimanche à l'église, un assoupissement contre lequel je le voyais lutter avec effort.

Mais, pendant que je me livrais à ces tristes pensées, mes yeux vinrent à rencontrer la Madone... Elle avait été remise à sa place. J'en fus surpris, car je croyais que mon oncle l'avait vendue à certain Israélite qui marchandait ce tableau depuis longtemps. Je me levai machinalement pour aller la considérer.

— Cette Madone,... dit alors mon oncle et quelque émotion altéra sa voix.

La seule chose sur laquelle mon oncle m'eût indirectement contrarié, et l'on a vu par quels moyens, c'était mon penchant pour les beaux-arts. Le prix immense qu'il attachait à l'unique rejeton de la famille entrer dans la glorieuse carrière de la science avait seul pu l'engager dans ces pratiques, qui, tout innocentes qu'elles étaient, avaient coûté infiniment à sa droiture comme à sa bonté; et sûrement il s'était reproché, comme une dureté grande, de m'avoir soustrait la vue de la Madone. Il n'en fallait pas davantage pour que le trouble et quelque honte agitassent son âme candide et sereine.

— Cette Madone, reprit mon oncle, je l'avais ôtée de là pour des raisons... J'aurais dû ne pas l'ôter... Je te la donne. Tu la descendras.

Pendant qu'il disait ces mots, mon oncle avait repris son calme habituel. Pour moi, surpris au milieu de ma tristesse par ces paroles de regret, qu'accompagnait un don généreux, ce fut à mon tour d'être ému et embarrassé.

— Mais, continua-t-il en souriant, en revanche, tu me rendras mes livres. Mon Grotius s'ennuie là-bas..... Mon Puffendorf y sommeille... La vieille me parle d'araignées qui tendent leurs toiles de l'un à l'autre... Après tout, que chacun suive sa pente... Le droit est pourtant une honorable carrière!... Mais quoi! les arts ont du bon aussi... On peint la belle nature, on compose des scènes variées, on se fait un nom... On n'y devient pas riche; mais enfin on peut y vivre modiquement... De l'économie, quelques gains, un peu d'aide... Bientôt, quand je ne serai plus, mon petit avoir...

Ici, ne pouvant retenir mes larmes, j'y donnai cours, m'abandonnant à l'affliction que provoquaient en moi ces paroles.

Mon oncle se tut, et, se méprenant sur la cause de mes larmes, il ne tenta pas d'abord de me consoler; mais, après quelque silence, s'approchant de moi :

— Une fille si sage! dit-il, si belle!... une fille si jeune!

— Ce n'est pas elle que je pleure, mon oncle; mais vous me dites des choses si tristes!... Que deviendrai-je quand vous ne serez plus?

Ces paroles, en tirant mon oncle d'une erreur, lui causèrent un soulagement si grand qu'aussitôt il reprit sa gaieté.

— Ohé! mon pauvre Jules, est-ce sur moi que tu pleures?... Bon! bon! qu'à cela ne tienne, mon enfant, on vivra... A quatre-vingt-quatre ans on connaît le métier... Et puis mon Hippocrate est là... Ne pleurons pas, mon enfant. Il s'agit de beaux-arts... de rien autre,... et puis de ton art. L'âge arrive, vois-tu bien, à toi comme à moi. Tu ne veux pas du droit? c'est permis. Eh bien, mets-toi aux beaux-arts,... car il est vrai qu'il faut se plaire à son métier. Tu prendras la Madone; nous te chercherons un atelier... Tu commenceras ici, tu finiras à Rome; ce sera pour le mieux. Le mal serait de végéter; avec un but, on travaille, on marche, on arrive, on se marie...

Je l'interrompis : — Jamais! mon oncle.

— Jamais? soit; c'est permis... Mais pourquoi, Jules, te fais-tu célibataire?

— C'est que, lui repris-je avec embarras, je me le suis juré à moi-même... depuis que...

— Pauvre fille!... si sage!... Eh bien, suis ton idée; c'est permis. Je n'en suis pas mort. L'important, c'est que tu prennes un état, et nous allons nous en occuper.

Je fis un effort afin de paraître joyeux de quitter le droit pour les beaux-arts; mais j'avais le cœur trop pénétré de tristesse et de reconnaissance pour qu'aucun autre sentiment y trouvât place. Au bout de quelques instants, je me retirai, après avoir tendrement embrassé mon oncle.

Ainsi s'explique ma seconde assertion. Vous comprenez maintenant, lecteur, qu'étant devenu artiste et demeuré petit peuple un double motif m'attire autour des treilles ou m'appelle à y figurer. Il en est un autre encore, c'est le plaisir de fréquenter les mêmes lieux où je me promenais jadis sur les pas de mon oncle. Assis moi-même à la longue table, je me le figure errant sous les ombrages d'alentour, s'arrêtant pour ouïr, pour regarder çà et là; son sourire me caresse comme un souffle, et sa mémoire m'est plus présente.

D'ailleurs, indépendamment de l'art, qui trouve là une abondante pâture, ces plaisirs sont vrais et estimables entre les plaisirs si goûtés en famille; la décence y règle la joie, comme la simplicité en rehausse le charme. Durant les jours quelquefois si ingrats de la semaine, quelle innocente et douce attente que celle d'unir sa famille à la famille de son ami, de son voisin, pour aller goûter un riant loisir sous les charmilles de la plaine, ou sous les châtaigniers de la montagne! Que le soleil du dimanche paraît radieux, l'azur du ciel éclatant! Après les actes de dévotion qui sanctifient cette journée, de bonne heure, à midi déjà, car la chaleur du jour ne pèse point sur ceux qui la joie allège, ces familles se répandent hors des murs, et la gaieté des visages répond au riant aspect des habits de fête. Le pas des parents, celui de l'aïeul, lui-même prend encore part à ces plaisirs, règle l'allure; néanmoins on joue librement alentour; et la jeune fille, si elle cherche à plaire aux jeunes hommes, comme c'est son invincible penchant, protégée par l'œil de sa mère, n'est enchaînée ni par une fausse réserve ni par une triste pruderie. Les rires, les jeux, une gaie malice, un piquant attrait, rapprochent et animent cette troupe folâtre; les parents causent au murmure de cette joie, et derrière eux l'aïeul lui-même se ragaillardit au bruit de ces plaisirs d'un autre âge.

Et ce ne sont là que les préludes. Ils arrivent sous la charmille : la fraîcheur, le repos, une table servie, les convient à la fois; et, quels que soient les mets, l'appétit et le bonheur leur prêtent une saveur charmante. Les hasards, même fâcheux, d'une cuisine rustique ne sont qu'un sujet de gaieté, une bonne fortune pour cette société rieuse. Cependant l'aïeul est entouré d'égards, on lui fait le régime qui lui agrée, le bruit se tempère pour lui; chaque jeune homme s'honore de lui témoigner du respect, heureux de se faire ainsi un titre de préférence auprès de la petite-fille du vieillard.

Ce sont d'aimables moments que ceux qui suivent. Les groupes se dispersent, et les robes blanches brillent çà et là sur les gazons d'alentour. Sous l'impression du soir, de paisibles entretiens, plus d'intimité, un doux abandon, succèdent à la folie du banquet, et le terme de la journée qui s'approche rend les instants plus précieux. Aussi ne nié-je point que, tandis que les parents sont demeurés à causer autour de la table, ou sommeillent en quelque lieu tranquille, il ne s'échange quelques propos tendres; que le plaisir de s'écarter de la foule ne soit bien vif, bien palpitant d'alarmes et de bonheur; qu'il n'y ait quelque mécompte enfin, lorsque de la charmille s'échappe le signal de réunion et de départ. Mais où est le mal? et de quelle façon plus honnête ces jeunes gens apprendront-ils à se connaître, à s'aimer et à se choisir pour époux? Oui, ces parents qui causent ou qui sommeillent ont raison de ne point craindre ce que d'ailleurs ils ne veulent point voir; ils ont pour garant le souvenir de leur mutuelle honnêteté, et ils savent que là où la famille tout s'épure; que, rassemblée, c'est un sanctuaire d'où la souillure est bannie.

Ce furent les plaisirs de nos pères; les traces en demeurent, mais elles s'effacent au milieu de cet universel changement des mœurs où viennent se perdre à la fois et l'antique rudesse et l'antique bonhomie; où, contre un bien-être croissant, mais sans saveur, s'échangent de jour en jour les joies simples conquises par le labeur, les douceurs de la fraternité, et la sainte force des liens de la famille.

Mais ce qui, en tout temps, porte le plus de ravages dans la simplicité et la bonhomie des plaisirs, c'est le bourgeon, l'indomptable bourgeon. C'est lui qui éclaircit les rangs de ces aimables et honnêtes promeneurs; c'est lui qui proscrit ces plaisirs sans faste et sans dépense; c'est lui qui lui conseille cette moustache et cet éperon, qui n'ont de prix que sur le seuil d'un café ou sur le pavé d'une rue de bon ton; c'est lui qui lui fait, le dimanche, éviter sa rue, sa boutique, son père lui-même et les lieux où il est; c'est lui qui lui fait trouver de l'agrément à cette rosse qu'il le traîne dans un reste de fiacre, jaune comme un vieux revers de botte, jusque dans quelque auberge enfumée; c'est lui, autant et plus que le plaisir, qui l'éloigne de la société des siens, et qui lui donne ce ton déshonnête, ce propos licencieux dont il réjouit les amis de son choix!

Oui, c'est le bourgeon qui gouverne l'homme! Si ce n'est de cette façon, c'est d'une autre, et toujours avec plus d'empire à mesure qu'il s'élève en condition. C'est le bourgeon qui fausse ses plaisirs, qui rétrécit son esprit, qui corrompt son cœur. Quand les passions ou les vicissitudes de la vie, quand les malheurs privés ou publics ne couvrent pas sa voix, il domine en maître et l'homme et la société; les mœurs, les usages, les sentiments de chacun et de tous, se règlent sur sa volonté, ou varient selon ses moindres caprices. Alors les hommes s'isolent ou s'unissent, non pour de vrais griefs ou pour de saintes causes, mais en vertu de misérables avantages, en vertu des faux brillants que le parent, des nippes qui recouvrent leur âme vide. Alors on les voit secouer leur poussière contre leurs égaux, uniquement épris du désir d'atteindre ceux qui les précèdent; alors l'indifférence prend la place de la fraternité; un envieux désir, celle de la sympathie; et vivre, ce n'est plus aimer, jouir, c'est paraître!

Et si le temps comme le nôtres sont, par la mollesse du bien-être et par la pâleur des spectacles, propres à étendre cet empire du bourgeon, ils le sont encore par la tiédeur des âmes, par la nullité des convictions, et par ce leurre d'égalité dont se repaît une société folle dans ses vœux. Quelle place ne laissent pas au bourgeon, pour croître et se développer sans mesure, ces cœurs où nulle flamme ne couve, où nulle croyance n'a de racines, qu'aucune passion ne remue profondément! Quelle vaste carrière ne lui ouvre ce principe d'égalité, interprété comme il l'est, prêché par ceux qui n'y croient ni ne l'acceptent, avidement reçu par ceux qui ne le comprennent pas, admis comme étant seulement le droit, le devoir, la fureur de s'égaler à plus élevé que soi! Voyez-les se précipiter tous dans cette lice où, pour s'être coudoyés, froissés, mutilés, les uns n'en sont pas moins en état, à leurs derniers rangs... Au lieu de rester à leur place pour l'améliorer, ils la foulent avec dépit, honteux d'y être, impatients d'en envahir une autre, envieux de s'y pavaner à leur tour. Niais, hommes sans cœur, que meut par ses filets grêles, mais innombrables, la plus mesquine des passions, la vanité!

Le bourgeon est donc, à tout prendre, un triste conseiller, un pitoyable maître; et, s'il n'est possible de l'extirper jusqu'à la racine, au moins est-ce l'office de l'homme de sens que de le refouler sans cesse, et d'en arrêter les pousses à mesure qu'il les voit poindre.

Depuis vingt ans que je m'emploie à cette œuvre, j'ai, je m'imagine, arrêté quelques jets, refoulé quelques pousses; mais dirai-je que j'ai réduit à rien mon bourgeon? Ce serait mentir. Je le sens là, moins vorace peut-être, moins d'honnête grosseur encore, prêt, au moindre signe, à s'étendre en jets luxuriants, à étouffer tous les bons germes auxquels, en le réduisant, j'ai donné place. Chose singulière! au delà de certaines limites, l'effort tourne contre vous : en voulant extirper le bourgeon, c'est un bourgeon que vous reformez à côté, vous dites : Je puis me flatter que je n'ai plus de vanité, et ceci même est une vanité. Aussi, ne pouvant tout faire, j'ai pourvu au plus pressé. Je lui laisse pour amusette mes tableaux, mes livres, en lui interdisant toutefois les préfaces, bien qu'il m'en conseille à chaque fois; mais il est de plus sérieuses choses que j'ai mises à l'abri de ses atteintes.

Ce sont mes amitiés d'abord. Je veux qu'il n'y ait rien à voir. Je veux que le lien en reste libre, mais fort : je veux que la source en soit profonde, toujours fraîche et pure, à l'abri des zéphyrs et à l'abri des tempêtes; que ce ne soit point cet inconstant ruisseau qui se lance à chaque pente, qui se divise à tout contour, et dont l'onde, tantôt échauffée, tantôt refroidie, baigne toute fleur, s'imprègne de toute saveur, change selon la couleur du ciel, ou avec le sable de son lit. Je veux aimer dans mon ami son affection pour moi, le charme que j'éprouve à le chérir moi-même, nos souvenirs communs, nos espérances mutuelles, nos entretiens intimes, son cœur connu du mien, ses vertus qui captivent mon âme, ses talents dont mon esprit tire jouissance, et non point sa voiture, son hôtel, son rang, sa charge, sa puissance ou sa renommée. Je le veux, bourgeon; ainsi, arrière!

Ce sont mes plaisirs ensuite. Je veux les chercher où mon penchant les trouve, n'importe l'habit des gens et la dorure des lambris. Je veux les goûter simples si je puis, mais vrais toujours, tirant leur saveur de quelques assaisonnements du cœur ou de l'esprit, de quelque attrait vif et honnête, de quelque innocente conquête sur le mal, sur la paresse, sur l'égoïsme ; je veux les goûter dans le plaisir des autres plus que dans le mien propre : car la souveraine joie est celle qui se partage, s'étend, circule, et pénètre le cœur d'une chaleur expansive. Ainsi, bourgeon, arrière! laisse-moi sous ma charmille avec ces bonnes gens. — Mais vous êtes vu! — Je m'en soucie. — Mais vous êtes en manches de chemise! — J'en suis plus au frais. — Mais vous avez l'air d'être de leur compagnie! — Je l'entends bien ainsi. — — Mais voici une voiture!... — Qu'elle roule. — Mais des citadins qui vous connaissent! — Salue-les de ma part, et arrière, bourgeon!

C'est enfin mon bon sens, ma façon, non-seulement de me conduire, mais de juger les autres, de peser ce qu'ils valent, et de les ranger dans mon estime. Arrière encore, bourgeon! Tu es le père de la sottise, si tu n'es la sottise elle-même. Arrière! je vois qui tu me montres, de qui tu m'approches. Il y a du bon, il y a du beau souvent sous ces dehors qui te séduisent; mais il y a du bon, il y a du beau aussi sous cette bure que tu dédaignes. Avant de peser ces hommes, souffre que l'un et l'autre je les dépouille. Bourgeon, j'avais un oncle dont tu eusses tiré honte plutôt que gloire... J'ai aimé une juive qui n'eût obtenu que tes dédains..... Arrière! à jamais arrière!

Outre mon oncle Tom, moi, et le peintre dont j'ai parlé précédemment, il y avait d'autres locataires dans la maison. Je vais les énumérer en allant du bas en haut, pour arriver ainsi jusqu'à celui qui, le plus près du ciel, en prit le chemin vers ce temps, laissant vacante une belle mansarde au nord, où j'allai m'établir.

Ne me demandez pas, lecteur, ce qu'ont à faire dans mon histoire ces nouveaux personnages. Rien peut-être. Mais, si vous m'avez accompagné jusqu'ici, que vous coûtera une digression de plus? Vous y êtes accoutumé, et moi j'aurai fait revivre ces figures qui me sont chères, comme l'est toute ressouvenance du jeune âge. A moi donc, antiques locataires, voisins d'autrefois, disparus aujourd'hui de la scène du monde, mais dont mon cœur cultive avec charme le lointain souvenir!

C'était d'abord, sur le même étage que nous, un régent retraité, vieux bonhomme, tout occupé du soin de manger agréablement une paye morte gagnée par quarante années de travaux. Tranquille et jovial épicurien, il arrosait le matin les fleurs d'un petit jardin; à midi, il faisait régulièrement sa sieste; et, après son dîner, il se récréait à humer la brise du soir, en compagnie de quelques serins qu'il élevait becquetant, voletant à ses côtés. Toutefois, il n'avait pas entièrement rompu avec son ancien état, et son amusement principal, c'était d'appliquer à toutes choses et à tous venants quelques sentences extraites de ses souvenirs classiques. J'avais jadis passé par ses mains, et je n'étais point insensible à l'agrément prosodique de ses apophthegmes; aussi m'aimait-il, et il ne lui arrivait guère de me rencontrer sans m'apostropher à sa façon :

Puer, si qua fata aspera rumpas,
Tu Marcellus eris.

Et sa panse rebondie allait, venait, d'un rire long et moelleux, auquel, sans le partager, je portais la mienne. S'il advenait qu'une ancienne servante lui apportât du village quelque petit présent intéressé :

... Timeo Danaos, et dona ferentes.

Et la panse allait son train. Mais s'agissait-il de son épouse, alors il ne tarissait plus :

Dum comuntur, num moliuntur, annus est...
'... Varium et mutabile semper femina!
... Notumque furens quid femina possit!

Et bien d'autres. Cependant madame faisait des compotes, tout en trouvant le ton de son époux détestable; ce qui portait celui-ci à murmurer :

Melius nil cœlibe vitâ.

A l'étage au-dessus, c'était un octogénaire bourru, morose, ancien magistrat de la République. L'été, assis dans une grande bergère, il vivait auprès de sa fenêtre, d'où il contemplait piteusement la rue, voyant à toutes choses la décadence de l'État et la ruine des mœurs: aux maisons reblanchies, aux murs recrépis, aux chapeaux ronds, à la rareté des cadenettes, et surtout à la jeunesse des jeunes gens :

... Cuncta terrarum mutata.
Præter atrocem animum Catonis,

disait le régent. L'hiver, enfermant ses deux maigres jambes dans des bottes de carton, il vivait au coin de son feu, ne le quittant plus que pour venir tous les mois à sa porte, en bottes de carton toujours, assister quelques mendiants ses contemporains, vieux débris dans lesquels il reconnaissait encore les vestiges du bon temps, les restes vermoulus de cette ancienne République si changée, si déchue.

Au-dessus de ce vieillard morose, vivait très-retirée une famille nombreuse, dont le chef était un géomètre employé au cadastre. Cet homme, à sa planchette tout le jour, passait une partie des nuits sur ses feuilles. Il avait, je m'en souviens, l'orgueil de la gêne laborieuse et indépendante; et si de loin en loin il se permettait en famille une partie de plaisir, il en savourait la jouissance d'un air grave et fier qui m'imposait à moi, jeune homme, un respect mêlé d'admiration.

Dos est magna parentium
Virtus,...

disait avec gravité le régent lui-même.

Avant d'arriver à la mansarde, on passait encore devant la demeure d'un joueur de basse. Celui-ci donnait leçon tout le jour, se réservant la nuit pour composer des thèmes sur son instrument :

Modo summâ,
Modo hâc resonat quæ chordis quatuor imâ.

Tout à l'entour du musicien s'ouvraient des chambrettes, des cabinets, loués ou sous-loués à des étudiants qui prenaient leurs repas chez lui. Ces messieurs, grands fumeurs, récitaient leurs cours, chantaient des romances, donnaient du cor, ou jouaient du flageolet, en sorte que dans cette région la symphonie était permanente.

Quousque tandem!!!

Enfin la mansarde dont j'ai parlé.

Cette mansarde était grande, avec un jour magnifique. Le géomètre voulut l'avoir, et moi aussi. On perça une fenêtre, on éleva une cloison, et nous eûmes chacun notre mansarde.

J'y retrouvai la vue du lac et des montagnes. Ma fenêtre se trouvait au niveau et fort près de ces grandes rosaces gothiques qui sont à mi-hauteur des tours de la cathédrale. De cette région élevée, le regard s'étendait sur des toits déserts, tandis que le bruit de la ville mourait avant d'y arriver.

Mais je commençais à atteindre l'âge où ces impressions n'exercent plus leur puissant empire, et chaque jour davantage mon cœur cherchait en lui-même ses émotions et sa vie.

Par cette même cause, mon goût pour l'imitation n'était plus si vif; il faut à ces penchants un calme que je n'avais plus. Souvent agité, troublé par les vagues mouvements d'une tendresse sans objet, je ne savais plus voir mon modèle, je regardais avec dégoût mon ingrate copie, et, posant le pinceau, je m'abandonnais à ma rêverie pendant des heures entières.

Cette vie intérieure a son charme et son amertume. Si ces songes sont doux, le réveil est triste, sombre; l'âme rentre dans la réalité, ayant fatigué ou perdu son ressort. Aussi, incapable après ces heures de reprendre mon travail, et non moins incapable de faire renaître les songes, je quittais ma demeure pour aller au dehors promener mon ennui.

Ce fut dans l'une de ces promenades qu'une rencontre fortuite vint me tirer de cet état de langueur et de demi-oisiveté.

Un jour, j'allais rentrer dans ma demeure par la porte qui est du côté de l'église, sous le gros tilleul. Un brillant équipage stationnait auprès. A peine l'eus-je dépassé, qu'une voix, que je reconnus aussitôt, me porta à retourner la tête avec vivacité...—Monsieur Jules! s'écria la même voix avec émotion.

Dans mon trouble, j'hésitais à m'approcher, lorsque je crus comprendre qu'on m'y invitait. Je rebroussai; et bientôt je me trouvai en présence de l'aimable Lucy. Elle était en habit de deuil, les yeux mouillés de larmes... A cette vue les miennes coulèrent.

Je me souvenais tout à la fois de sa robe blanche, de ses filiales alarmes, des paroles du vieillard, de sa bonté envers moi!... — Oh! qu'il méritait de vivre, lui dis-je bientôt, et que c'est une cruelle perte, mademoiselle!... Permettez que je donne ces pleurs au souvenir que je conserve de son aimable bonté. Lucy, encore trop émue pour me répondre, me pressa la main avec un mouvement dont une gracieuse réserve tempérait la reconnaissante affection.

— J'espère, me dit-elle enfin, que, plus heureux que moi, vous possédez encore monsieur votre oncle... — Il vit, lui dis-je, mais l'âge s'accumule et le courbe vers la terre... Que de fois, mademoiselle, je songeais à votre père !... et chaque jour je comprenais mieux votre tristesse.

Lucy, se tournant alors vers un monsieur qui était assis auprès d'elle, lui expliqua brièvement, en anglais, le hasard auquel elle avait dû de faire ma connaissance et celle de mon oncle, cinq années auparavant, et comment ma vue, en lui rappelant vivement une journée où son père avait été si heureux et si aimable, lui avait causé cette émotion. Elle ajouta quelques mots d'éloge envers moi et envers mon oncle, et, lorsqu'elle parla de ma condition d'orphelin, je retrouvai dans son expression et dans ses paroles cette compassion qui autrefois m'avait tant ému. Quand elle eut achevé ce récit, le monsieur, qui paraissait ne pas parler français, me tendit la main avec une expression d'affectueuse estime.

Alors Lucy, s'adressant à moi : — Monsieur est mon époux ; c'est le protecteur et l'ami que m'a choisi mon père lui-même... Depuis ce jour où vous le vîtes, monsieur Jules, je ne devais plus le conserver longtemps... Dieu l'a retiré dix-huit mois après... Plus d'une fois il avait souri en se rappelant votre histoire... En quelque temps, ajouta-t-elle, que vous ayez un malheur semblable au mien, je vous prie de m'en instruire... Je veux saluer votre oncle... Quel âge a-t-il ?

— Il entre, madame, dans sa quatre-vingt-cinquième année.

Après quelque silence, sous l'impression de cette réponse : — J'étais venue pour parler au peintre qui a fait le portrait de mon père... Pensez-vous, monsieur Jules, que je pourrai le rencontrer seul ?

— Sans aucun doute, madame, Vous me donnerez vos ordres, et je les transmettrai à mon confrère.

Elle m'interrompit : — Oh ! vous avez donc pu suivre votre penchant !... Eh bien, j'accepte votre offre, et je choisirai mon moment... Mais auparavant, mon époux et moi nous serions désireux de voir vos ouvrages... Habitez-vous cette même maison ?

— Oui, madame... Et quelque chose que je sois de n'avoir à vous montrer que de misérables essais, je n'ai garde de refuser, par amour-propre, l'honneur que vous voulez me faire.

Nous dîmes encore quelques mots. Bientôt je descendis, et la voiture s'éloigna.

Cette rencontre inattendue, en redonnant la vie à d'anciennes et tendres émotions, me tira de l'espèce de langueur où je végétais depuis quelques mois.

Mais l'oserai-je dire ? si j'ai toujours aimé ma juive et chéri sa mémoire, ce fut néanmoins de ce jour que mes regrets perdirent de leur amertume, et que mon âme, comme déliée du passé, recommença à se porter vers l'avenir, doucement chargée d'un souvenir qui lui devenait moins poignant, sans cesser d'être aimable et cher.

Toutefois, cette entrevue n'avait pas été pure de tout nuage. Bien qu'ayant oublié Lucy, bien que n'ayant jamais pu former, même au sein de mes plus folles rêveries, le moindre projet de lui être jamais quelque chose, dès le premier abord, la vue de ce monsieur assis auprès d'elle m'avait été triste ; et lorsque, de la bouche de Lucy, j'appris qu'elle était mariée, des lueurs de trouble et de jalouse peine avaient traversé mon cœur.

Mais ce fut un souffle passager ; avant même de quitter la voiture mon cœur s'était donné à ce monsieur, et je ne voyais plus dans Lucy que son épouse tout aimable, qu'il me permettait de chérir.

Les jours suivants, je vécus de ce souvenir et de l'espoir de revoir bientôt Lucy. J'avais fait quelques copies, entre autres celle de la Madone, deux ou trois portraits, puis quelques compositions, la plupart d'une exécution plus que médiocre, mais ne manquant pas de certains indices de talent. Comme l'on peut croire, le bourgeon m'aida avec une active complaisance à les disposer à leur avantage, et tout était prêt pour recevoir Lucy, lorsqu'elle arriva en effet. Son mari l'accompagnait.

Encore aujourd'hui, je ne puis songer à cette jeune dame que ce souvenir ne remue mon cœur. Que ne puis-je peindre sous des traits assez aimables cette bonté si vraie, dont son rang, son éclat, son opulence rehaussaient encore le charme ; cette simplicité de sentiments, que n'avaient pu fausser ou contraindre les manières ni les préjugés du grand monde ! Bien qu'une expression de mélancolie lui fût habituelle, le souffle d'un bienveillant sourire réchauffait ses moindres paroles, lorsque déjà la caresse de son regard prêtait à son silence même un attrait pénétrant. Mais celle-ci fut entrée dans ma modeste mansarde, ses premiers mots furent pour m'adresser d'encourageantes félicitations. Elle regardait mes ouvrages avec un intérêt particulier, et dans tout ce qu'elle en disait en anglais avec son époux je saisissais une charmante intention de bonté. Un instant, seulement, leurs propos s'échangèrent à voix basse, mais sur un ton et d'un air qui n'étaient propres qu'à me donner ce doux embarras qui accompagne quelque riante attente.

Tandis qu'à la demande de Lucy je retournais toutes mes toiles pour les faire passer sous ses yeux, j'entendis dans le corridor le pas de mon oncle. J'accourus pour lui ouvrir la porte.

Lucy, comme pressentant quelque chose, s'était levée. À la vue de mon vieil oncle, elle alla au-devant de lui ; puis, faisant un retour sur elle-même, elle ne put réprimer son attendrissement. Mon oncle, serein comme toujours, et fidèle à un ancien usage de galanterie,

prit la main de cette jeune dame, et, s'étant incliné, il la porta à ses lèvres : — Souffrez, belle dame, lui dit-il, que je vienne vous rendre la visite dont vous m'honorâtes, il y a cinq ans, en me ramenant ce mauvais garçon-là... Je sais, reprit-il en voyant couler les larmes de Lucy, je sais que vous êtes affligée... Ce noble vieillard était votre père !... Je sais aussi que voici monsieur votre époux... et digne de l'être, puisqu'il vous l'avait choisi. Le monsieur, en cet instant, serra la main de mon oncle, en l'invitant à s'asseoir sur un siège qu'il avait lui-même approché, pendant que je n'avais d'attention que pour cette scène.

— Monsieur, dit à son tour Lucy, vous pardonnez à mon émotion... Quand à Lausanne je vous vis, vous et mon père, dans la même chambre, tous les deux du même âge à peu près, tous les deux bien nécessaires au bonheur de deux personnes... j'eus alors des pressentiments, que votre présence me rappelle trop vivement en cet instant... Je remercie Dieu de ce qu'il vous a conservé. Le noble vieillard m'eût fait rencontrer monsieur Jules, mon intention était de ne point quitter Genève sans avoir été chercher de vos nouvelles... Mais il n'est plus doux de vous voir bien portant comme vous paraissez l'être, et je suis aussi reconnaissante que confuse de ce que, pour me procurer ce plaisir, vous êtes monté jusqu'ici.

— Bonne madame, dit mon oncle, vous êtes une charmante créature ! et c'est plaisir que de vous entendre... A Lausanne, il monta bien, votre père... et il n'en fut pas payé par cet accueil qu'on ne sait faire qu'avec votre voix, vos manières et votre cœur... Chère madame, soyez heureuse... Bientôt, bientôt, je monterai plus haut encore !... si ce n'est que voici mon pauvre Jules qui n'y consent pas...

— Ah ! toujours moins, bon oncle, lui dis-je tout ému du rapport aussi triste que frappant qu'il y avait maintenant entre ma situation et celle où j'avais vu autrefois Lucy. Et je lisais dans l'expression de cette jeune dame que sa pensée en cet instant rencontrait la mienne.

— Que je ne vous dérange point, reprit mon oncle après quelques propos. Vous regardiez les essais de mon pauvre Jules... je vais vous laisser... Dites, je vous prie, à monsieur que je regrette aujourd'hui de ne pas savoir l'anglais plutôt que l'hébreu... j'aurais eu le plaisir de l'entretenir. Puis, prenant la main de Lucy : — Adieu, dit-il, mon enfant... soyez heureuse... C'est le droit d'un vieillard que d'accompagner de ses bénédictions une aussi jeune dame... Ainsi fais-je.

Adieu, cher monsieur, vous êtes unis... je ne vous séparerai plus dans mon souvenir. A ces mots mon oncle Tom, s'étant incliné de nouveau, baisa la main de Lucy, et se retira. Tous trois nous l'accompagnâmes, pénétrés de ce vif sentiment de respect et d'affection qu'impose la vieillesse aimable, et auquel se mêle une mélancolique pensée.

Quand mon oncle se fut éloigné, nous nous assîmes. Lucy parlait de lui ; elle voulait lui trouver des traits de ressemblance avec son père, surtout dans cette sereine gaieté, dans cette politesse si vraie, sous des formes un peu antiques ou familières ; et souvent elle s'arrêtait après ces remarques, comme attristée par l'idée de la perte que me réservait un prochain avenir. Puis, changeant d'objet : — Monsieur Jules, me dit-elle non sans qu'un peu de rougeur colorât ses joues, nous avons apporté avec nous ce portrait de mon père que vous connaissez... Notre désir serait d'en avoir deux copies. Votre talent nous est une garantie qu'il répondra à notre attente, quand déjà le souvenir que vous avez conservé de mon père bien-aimé est un motif que me touche plus encore.

Que l'on juge de ma joie ! Il me fallut en contenir l'expression ; mais Lucy et son époux purent, au travers de mon embarras et de ma confusion, en mesurer toute la vivacité. Ce qui l'augmentait encore, c'est le sentiment que j'avais qu'un pareil travail n'était pas au-dessus de ma portée. Le jour même j'allai prendre le portrait ; et, m'étant mis à l'œuvre, je me vis cette fois bien décidément lancé dans la carrière des beaux-arts.

En d'autres circonstances ce portrait m'eût inspiré quelque tristesse, car il refoulait vivement mon imagination dans le passé, pour y retrouver pleins de vie ces êtres si chers l'un à l'autre, et maintenant séparés par la mort ; cette jeune fille ornée de ce riant éclat de parure et de jeunesse que les larmes n'ont point encore terni, et Lucy maintenant voilée de tristesse et de deuil... Mais j'étais trop préoccupé par la joie et la reconnaissance, pour que l'impression de ce contraste établît sur moi son empire.

Quelle occupation charmante !... Mon crayon avait à retracer cette figure bien-aimée ; il avait à reproduire les contours de la taille, la gracieuse mollesse de l'attitude... Parfois je m'arrêtais, épris de mon modèle, et, pour quelques instants, l'émotion m'empêchait de poursuivre.

— Bonne madame ! dit mon oncle quand il apprit ces grands événements,... je regrette de n'avoir pas su l'anglais plutôt que l'hébreu... Te voilà bien content, mon pauvre Jules !... c'est permis. Il se redressa : — Et que cet ouvrage te fasse honneur ! Qu'on y voie observées les lois du clair-obscur, celles des deux perspectives, tant linéaire qu'aérienne,... et puis, l'entente de l'art,... et puis... Bonne madame ! aussi affectueuse, en vérité, qu'elle est belle !...

Cependant la calèche de Lucy, durant sa dernière visite, avait stationné du côté de la maison qui fait face à l'hôpital, tandis que les équipages qui amenaient les modèles de mon confrère arrivaient par le côté qui fait face à la cathédrale.

Cette circonstance avait attiré l'attention des locataires; aussi lorsque, après mille conjectures dans lesquelles ils n'avaient eu garde de songer à moi, ils eurent reconnu que cette calèche à armoiries stationnait là à mon intention, la renommée de ma gloire, gloire toute neuve et d'autant plus brillante, monta d'étage en étage, et le vieux régent se prit à dire, en songeant à ses prédictions :

Non ego perfidum
Dixi sacramentum!

— Quel mauvais mot dites-vous là? interrompit sa femme.

— *Odi profanum vulgus*
Et arceo.

Faites vos compotes.

Pendant que nous montions, sa fille montait devant nous, tenant la clef de l'atelier.

— J'avais cru que cinquante années de classe vous ôteraient cette odieuse manie de latinité, qui vous rend insupportable. Ne sauriez-vous laisser là ces sottises, et parler français comme tout le monde?

— Vous différez fort d'Horace, ma chère, car c'est lui qui a dit :

Nocturnâ versate manu, versate diurnâ,

et si je vous fais grâce de la nuit, vous pouvez bien m'écouter le jour.

— Horace et tous ces messieurs sont de grands sots, si ce sont eux qui vous ont ainsi formé l'esprit. La nuit, vous ronflez que je n'en puis dormir, et, le jour, vous m'étourdissez de vos calembours.

— Vous calomniez là des beautés que vous ne sauriez comprendre. Songez, ma chère, que si je mange vos compotes, et que je les trouve bonnes, vous pourriez goûter mes hexamètres et leur trouver du parfum...

Vellem in amicitiâ sic erraremus.

— Mes compotes sont excellentes, et vos ragoûts détestables!

— *Melius nil cælibe vitâ!*

Et j'en reviens à mon dire sur ce jeune homme :

Non ego perfidum
Dixi sacramentum.

D'autre part, le joueur de basse et toute sa séquelle (j'ai dit ailleurs que les étudiants vivent à la fenêtre) n'avaient pas manqué de remarquer la brillante calèche. Au moins quinze têtes s'étaient tout à coup montrées aux fenêtres qui donnent sur la rue, regardant cu-

rieusement les laquais descendre, ouvrir la portière, et la jeune dame entrer dans l'allée, appuyée sur le bras de son époux. Ici les conjectures avaient commencé : — Chez qui monte-t-elle?... Serait-ce, avait pensé le musicien, un amateur que la Providence... Et toutes les têtes s'étaient reportées vers les fenêtres, mansardes, œils-de-bœuf donnant sur la cour... Lucy montait, Lucy avait franchi l'étage; décidément cette belle dame allait chez le jeune artiste!!! et ma gloire s'était élevée jusqu'aux astres.

Il n'y eut que le géomètre et sa famille qui s'aperçurent peu de ces grands événements. Le chef de la maison était aux champs, occupé à prendre ses angles; la mère vaquait aux soins du ménage, tandis que la fille aînée, de l'autre côté de ma cloison, travaillait aux feuilles de son père. Au milieu de cette vie active et austère, il y avait peu de temps à donner aux affaires de la rue et au commérage des voisins.

Cependant mon ouvrage avançait. Levé dès l'aube, je montais à mon atelier pour y travailler avec ardeur jusqu'au déclin du jour.

C'est à ces habitudes laborieuses que je dus de faire quelque connaissance avec le géomètre. A l'aube aussi, il sortait de chez lui avec sa fille; nous montions ensemble l'escalier; et, tandis qu'il entrait dans son atelier pour désigner à cette jeune fille les travaux de sa journée, j'allais de mon côté m'établir dans le mien. Le voisinage et cette conformité d'habitudes nous rapprochèrent peu à peu; malgré tout le prix que cet homme attachait à l'emploi du temps, il en était déjà venu à perdre une ou deux minutes en causeries sur le pas de la porte, lorsque le sujet que nous avions commencé à traiter en montant exigeait impérieusement quelques brèves paroles de plus.

Pendant que nous montions, sa fille montait devant nous, tenant la clef de l'atelier dans sa main. C'était une personne d'une taille agréable et d'une figure noble plutôt que jolie. Toujours tête nue, d'une mise extrêmement simple, ses beaux cheveux, lissés sur le front, étaient, avec sa jeunesse et sa fraîcheur, sa plus réelle parure.

Lucy, de retour d'une excursion en Suisse, venait me demander des nouvelles de ses copies. Je les lui présentai.

Les traits d'une éducation forte se reconnaissent à tout âge chez ceux qui en ont reçu le bienfait. Bien que soumise et timide, cette jeune fille portait sur son front l'empreinte de cette fierté un peu sauvage qui se peignait avec plus d'énergie sur le visage de son père. Ignorante des manières du monde, elle en avait qui lui étaient propres, nobles et réservées, en telle sorte que, simple comme sa condition, elle n'en avait pas la commune et vulgaire physionomie.

C'était néanmoins une chose singulière et intéressante que de voir cette jeune personne, laborieuse à l'âge du plaisir, vouée sans relâche et presque sans récréation à des travaux d'ordinaire étrangers à son sexe, et, toute jeune qu'elle était, subvenant, en commun avec son père, à l'entretien de la famille.

Je ne tardai pas à devenir assez régulièrement matinal, pour ne jamais être exposé à monter seul à mon atelier. Seulement il arrivait quelquefois que, le géomètre ayant assigné l'ouvrage dès la veille, Henriette montait seule. C'étaient mes mauvais jours; car, craignant de lui causer un embarras que déjà j'éprouvais moi-même, je ne savais mieux faire alors que de hâter le pas si je me trouvais devant elle, ou de la ralentir si je l'entendais monter devant moi.

Une fois établi dans mon atelier, j'attachais un charme singulier à la présence de mon invisible compagne, trouvant une agréable distraction aux moindres bruits qui me peignaient son pas, son geste ou ses divers mouvements. Aussi, quand l'heure des repas l'appelait à descendre, j'éprouvais une impression d'isolement et d'ennui, de façon que peu à peu je m'habituai à m'absenter aux mêmes heures qu'elle.

Au milieu de mes nouvelles distractions, une circonstance me revenait souvent à l'esprit. Les premiers jours, avant mes habitudes matinales, il était arrivé quelquefois de chanter une petit ballade durant ses longues heures de travail; et puis ce chant avait cessé tout à coup, et justement à l'époque où j'avais commencé à l'écouter avec un plaisir plus grand. Etait-ce hasard? était-ce à mon intention? M'avait-elle assez remarqué déjà pour s'imposer cette réserve? Cette réserve indiquait-elle qu'elle s'occupât de moi comme je m'occupais d'elle?

Voilà cent questions, et une foule d'autres, qui me donnaient infiniment à songer, à méditer. Aussi, après mes copies, je n'entrepris plus rien. Mes toiles restèrent oisives, mes pinceaux gisaient épars; nulle chose n'avait de saveur auprès du sentiment qui alimentait mes journées.

Et ce n'était plus, comme jadis, ces rêveries dont je m'avouais à moi-même la vide et la folie. Cette fois, au contraire, l'idée de mariage s'offrit des premières à ma pensée; et, dès qu'elle y fut entrée, elle n'en sortit plus.

Heureux âge que celui où j'étais encore! derniers beaux jours qui deviez clore bientôt la saison de l'expérience et de la maturité! Avant d'avoir encore échangé un mot avec cette jeune fille, je me proposais de l'épouser. Avant d'avoir jamais réfléchi sur cet état austère où les poëtes nous peignent le tombeau de l'amour, et les moralistes comme un joug sacré, mais tout pesant de chaînes, je m'y acheminais comme vers une rive toute de fleurs et de parfums. Avant de m'être enquis comment ou de quoi vit un ménage, ou s'élève une famille, déjà, et surtout, je m'occupais de combiner certaines dispositions dont la possibilité facile prêtait à mes désirs tout l'attrait d'une réalité prochaine.

En effet, tout se réduisait à percer une porte dans la cloison... Alors la mansarde de Henriette devenait notre chambre nuptiale, la mienne notre atelier de travail où, elle à ses feuilles, moi à mes toiles, nous coulions des jours filés de paix, de bonheur et d'amour.

Un matin, je songeais à ces choses, accoudé sur ma fenêtre, et regardant machinalement dans de quoi vit mon ménage, ou regardant machinalement dans le jardin du vieux régent qui arrosait les tulipes de son petit jardin, lorsque Henriette parut tout à coup à la sienne. Elle ne me chercha pas; comme je pus le reconnaître à la vive rougeur qui colora subitement ses joues. Toutefois, à moins de laisser voir que ma présence lui causait plus d'impression qu'il ne convenait à sa fierté de l'avouer, elle ne pouvait se retirer subitement. Elle demeura donc; seulement, pour dissimuler son embarras, elle regardait en face d'elle les nuages flotter dans les airs.

L'occasion était unique d'entrer enfin en conversation avec celle dont je me proposais de faire ma femme. Aussi, faisant un effort extrême pour surmonter une vive émotion:

— Ces tulipes,... dis-je au régent...

A peine avais-je prononcé ces deux mots que Henriette retira sa

tête, avant que le régent eût levé la sienne, et l'entretien demeura là.

— Ah! ah! vous me regardiez faire? dit le régent. Malin! je devine votre pensée:

Passe encor de bâtir, mais planter à cet âge!

D'abord ce sont, jeune homme, des tulipes;

Eh quoi! défendez-vous au sage
De se donner des soins pour le plaisir d'autrui?

Tenez, cette bariolée-ci, qui vaudrait vingt ducats en Hollande, je la destine à mon épouse:

Purpureos spargam flores...

...Le régent citait encore que, troublé et confus, j'avais déjà refermé ma fenêtre.

Le mauvais succès de cette tentative m'ôta l'envie de la renouveler; pendant plusieurs semaines, je me bornai à suivre discrètement le cours des habitudes dont j'ai parlé.

Henriette recevait quelques rares visites. Sa mère, lorsque les soins du ménage lui laissaient quelques instants de loisir, montait travailler auprès d'elle. Aussitôt me rapprochant de la cloison, je retenais mon haleine pour mieux entendre leurs discours.

— Votre père, disait la mère, sera de retour vers six heures. J'ai disposé vos frères pour que nous puissions sortir ensemble.

— Je vous verrai sortir sans moi, ma mère; car je ne prévois pas que, si je quitte cet ouvrage, il puisse être rendu demain. C'est jeudi, vous le savez, que se paye le terme.

— Vous êtes, ma chère enfant, bien nécessaire à la famille; je me réjouis que vos frères puissent vous soulager.

— Je m'en réjouis pour mon père.

— Votre père est fort, Dieu merci, et jeune encore. Je ne redoute pour lui que la maladie et l'âge... Vous pourriez nous manquer, Henriette.

— Je suis forte aussi, et j'espère vivre.

— J'y compte, ma chère enfant; mais l'âge viendra de vous établir.

— Je vous appartiens, ma mère. D'ailleurs j'aime mieux garder cette gêne où nous vivons ensemble que de l'échanger contre une gêne où je vous serais étrangère.

— C'est donc un époux riche que vous voulez, Henriette?

— Non, ma mère; car je ne serais pas son égale. Mais je ne veux pas non plus vous ôter mon travail pour le porter à un maître où je ne le dois point.

— Vous avez raison, Henriette, de ne pas prétendre à la richesse. Mais considérez, mon enfant, que votre mère est bien heureuse au milieu de la gêne, et que tout son bonheur lui vient de son maître et de ses enfants. Une pauvreté plus grande encore, mais avec un époux honnête, c'est mieux que de rester fille, Henriette. Le malheur vient du vice, et non de la pauvreté.

— Il y a, ma mère, peu d'hommes comme mon père.

C'était s'approcher beaucoup de moi sans m'apercevoir le moins du monde; et tel était le sentiment que m'inspirait déjà cette fille vertueuse et fière, que j'en éprouvais un très-chagrin dépit.

L'entretien d'ailleurs n'était nullement selon mon goût. Les propos de Henriette annonçaient un cœur libre à la vérité, mais fort, et, qui s'il était fait que se donner sans retour, ne présentait pas de ces côtés tendres et inflammables par lesquels seulement un jeune homme de mon naturel se flattait de pouvoir y trouver accès. La seule chose

— Monsieur Retor, je suis trop occupé pour vous recevoir. (L'HÉRITAGE.)

qui encourageait mes espérances, c'étaient les discours de la mère. Cette bonne dame, en faisant l'éloge de l'honnêteté pauvre, me semblait parler divinement bien, et directement en ma faveur; car j'étais honnête, mais j'étais surtout pauvre.

Malheureusement Henriette ne dépendait pas uniquement de sa mère; et, par un trait singulier, mais naturel pourtant, ce caractère de fierté et d'indépendance qui distinguait les membres de cette famille s'alliait dans chacun d'eux à une libre mais entière soumission à la volonté du chef qui en était l'âme. Le géomètre, homme ferme, austère, laborieux, s'il n'était ni affable dans ses manières ni courtois dans ses formes, exerçait d'ailleurs sur tous les siens l'empire puissant et respecté de l'exemple, du dévouement, de l'irréprochable vertu. Sa femme l'aimait avec vénération, et Henriette, à mesure qu'un jugement plus formé lui permettait de comparer son père avec les autres hommes, s'accoutumait à le placer plus haut dans son estime que la plupart d'entre eux : en telle sorte que sa filiale piété, profonde plus encore que tendre, respectueuse plus qu'expansive, avait voué à l'auteur de ses jours une obéissance sans réserve. Ni son cœur ni sa personne ne pouvaient appartenir qu'au préféré d'un père si digne à ses yeux de guider son choix.

J'ai reconnu depuis, et souvent avec ce mouvement d'admiration qui va jusqu'à mouiller l'œil de chaudes larmes, combien était intéressante et vénérable cette humble famille, combien était vraiment grand cet homme obscur; mais pour lors cette austérité, cette soumission, ces vertus, me semblaient autant d'obstacles à mes vœux. Que m'importait, en effet, que les femmes fussent soumises, si d'autre part je ne savais comment aborder leur maître et seigneur? Que m'importait que le géomètre fût austère, ferme, laborieux, si ces qualités, qu'assurément il voudrait retrouver dans son gendre, étaient justement celles qui me manquaient? Restait à lui faire goûter celles que je pouvais avoir en compensation; mais j'avais peu d'espoir d'y réussir. En effet, l'abord roide de cet homme, son œil fier et susceptible, sa parole brusque et l'ascendant de son caractère m'imposaient en sa présence je ne sais quelle gaucherie où s'effaçaient tous mes avantages.

Ainsi tout était obstacle; et puis, comme il arrive toujours, chaque obstacle se transformant en un stimulant désir, à force de songer combien il m'était difficile, impossible d'obtenir la main d'Henriette, j'arrivais à ne plus former qu'un pressant, qu'un unique vœu, celui d'obtenir cette main.

C'est ce que j'eus porté à prendre un parti chevaleresque, mais désespéré, celui de brusquer le premier pas, en faisant à ma future l'aveu passionné de mes sentiments. Il ne s'agissait au fait que d'épier une occasion favorable. J'épiai donc, et si longtemps, et si bien, que les occasions vinrent à m'être ôtées une à une avant que j'eusse fait ma déclaration.

Ce fut le matin d'abord. Souvent nous montions seuls ensemble; et j'en étais déjà venu auprès d'Henriette à ce point de familiarité qu'après l'avoir saluée je lui adressais la parole pour lui demander des nouvelles de son père, ou pour énoncer une opinion, tantôt sur l'ennui des longues pluies, tantôt sur le charme des belles journées. Dix fois au moins, enhardi par ma hardiesse même, je me mis en devoir d'éclater en aveux significatifs et tendres; mais c'est instant suprême, la rougeur me montant au visage et l'émotion m'ôtant la parole, je remis l'affaire à un moment où je me trouverais sans rougeur et sans trouble. Pendant que je prenais ainsi mon temps, le géomètre se mit insensiblement de la partie, et Henriette ne monta plus seule à sa mansarde.

Mais l'amour est si ingénieux! A l'heure des repas, Henriette descendait et remontait sans être accompagnée; je m'arrangeai de manière à faire le voyage avec elle. La chose réussit à merveille. Il ne restait plus qu'à me déclarer, lorsque la famille changea brusquement l'heure de ses repas, et je dus, le soir comme à midi, descendre et remonter seul.

Restait un dernier moyen, hardi à la vérité, mais infaillible : c'était de m'introduire chez Henriette sous quelque prétexte, et là de donner un libre essor à mes sentiments. Je me mis en chemin bien des fois, et ici encore il ne me restait plus qu'à ne pas rebrousser à chacune, lorsque la mère de Henriette prit peu à peu l'habitude de venir travailler auprès d'elle.

Je dois aux leçons de M. Ratin et à ses pudibondes harangues de n'avoir jamais osé adresser à une femme le moindre propos tendre, durant tout le cours d'une jeunesse où je ne fis d'ailleurs guère autre chose qu'aimer. Cette sotte timidité est un bien dont je reconnais aujourd'hui le prix. Par elle, le jeune homme retient et porte jusqu'aux jours de l'hyménée cette pudeur native qui, une fois perdue, ne se recouvre plus; par elle son cœur demeure jeune, sincère; il se remplit de mille sentiments vifs et tendres, dont elle comprime l'essor, mais pour lui en faire apporter le pur et riche hommage à celle qui sera la compagne de sa vie.

Mais alors j'en jugeais autrement. Je m'indignais contre moi-même; et, réfléchissant combien de fois déjà cette incurable timidité avait enchaîné ma langue, lorsque tout me conviait à parler, je commençais à croire que, né gauche et stupide, je finirais par demeurer garçon, à

faute d'avoir su déclarer mes sentiments. Heureusement le hasard vint à mon aide.

Un matin je me livrais à ces pensées décourageantes, lorsqu'on frappa à ma porte. Je courus ouvrir : c'était Lucy. La visite de cette dame me combla d'aise; car je savais d'avance quelle serait la grâce flatteuse de son langage, et j'étais bien déterminé à m'imaginer que, de derrière la cloison, Henriette n'en perdrait pas un mot.

Lucy, de retour d'une excursion en Suisse, venait me demander des nouvelles de ses copies. Elle était seule, je les lui présentai; elle eut l'attention d'en paraître enchantée, ravie, et de prodiguer l'éloge à mes talents. Aussi je ne me sentais pas de joie, lorsque, changeant d'objet : — Vous n'étiez pas hier chez vous, monsieur Jules?

— Auriez-vous pris la peine de monter jusqu'ici, madame? Justement, hier matin, mon oncle me fit demander pour sortir avec lui.

— C'est ce que voulut bien m'apprendre une jeune personne qui travaille dans la chambre voisine, et chez qui je me reposai quelques instants. Quel est son nom, je vous prie?

A cette question je rougis jusqu'au blanc des yeux. Lucy s'en aperçut, et reprit aussitôt, non sans quelque embarras : — Je vous ai fait étourdiment une question que vous pourriez croire indiscrète, monsieur Jules,... excusez-moi. Mon unique motif était l'envie de savoir le nom d'une jeune fille dont l'air, l'accueil et les manières m'ont inspiré de l'intérêt.

— Elle se nomme Henriette,... repris-je encore fort troublé. C'est un nom que je ne prononce pas sans émotion, bien que je le prononce sans cesse... Puis, encouragé par l'air dont Lucy m'écoutait, et surtout par l'idée d'avancer, d'achever peut-être le grand travail de ma déclaration : — Puisque j'ai osé vous dire cela, madame, ajoutai-je, je dois, ce me semble, vous en dire davantage... Cette jeune personne, je la vois tous les jours, je travaille tout auprès, je l'aime!... et votre question m'a troublé comme si vous eussiez surpris un secret qui est demeuré jusqu'ici dans le fond de mon cœur... C'est assez en dire pour que vous compreniez quels sont mes sentiments, et quels vœux ils me porteraient à former si je pouvais me persuader qu'ils fussent agréés...

En cet instant nous fûmes interrompus. C'était l'époux de Lucy. On revint aux copies; bientôt ils me quittèrent.

Après ce qui venait de se passer, j'avais hâte de me trouver seul. Glorieux, ravi, soulagé, j'admirais que j'eusse osé dire, et si bien, et si à propos. Eh que c'est facile! pensais-je.

Ce qui m'enchantait surtout, c'est que Henriette, libre à chaque instant de protester en se retirant, n'avait quitté sa mansarde qu'après l'arrivée de l'époux de Lucy. Sur cette circonstance j'échafaudais tout un monde de bonheur. Henriette, en écoutant ma déclaration, l'avait accueillie; Henriette l'avait accueillie, parce que son cœur était à moi. Enfin, comme une heure elle ne remonta pas à son ordinaire, je me persuadai aussitôt que, fille aussi soumise que tendre, elle venait de transmettre mes vœux à sa famille, qui en délibérait à cette heure!

J'étais donc en proie aux plus charmantes anxiétés de l'attente, lorsque vers trois heures de l'après-midi j'entendis quelqu'un monter l'escalier. La personne se dirigea d'un pas ferme vers ma porte, qu'elle ouvrit sans façon. C'était le géomètre!

— Il paraît que ma physionomie n'était pas dans son état normal. — Ma visite vous fait pâlir, dit-il brusquement; vous pouviez pourtant vous y attendre.

— Effectivement, monsieur, balbutiai-je, je m'étais flatté...

— Remettez-vous donc, et prenons des sièges.

Nous nous assîmes. — J'ai l'habitude, reprit le géomètre, d'aller droit mon chemin : voici ce qui m'amène. Puis fixant sur moi un regard étincelant de fierté : — Depuis longtemps, monsieur, vos allures me déplaisent. Je croyais m'être suffisamment mis en garde contre elles... Mais ce matin même, et en présence d'une personne tierce, vous avez compromis ma fille!... Que signifie ce manège?

— Monsieur, tentai-je de répondre, blâmez mon inexpérience, mais ne suspectez pas mes intentions...

— Les bonnes intentions procèdent ouvertement. Or vos façons d'agir sont équivoques, quand déjà votre situation, ce que j'en sais du moins, ne me tranquillise nullement sur vos façons d'agir...

— Vous me faites outrage, monsieur, interrompis-je avec un accent de vive émotion.

— C'est possible, reprit le géomètre d'un ton calme qui me remplit de crainte; aussi suis-je prêt à vous faire réparation. Il se peut, en effet, que je vous juge avec sévérité. Il se peut que, timide, inexpérimenté, gauche dans vos allures, vous soyez ferme et honorable dans vos intentions. Eh bien, c'est à vous de me faire la preuve que vos propos, dans les cas inconvenants, sont honnêtes du moins, que vous savez où ils peuvent, où ils doivent nécessairement conduire, sous peine d'être inexcusables. — Prouvez-moi donc que vous êtes réellement en mesure de vous marier, et aussitôt je rends justice à vos intentions... Que gagnez-vous, monsieur, année commune?

Cette épouvantable question, que je voyais poindre depuis un moment, m'écrasa comme un coup de foudre. Je ne gagnais rien encore, je ne possédais pas un sou vaillant, et j'avais oublié d'y songer. Si Henriette m'aimait, si Henriette m'était unie, quel besoin d'autres ressources ?... Percer la cloison, et tout était dit. Mais le géomètre raisonnait autrement.

— Je gagne, monsieur, répondis-je tout pâlissant, je gagne... moins sans doute que je me gagnerai par la suite; mais j'ai un état...

Il m'interrompit : — C'est justement parce que vous avez un état, et que cet état est celui de peintre, que je précise ma question. Vous n'ignorez pas le proverbe. Votre état donne de la gloire quelquefois; du pain, pas toujours. Ma fille n'a rien. Qu'avez-vous? Ou plutôt j'en reviens à ma question : Que gagnez-vous année commune?

— Je gagne...

J'allais infailliblement mentir ou me trouver mal, lorsqu'on frappa à ma porte.

Qui est-ce qui aime la péripétie? Aristote loue la péripétie; vive Aristote! Quoi dans l'univers peut valoir une bonne, une bienheureuse péripétie! Lucy, mon bon génie, ma providence!!!

J'avais ouvert. Un domestique en livrée entra, portant deux gros sacs d'argent. Dans mon ravissement, je le laissai faire. Il les posa sur la table et en ouvrit un, d'où s'échappèrent à flots des écus qu'il se disposa à mettre en piles pour que je les reconnusse après lui. Puis, me présentant un papier : — Ceci est le bordereau : quinze cents francs en espèces pour les deux copies. Milady m'a recommandé de les emporter, ainsi que le modèle, avec la permission de monsieur.

Aussitôt plus de trouble! — C'est bien, dis-je. Je vais vous remettre ces copies. Puis me tournant vers le géomètre, qui, s'étant levé, avait déjà repris son chapeau : — Comme j'avais l'honneur de vous le dire, monsieur, je gagne année commune...

— Vous avez, interrompit-il, vos affaires, moi les miennes, et cet homme attend. Je ne pouvais me lasser de me répéter : Généreuse Lucy! mon bon génie! En attendant que j'eusse trouvé un bon placement pour ma fortune, je la cachai tout entière dans le poêle, faute d'armoire; après quoi je sortis pour savourer, seul et à l'air des champs, la joie qui succédait dans mon cœur à des moments de si vive angoisse. D'ailleurs les événements avaient bien marché depuis le matin; le temps pressait, et j'éprouvais le besoin de recouvrer promptement assez de calme pour réfléchir aux démarches qui me restaient à faire.

La première, c'était de tout confier à mon oncle, qui ne savait rien encore. Ce qui m'avait jusqu'alors porté à lui cacher mes projets, c'est la certitude où j'étais qu'il n'écouterait que la pensée de me rendre heureux, en facilitant mon établissement par de nouveaux sacrifices de sa part. Cette certitude même, jointe à ce que je savais de l'étroitesse de ses moyens, certaines privations, surtout, qu'il s'était imposées récemment depuis qu'il avait dû pourvoir à mon petit équipage d'artiste, m'avaient fait un devoir sacré de ne plus mettre à l'épreuve sa trop facile générosité. Mais tous ces scrupules tombaient au fait de l'opulence dont j'étais redevable aux largesses de Lucy, en sorte que je n'avais plus qu'à l'instruire de ce qui s'était passé et à le prier de mettre le comble à ses bontés, en allant dès le lendemain demander pour mon neveu la main de Henriette. Nul doute que, s'il me faisait cette faveur, l'autorité de son âge, le poids de son assentiment et la douce cordialité de ses manières ne dussent assurer le succès d'une démarche d'où dépendrait la félicité de ma vie. Je résolus de lui parler le soir même.

Je rentrai tard. C'était l'heure du souper. — A table, à table, bon oncle... J'apporte de grandes nouvelles.

— Je sais, je sais, mon enfant. La vieille me tient au courant...... On parle d'écus... un gros sac...... le Pactole tout entier qui se serait versé chez mon pauvre Jules.

— Le Pactole en personne, bon oncle. Il est dans mon poêle...... Mais commençons par nous mettre à table; car j'ai bien autre chose à vous dire!

Je remarquai que mon oncle, au lieu de relever avec gaieté ces dernières paroles en s'associant à ma joie, comme cela lui était habituel s'était approché de la table d'un air préoccupé, et en jetant un coup d'œil du côté de la vieille, dont la présence le gênait visiblement, sans qu'il pût résoudre sur lui de la congédier. Je fis un signe à Marguerite, qui se retira.

Quand nous fûmes assis à notre place accoutumée :

— C'est que j'ai aussi à te dire..... reprit mon oncle. Et il toussa, comme il lui arrivait lorsque, pour exprimer quelque pénible reproche, il fallait qu'il se fit une extrême violence.

— Tu sais... Il s'arrêta, puis changeant encore de ton : — Cette bonne Lucy est en vérité généreuse, noble dans ses procédés !... C'est un honneur que d'être protégé par une personne d'un aussi digne cœur... un honneur qu'il faut mériter, mon enfant... Te voilà lancé dans la carrière..... De l'ordre, maintenant, de la conduite, du travail; et nous arriverons à bien... Mais, reprit mon oncle avec un ac-

cent plus ferme, honnête? toujours!.... voulant nuire? jamais! prenant garde qu'une jeune fille..... c'est sacré!..... excepté pour les méchants.

— Je ne comprends pas, bon oncle! m'écriai-je avec émotion.

— Cette jeune fille,... là-haut?

— Eh bien?

— Tu l'aimes?

— Ardemment!

— Et voilà, Jules, ce qui n'est pas bien !

A ces mots, que mon oncle prononça avec une sorte de gravité solennelle, je fus, je l'avoue, tenté de rire, présumant que ces alarmes au sujet de mon honnêteté provenaient de quelque commérage de quelque servante dont la vieille aurait cru devoir lui faire la confidence. — Pour cette fois, repris-je, je n'y suis plus du tout! Cette jeune fille, je l'aime, en effet, et je venais vous prier d'aller dès demain auprès de ses parents pour demander sa main au nom de votre neveu. Où est le mal, bon oncle?

Alors mon oncle : — Tu... Comment as-tu dit?

Tu veux te marier?... Et tu es cause, dit-il en se levant avec vivacité, que je viens d'affirmer à son père tout justement le contraire!!!

— Perdu! m'écriai-je, perdu! Bon oncle, qu'avez-vous fait?

— Mais j'ai fait.... j'ai fait..... ce que la loyauté me commandait de faire... Ecoute..... écoute donc. Tout à l'heure, ce diable d'homme vient chez moi brusquement; il dit que tu courtises sa fille...., il dit que tu as compromis sa fille... il demande ce que peut risquer sa fille, et si tu songes à l'hyménée... Alors, je lui réponds qu'au contraire tu t'es juré à toi-même...

— Ah! perdu! interrompis-je... Et je me livrai à tout l'emportement du désespoir.

A peine mon oncle Tom eut-il compris que mes intentions étaient pures et mon honnêteté intacte, que le vif regret d'avoir compromis involontairement mes espérances effaçant chez lui jusqu'à cette prudence réfléchie qui est le propre des vieillards, il fut aussitôt bien préoccupé des moyens d'apporter un prompt remède à mon chagrin, que d'apprécier la sagesse ou les convenances du mariage dont je lui parlais alors pour la première fois.

Pendant que j'étais à me désoler : — Voyons, voyons, répétait-il en se promenant dans la chambre, voyons à nous tirer de là... Bon Dieu! j'aurais dû songer... Ces serments, à ton âge, ou les faut... permis... on les défait, c'est permis aussi... Le mal, c'est qu'au mien on a oublié toutes ces péripéties.... Puis, s'approchant de moi : — Courage! mon pauvre Jules, courage!.... Rien n'est perdu... Demain, j'irai... j'expliquerai, je démontrerai...

— Demain? dis-je avec effroi. Ce soir !..... ce soir, bon oncle, en cet instant! Vous les trouverez rassemblés. Le matin, il sort...

— Mais... bon Dieu! ce soir?... Et puis, la jeune fille qui sera là! — Qu'importe! ils la feront se retirer, s'ils le jugent à propos. Ce soir, je vous en conjure, bon oncle!

— Allons! eh bien, va pour ce soir !... Il est pourtant dix heures; appelle la vieille, pour que je m'habille un peu.

Je profitai de ces instants pour mettre mon oncle au fait de tout ce qui s'était passé. Bientôt il eut quitté ses pantoufles pour mettre ses souliers à boucle; il lui ajusta sa perruque, après l'avoir proprement poudrée; Marguerite et moi nous l'aidâmes à endosser le bel habit marron; puis je lui donnai sa canne, en l'instruisant à la fois et de ce qu' s'était passé et de ce qu'il avait à dire, et de ce qu'il devait répondre. — C'est bien! c'est bien !... dit mon oncle, que mon babil étourdissait. Et il partit.

Je mis au fait de tout la vieille Marguerite. Elle m'écoutait les larmes aux yeux; et, durant ces moments de vive attente, elle me tint compagnie, s'associant ingénument à mon anxiété et à mes vœux. A chaque instant nous ouvrions la porte pour attendre sur l'escalier le retour de mon oncle; ou bien, rentrant dans la bibliothèque, nous cherchions à saisir quelque chose de ce qui se passait au-dessus de nous.

Au bout d'un quart d'heure, la porte s'ouvrit chez le géomètre; je reconnus le pas de mon oncle : — Sitôt! m'écriai-je. Je suis refusé, Marguerite.

— C'est pour longtemps, dit mon oncle en rentrant; ils n'y sont pas. Cette réponse me causa le plus vif désappointement.

— Vous les avez donc attendus?

— Oui, j'ai attendu... mais ils ne rentreront que vers minuit, m'a dit leur fille.

— Vous l'avez donc vue?

— Oui; et, ma foi! c'est une charmante personne, où je ne m'y connais pas.

Je ne me sentais pas de joie. — Mais que vous a-t-elle dit, mon oncle? Tout, s'il vous plaît; racontez-moi tout.

— Que je pose cet habit d'abord... et que je m'asseye... Une charmante, une bien digne fille!... Mes pantoufles, Marguerite...

— Que vous a-t-elle dit, bon oncle?

— Elle m'a dit,...... tiens, pose ma canne,... qu'ils sont allés à un baptême chez un de leurs amis...

— Mais autre chose encore, puisque vous y êtes resté dix-neuf minutes?

3.

— Oui, oui. Attends... ça me reviendra.... D'abord, c'est elle qui m'a ouvert.... J'eusse été un revenant, qu'elle n'aurait pas eu plus d'effroi qu'elle en a eu en voyant ma figure. (Il se mit à rire en imitant le geste de Henriette.) N'ayez pas peur, ma belle enfant, lui ai-je dit en lui prenant la main ; entrons, entrons... Alors ses joues se sont couvertes de rougeur, et elle m'a précédé sans quitter ma main, parce qu'elle voulait, vois-tu, me diriger dans le corridor, comme on fait à un vieillard... Une décente et respectueuse enfant.

— Qui vous aime, qui vous chérit comme tout le monde, bon oncle...

— C'est bien sûr, dit tout bas Marguerite dans l'ombre du vestibule.

— Comme cela, nous sommes arrivés dans la salle où elle était à coudre, veillant sur une sœur et deux petits frères couchés alentour. A notre venue, l'un d'eux s'est réveillé : — Faites, faites, lui ai-je dit, et après, vous irez me chercher vos parents, c'est à eux que j'en veux.

— Ils n'y sont pas, monsieur, m'a-t-elle répondu en berçant l'enfant... Je te dis tout, comme tu vois, ou bien veux-tu que j'abrège ?

— Oh! tout, tout! mon oncle... Ne vous riez pas de moi !

— Cela me contrarie, ai-je répondu... ou plutôt cela va contrarier bien vivement la personne qui m'envoie. La pauvre fille, ici, a rougi tellement, que s'étant levée elle est retournée pour bercer de nouveau son frère, bien qu'il n'eût bougé cette fois. Alors, plus loin de ma vue :

— Ils reviendront vers minuit, monsieur Tom ; je dois vous le dire, pour que vous ne vous fatiguiez point à les attendre.

— Effectivement, c'est tard... Je remettrai donc ma commission à demain.... et quand vous saurez ce que c'est, je me recommande à vous, ma belle enfant, pour que vous vouliez bien l'appuyer..... si toutefois... si toutefois vous nous voulez du bien, et à moi en particulier... à moi qui mourrais tranquille, si j'avais vu auparavant le sort de mon Jules uni au vôtre, son bonheur sous votre garde, et sa jeunesse sous la protection de votre respectable famille.

Je me levai à ces mots pour me précipiter dans les bras de mon oncle, que j'accablai de mes caresses, sans pouvoir exprimer les sentiments qui débordaient de mon cœur...

— Ohé!... mon pauvre Jules!..., ohé! ma perruque !... ma perruque en pâtit!... Laisse-moi dire... Tu ne sais rien encore... La! calmons-nous... la... la...

Cette jeune fille, donc, quand j'ai eu parlé clairement, s'est remise tout à fait : — Monsieur, m'a-t-elle dit d'une voix ferme, vous ne doutez pas que je ne vous respecte et ne vous aime... Je suis touchée des choses que vous me dites, mais embarrassée d'y répondre.... Je songe peu à me marier, et j'y vois des obstacles... (ne t'effraye pas.) J'appartiens à mes parents, je leur suis nécessaire, je ne veux ni les abandonner, ni leur être à charge... (ne t'effraye donc pas !)... Je ne me marierai qu'à celui qui me croira son égale, qui adoptera ma famille pour la sienne, qui m'offrira son cœur entier et sans partage, comme je lui livrerai le mien. Je ne m'accablais pas à dire jamais ces choses à quelqu'un; mais votre âge et le respect que je vous porte m'y encouragent. Pour le reste , c'est à mes parents de répondre... Je les préviendrai, si vous le désirez, de votre venue.

— S'il vous plaît, ma chère enfant : demain à dix heures... J'aime à trouver autant de sagesse et de vertu dans un si jeune âge... et je n'en conçois qu'un plus vif désir de voir mon neveu agréé à ces conditions, qui, certes, ne lui paraîtront pas dures. Un grand honneur, ma chère enfant.... un bien grand bonheur que d'entrer dans une famille où se pratiquent tant de vertus..... et dès l'âge tendre. Son cœur entier, tout entier... (j'aurais pu lui conter l'histoire de la juive) et un honnête cœur, je vous le garantis, mon enfant... qui comprendrait quel dépôt lui serait confié, à quelles conditions s'obtient le bonheur, et comment il ne peut résulter que de l'affection commune, de la fidélité commune, de l'estime commune à tous les devoirs qui naissent de l'état de famille... Et ici, mon bon oncle contrefaisant avec gaieté la formule de la liturgie du mariage : — N'est-ce pas, Jules, ce que vous promettez ?

— Oui, oui, m'écriai-je, et devant Dieu, devant vous, mon oncle bien-aimé! devant vous!... Et je l'accablai de nouvelles caresses, pendant que la vieille s'essuyait les yeux... Lui seul, heureux du plaisir qu'il faisait, mais serein comme toujours, conservait son calme, mêlant à mes larmes de joie des propos gais et affectueux.

— Te voilà donc marié? continua mon oncle.

— Plût à Dieu! bon oncle. Et n'avez-vous plus rien dit?

— Plus grand'chose. Après cela, je me suis levé, et j'ai voulu voir ses bambins qui dormaient par là... Elle s'est prêtée en riant à me les montrer. Ce que j'admirais, c'est la propreté, le soin, l'ordre, mêlés partout d'une certaine élégance, au milieu d'une simplicité grande. — Vous faites là leurs robes? lui ai-je dit...... — C'est ma mère, monsieur; mais, en son absence, j'y travaillais. Alors j'ai pris sa main pour la baiser, et elle a gardé la mienne pareillement pour m'accompagner. C'est moi qui, sur le seuil, lui ai conseillé tout bas de ne pas venir plus avant, si elle ne voulait pas s'exposer à se rencontrer. Elle a rebroussé bien vite. C'est tout. Voici onze heures, allons dormir maintenant.

La vieille sourit. — Tu as raison, Marguerite. Tout le monde ne dormira pas cette nuit; mais nous deux, ma vieille, nous dormirons pour tout le monde.

Vers minuit, les parents revinrent. En prêtant l'oreille, je pus comprendre qu'il y avait entre les membres de cette famille un débat grave et animé. Vers deux heures ils se levèrent de leurs sièges, et, s'étant séparés, j'entendis les deux époux, retirés dans leur chambre, s'entretenir longtemps encore, jusqu'à ce que tout rentrât enfin dans le silence : Je ne me mis point au lit; mais, en proie à une vive agitation, j'attendais le jour avec impatience.

Dès que mon oncle Tom fut éveillé, et tandis qu'il s'habillait, je me fis redire toutes les circonstances de sa visite de la veille. Pour me complaire, le bon vieillard les racontait de nouveau une à une, avec un ton de douce sécurité, qui, me faisant illusion, ranimait mon espoir et renouvelait mes transports. Toutefois je trouvais trop de réserve aux paroles de Henriette ; et quand je venais à songer aux terribles préventions que ma conduite et les discours de mon oncle avaient dû jeter dans l'esprit susceptible du géomètre, je perdais de nouveau tout l'espoir que je venais de ressaisir.

Cependant dix heures allaient sonner. Avec une anxiété croissante, je rappelai à mon oncle tout ce qu'il avait à dire, et nous convînmes qu'aussitôt sa démarche faite il monterait directement à mon atelier, où j'allai l'attendre.

J'y étais établi depuis quelques instants, lorsqu'on entra dans la chambre de Henriette. Je distinguai le pas de deux personnes, et, à divers signes, je fus bientôt certain que c'était elle et sa mère.

Cette certitude me causa un tel mécompte, que je m'imaginai que tout était perdu. Depuis l'entretien que j'ai rapporté, je m'étais toujours figuré que cette bonne dame, confidente des intimes pensées de Henriette, était disposée à m'accueillir avec faveur, et que, désireuse avant tout de confier sa fille à un jeune homme honnête, elle serait auprès du géomètre mon meilleur avocat, le seul du moins sur lequel je pusse compter. En les voyant donc, elle et sa fille, abandonner la place dans un moment si décisif, et laisser mon oncle à la merci du géomètre, tout imbu de préventions qu'elles ne pouvaient sûrement pas partager au même degré que lui, je jugeai mes vœux repoussés à l'avance. Dans cette situation désespérée, je résolus de profiter des moments pour tenter une dernière ressource : c'était de me présenter devant ces dames, et de m'efforcer, en leur laissant voir toute l'ardeur et la sincérité de mes sentiments, de les intéresser en ma faveur. J'allai frapper à leur porte; Henriette m'ouvrit.

La propre honte de cette jeune fille, si vivement peinte sur son visage, put seule me faire surmonter la mienne.

— Puis-je, mesdames, leur dis-je d'une voix émue, me présenter quelques instants devant vous?... — Entrez, monsieur Jules, dit aussitôt la mère. Elle se tut après ces mots, et, me considérant en silence, des larmes commencèrent à ruisseler de ses yeux... — Que vouliez-vous nous dire? reprit-elle d'une voix triste et altérée par les pleurs.

— Je voulais, madame, avant que votre famille décide de mon sort, vous avoir vue,... vous avoir parlé,... et je suis embarrassé à le faire... Je voulais dire à mademoiselle Henriette dès longtemps mon unique bonheur de l'aimer, de l'admirer, d'envier par-dessus toute chose au monde l'honneur d'associer mon sort au sien... à vous, madame, que je vous aimerais comme la mère que je n'ai plus; que vous confieriez votre fille sans la perdre... que sais-je? Chère madame, votre vue me pénètre d'émotion et de respect; j'entends le langage de ces larmes que vous répandez... je crois que je saurai y répondre.

Pendant que je parlais ainsi, Henriette, moins émue, me considérait en écoutant attentivement mes paroles. — Henriette, lui dit sa mère, parlez à ce jeune homme... Vous perdre, mon enfant! non, je ne saurais aborder cette pensée... vous êtes ma vie!... Jamais, dit Henriette avec une fermeté où tempérait un accent modeste, jamais, maman, je ne me donnerai qu'à celui qui se fera votre fils!... Monsieur, je vous suis embarrassée que vous à parler... Je vous connais peu... Je sais votre demande, et je ne sais pas votre caractère... Je vois beaucoup d'hommes qui passent pour des plus recommandables, et dont je ne ferais pas grand d'estime... Et puis, quitter mes parents!... Ici la voix de Henriette s'altéra, et ses larmes coulèrent.

— Non! sans les quitter, mais les quitter jamais, mademoiselle, si du moins ils voulaient m'accueillir...

— Je leur appartiens, monsieur Jules, reprit Henriette avec plus de calme. Je n'ai pas d'expérience, et ils en ont. Je ne vous repousse point; qu'ils décident, et si c'est qu'ils veulent que je sois...

Dans ce moment la porte s'ouvrit.

— Je ne vous cherchais pas ici! dit le géomètre en s'adressant à moi. Au surplus, restez; j'allais vous faire venir.

— Bonjour, ma chère enfant, dit mon oncle Tom en prenant la main de Henriette pour la baiser. Puis se tournant vers la mère : — Et vous, chère madame, courage, courage!... Si vous connaissiez ainsi que moi ce garçon-là depuis vingt-un ans, vous auriez confiance,.... comme moi j'ai confiance et plaisir à le voir rechercher cette charmante personne, qui est un vrai joyau... Mais laissons parler celui à qui il appartient.

Mon oncle s'assit; je demeurai debout auprès de Henriette, et nous écoutâmes le géomètre.

— A dix heures, dit-il, j'ai reçu monsieur Tom. Je rends justice, monsieur Jules, à la sincérité de vos sentiments et à l'honnêteté de vos vues. Mais vous avez un caractère faible, vacillant, timide, là où il convient d'être ouvert : c'est un défaut qui ôte aux intentions honnêtes ce trait de franchise que l'on s'attend à y trouver. Je sais aussi que vous ne possédez rien autre chose que cette somme d'argent que j'ai vue hier. Ainsi vos ressources se réduisent à des espérances, et, sous ce rapport, votre situation manque des garanties que mon devoir est d'exiger. Je comptais en conférer avec vous, mesdames; mais, puisque tous les intéressés sont ici présents, je vais dire franchement ma pensée.

Messieurs, je n'ai jamais compté sur un gendre riche, je ne l'ai pas désiré, en sorte que la situation de monsieur Jules, telle qu'elle vient de m'être exposée, ne serait point un obstacle à ce qu'il obtînt mon consentement à cette union, si toutefois ces dames y joignaient le leur... Mais, continua-t-il s'animant, ce à quoi je tiens uniquement, c'est au bonheur de ma fille! et ce bonheur, je le place dans l'affection fidèle, dans la confiance commune, dans le labeur, dans la conduite, dans une vie austère et irréprochable... et je ne le place pas ailleurs. Je sais, messieurs, ce que vaut mon enfant! et celui qui ne lui apporterait pas tous ces biens serait indigne de l'avoir pour épouse, comme il serait l'objet de toute ma haine et de tout mon mépris.

Le géomètre s'arrêta quelques secondes, non pas attendri, mais profondément ému; puis, poursuivant avec plus de calme : — Vous comprenez à présent, messieurs, pourquoi je ne tiens pas à la fortune... Ces biens, ces garanties que je demande, que je veux, ils sont plus malaisés à rencontrer que l'or. Monsieur Jules a un état, il est jeune, il travaillera, nous l'aiderons; là il n'y a pas l'obstacle... Si donc il comprend bien ce qu'il fait et ce à quoi il s'engage, s'il sait l'inestimable prix d'une épouse vertueuse, je lui accorde la main de Henriette, et, me confiant en sa loyauté pour tenir ses promesses, j'ose lui répondre de notre affection paternelle, comme de son propre bonheur.

— Monsieur, dis-je alors avec autant de calme que m'en permettait une si émouvante situation, je ratifie toutes les paroles de mon oncle; je comprends les vôtres, mon cœur ne les oubliera plus... Je vous parle ici non point abusé par l'amour que je porte à mademoiselle Henriette, mais bien certainement soutenu, pressé par l'estime que j'ai pour ses vertus, et par le spectacle que j'ai sous les yeux du bonheur plein et vénérable où conduisent les principes que vous professez... Que mademoiselle Henriette et sa mère joignent leur assentiment au vôtre, je suis ici que votre famille se sera accrue d'un fils qui ne trompera pas votre attente!

Henriette ne dit rien; mais, s'étant tournée vers moi, elle me tendit sa main avec un mouvement plein de franchise. A ce geste, mon bon oncle quitta son fauteuil, et, chancelant d'années et de joie, il vint nous embrasser tous les deux. Les larmes étaient venues à ses yeux, et les caresses de Henriette les faisaient couler douces et faciles. Le géomètre, conservant seul toute sa fermeté, s'était rapproché de sa femme, et soutenait son courage par des paroles raisonnables et affectueuses.

Quand mon oncle fut retourné à son fauteuil : — Mes amis, dit-il, je vous remercie tous... Ce jour-ci remplit mon dernier vœu. Cette aimable enfant (la mienne à présent) sera heureuse,... c'est chose certaine;... car vous trouverez dans mon Jules un cœur droit, aimant,... très-capable de comprendre et de remplir tous ses devoirs,... quand même l'humeur est gaie, et la tête aux beaux-arts.

Je dis donc que je vous remercie tous. Maintenant, que je vous dise mes idées, et les choses telles qu'elles sont. C'est ce garçon qui me remplacera. Mon petit bien est à lui. Il est là depuis vingt-un ans, dans mon testament..... C'est donc lui qui depuis vingt-un ans me fait vivre... Il s'arrêta pour sourire.

A ce compte-là, reprit mon oncle, je ne lui coûterai plus bien longtemps, de telle sorte que l'avenir n'est pas nuit close... Ce petit bien, c'est une rente de cent vingt-sept louis, dont le capital est placé sur le meilleur vignoble du canton de Vaud,... sous la protection de Bacchus, comme vous voyez... Il a si bien su faire, que, depuis tantôt cinquante-quatre ans, la rente n'a pas failli une fois de m'arriver par trimestres...

Je dis donc que c'est cent vingt-sept louis... Là-dessus, cinquante, que me coûte ce garçon-là, lui sont assurés dès aujourd'hui... Ils seront livrés par termes, non pas à lui... mais à cette demoiselle, qui m'a paru hier une habile et fidèle ménagère.

Un murmure interrompit mon oncle. Ecoutez... écoutez-moi, je vous prie... en tant que je n'ai pas de la force de reste... Ces cinquante louis seront pour faire aller le petit ménage... Mais, comme on dit, il n'y a rien de si sotte que sa marmite... or mon neveu n'est pas riche en ustensiles... tout son mobilier tiendrait sur ma main... Eh bien, nous voulons avoir, nous aurons nos marmites, notre buffet, nos meubles, et nous recevrons cette jeune dame comme elle en est digne... Voici comment.

Ecoutez-moi. Dans ma longue vie, j'ai accumulé beaucoup de bouquins. Je prévois qu'un artiste comme Jules ne saura trop qu'en faire... et moi, il faut bien que je commence à plier bagage... Je connais un Israélite qui m'y aide avec plaisir, et sans me tromper,

parce que je sais le prix de mes denrées... Sur cette somme, dont j'ai déjà une part, nous trouverons de quoi établir ces enfants... Point de façons, point de murmures; vous me feriez peine en me contrariant. D'ailleurs j'y trouve une récréation. L'Israélite me tient compagnie... nous lisons de l'hébreu... nous comparons les éditions... et je dis adieu à mes bouquins un à un... en attendant que je vous dise adieu à tous, mes amis.

Je fondais en larmes. Henriette, sa mère, et jusqu'au géomètre, écoutaient avec surprise, le cœur gonflé d'admiration et de tendresse envers le bon vieillard. Bien éloignés d'accepter, nous ne le contrariâmes pas; mais, nous étant rapprochés de lui, nous l'entourâmes de notre respect et des marques de notre gratitude profonde.

C'est ainsi que j'obtins la main de Henriette. L'avenir a accompli les prédictions de mon oncle et les promesses du géomètre. J'entrai dans une famille où régnaient l'union, l'intimité, le dévouement de tous au bien commun, la plus propre entre toutes à achever de former mon caractère; en me montrant quels sont les biens, simples à la vérité, mais vrais et certains, dont nous éloignent le plus souvent un tour d'esprit romanesque et une imagination prompte à se laisser séduire.

Lucy, avant de repartir pour l'Angleterre, apprit de moi mon prochain mariage, et ce fut pour elle une occasion de me faire une commande qui mit mon ménage à flot pour longtemps. La protection de cette jeune dame me fut aussi utile qu'elle fut constante. Liée avec les plus illustres familles de son pays, elle m'adressait souvent ceux de ses compatriotes que ses sites attirent chaque année, et rarement sa recommandation était stérile. La visite de ces étrangers me donnait un relief qui m'amenait d'autres visiteurs, d'autres commandes; et, au bout de peu d'années, j'acquis ainsi une aisance qui comblait mon ambition, tout en dépassant les espérances du géomètre. — Beau-père, lui disais-je quelquefois, l'état est bon, c'est votre proverbe qui ne vaut rien.

L'on peut se rappeler que Lucy m'avait dit un jour, les larmes aux yeux : « En quelque temps, monsieur Jules, que vous ayez un malheur semblable au mien, je vous prie de m'en instruire. » Ce malheur arriva environ deux ans après mon mariage, et lorsque j'eus rendu les derniers devoirs à mon oncle, j'écrivis à cette jeune dame la lettre suivante :

» MADAME,

» Me souvenant de la demande que vous me fîtes il y a deux ans, je viens vous annoncer la mort de mon oncle. C'est une douce consolation que votre bonté me ménageait à l'avance; car, si vous voulûtes bien attacher quelque prix à me rencontrer après la mort de M. votre père, jugez, madame, quelle douceur c'est pour moi que d'être certain de trouver en vous quelque sympathie pour la douleur, pour le vide plus grand encore, que j'éprouve.

» J'ai fait, madame, une perte immense : mon oncle m'avait élevé, il m'avait établi, marié; mais surtout il m'avait réchauffé sous l'aile de cette bonté parfaite que je ne retrouve nulle part. J'ai perdu cette âme sereine qui présidait à ma vie, cet esprit aimable dont la gaieté si douce et si simple alimentait chaque jour quelques-unes de mes heures; j'ai perdu tout ces biens, quand à peine je commençais à les apprécier et à les reconnaître... Que je comprends, madame, l'affliction où je vous vis autrefois! que je m'y associe! combien de ces larmes que je verse sont communes à votre douleur et à la mienne! Du moins les vôtres n'eurent rien d'amer; j'ai entendu votre père rendre un éclatant hommage à votre filiale affection, tandis que mon pauvre oncle s'est éteint avant que je l'eusse mis dans le cas de m'en donner un semblable.

» Qu'il est donc triste, madame, de perdre ces êtres de choix, de voir se rompre cette douce attache qui ne peut plus se renouer sur la terre? Je m'étonne, et je me reproche que de funestes prévisions n'aient pas plus souvent troublé mes heures; je me souviens que vos yeux se mouillaient à l'avance, pénétrée que vous étiez de l'appréhension d'une perte plus ou moins prochaine, mais dans tous les cas irréparable. Et moi, insouciant de l'avenir, je jouissais, presque sans inquiétude, de tant de rares qualités auxquelles l'âge ajoutait encore un attrait vénérable et sacré.

» Mon bon oncle s'est éteint comme il a vécu, calme, serein, presque gai. Il a vu la mort s'approcher, enchaîner ses membres, le refroidir par degrés, et il semblait jouer avec elle. Tant qu'il l'a pu, il n'a rien changé à ses habitudes; seulement, quand il est devenu nécessaire qu'il renonçât à ses travaux, il a commencé à nous retenir plus longtemps auprès de lui. Ses souffrances, j'en bénis Dieu! n'ont jamais été extrêmes, et il les accueillais sans aigreur, comme un hôte importun, mais qu'encore faut-il recevoir et presque traiter avec égard. Pour nous, assis autour de son chevet, nous retenions nos larmes, qui l'eussent affligé plus que ses propres maux, et nous devions parfois sourire aux propos même qui témoignaient de sa souffrance, parce qu'il s'y glissait encore quelques traits de gaieté. C'était pourtant un spectacle digne d'une profonde pitié. Il semble qu'à ces êtres si bons la souffrance soit un outrage, et le cœur se révolte contre un mal barbare qui ne choisit pas entre ses victimes.

» C'est dimanche passé qu'il est mort dans mes bras. A l'ouïe des cloches du matin, il s'est pris à dire : — C'est bien la dernière qui sonne, cette fois... Ce mot a fait couler nos larmes... — Vraiment, a-t-il repris, vous allez me persuader que je n'ai pas assez vécu, mes enfants;... je suis content ainsi... N'oubliez pas ma vieille Marguerite... Elle a eu grand soin de mes bouquins,... et de moi... Jules, quand tu écriras à cette chère madame (il vous nommait toujours ainsi), ma bénédiction, s'il te plaît, sur elle et sur ses enfants... et que je compte voir son père au séjour des nobles âmes,... si toutefois, a-t-il ajouté, l'on m'admet à l'y visiter.

» Après quelque silence il a repris : Cette mauvaise me trouve plus dur qu'elle n'avait compté,... je lui tiendrai tête jusqu'à ce j'aie tout fini... Le testament est là, dans le tiroir à gauche... Ma bonne Henriette! c'était plaisir que de vivre auprès de vous... Mes amitiés à vos honnêtes parents,... et montrez-moi encore une fois ce marmot... Ils vont, voyez-vous, m'accabler de questions là-haut, mon frère, ma belle-sœur... Bonnes nouvelles, leur dirai-je, bien bonnes!

» Cependant sa vue s'affaiblissait, son souffle était plus précipité, et à divers signes on pouvait prévoir sa fin prochaine; mais son discours était net encore, son esprit paisible, et la chaleur douce de son cœur ne devait se dissiper qu'avec sa vie. Vers midi, il m'appela : — Si M. Bernier doit revenir (c'est notre pasteur), voici l'heure, je pense... (je l'envoyai chercher). J'ai eu une longue vie... et j'ai une heureuse mort... je suis au milieu de vous... Où est ta main, mon pauvre Jules?... Quelques instants après, je lui annonçai l'arrivée du pasteur.

» — Soyez le bienvenu, mon cher monsieur Bernier... Nous voici prêts, faites votre ministère... J'ai vendu mon Hippocrate... c'est maintenant l'Israélite qui s'en fait du bien... Mais si j'abandonne ma guenille à cette mauvaise, ainsi ne fais-je pas de mon âme... Je vous la recommande, mon bon monsieur Bernier... Faites, faites... crainte qu'elle ne s'envole... le fil est bien ténu.

» Alors le pasteur a fait une prière remplie d'onction et de bonhomie. — Amen! a répété mon oncle... Adieu, cher monsieur, au revoir... Je vous recommande ces enfants. Le pasteur, homme âgé aussi, lui a serré la main avec cette affection tranquille qui donne la conviction de se rencontrer bientôt ailleurs, et il s'est retiré. Mon oncle s'est ensuite assoupi, Environ une heure après, il a fait un effort, et, d'une voix bien faible : — Jules!... Henriette!... (il tenait nos mains). Ce sont ses dernières paroles; son souffle s'est bientôt arrêté.

» Voilà, madame, le simple récit des derniers moments d'un homme bien obscur, étranger au monde, inconnu même à ses propres voisins, mais que je ne puis m'empêcher de ranger parmi les meilleurs d'entre les mortels. Sa longue vie m'apparaît comme le cours d'une onde ignorée, mais bienfaisante, qui rafraîchit les modestes rives qu'elle baigne, et où se mire la douce sérénité d'un ciel riant et sans nuages. Seul témoin, mais non pas seul objet, de cette bonté de tous les jours, de tous les moments, il me semble que mon cœur ne puisse suffire à en chérir, à en vénérer dignement la mémoire, et c'est le besoin de s'associer un autre, en quelque degré du moins, qui le porte à vous entretenir de ces choses. Permettez-moi, madame, un libre aveu. Vous avez été pour beaucoup dans ma destinée; votre vue, votre tristesse m'émurent bien vivement jadis; vos bontés m'ont aplani, si ce n'est fait, ma carrière; à tous ces titres, je vous chéris autant que je vous respecte. Mais ce qui me pénètre d'un sentiment plus doux et plus profond encore, c'est ce point commun par lequel se touchent, s'égalisent nos destinées, ces deux excellents hommes si chers, si nécessaire à tous deux, que nous pleurons tous deux, et dont la mémoire restera, laissez-moi l'espérer, comme un lien entre vous, madame, et celui qui a le bonheur d'être votre respectueux et reconnaissant serviteur.

» JULES. »

L'HÉRITAGE.

I.

L'ennui est mon mal, lecteur. Je m'ennuie partout, chez moi, dehors; à table, dès que je n'ai plus faim; dès que je suis dans la salle. Nulle chose ne s'empare de mon esprit, de mon cœur, de mes goûts, et rien ne me paraît long comme les journées.

Je suis pourtant de ceux qu'on appelle les heureux de ce monde. A vingt-quatre ans, je n'ai d'autre malheur que celui d'avoir perdu mes parents; et encore le regret que j'en éprouve est le seul sentiment que je nourrisse avec quelque douceur. D'ailleurs je suis riche, choyé, fêté, recherché, sans souci du présent ni de l'avenir : tout m'est facile, tout m'est ouvert. Ajoutez un parrain (c'est mon oncle) qui me chérit, et qui me destine son immense fortune.

Au milieu de tous ces biens, je bâille à me démantibuler la mâchoire. Je trouve même que je bâille trop : j'en ai causé avec mon médecin; il dit que c'est nerveux, et me fait prendre de la valériane soir et matin. Pour bien dire, je ne m'étais pas attendu à ce que ce fût si grave; et comme j'ai une horrible peur de mourir, toutes mes

idées se sont portées du côté d'un mal intérieur qui me mine et qu'on me cache. A force d'étudier les symptômes, de tâter mon pouls, d'examiner mes sensations internes et externes, d'approfondir la nature particulière de mes migraines, et leur coïncidence avec une accélération notable dans mes bâillements, j'en suis venu à acquérir une certitude... une certitude que je garde pour moi, dans la crainte que si je la confiais à mon médecin il n'allât la partager, ce qui me tuerait de la frayeur de mourir.

Cette certitude, c'est que j'ai un polype au cœur! Un polype, j'avoue que je ne sais pas bien comment c'est fait, et je ne cherche pas non plus à le savoir, de peur de faire d'affreuses découvertes; mais j'ai un polype au cœur, je n'en doute plus. Aussi bien ce polype explique tout ce qui se passe dans mon individu : il donne à mes bâillements une cause, à mon ennui un principe. J'ai donc modifié mon régime, réformé ma table. Point de vin, des viandes blanches. Le café proscrit; il excite aux palpitations. Des mauves le matin, c'est souverain pour les polypes au cœur. Point d'acides, rien de fort ni de pesant : ces choses agissent sur la digestion, qui réagit sur le système nerveux; aussitôt la circulation est gênée, et voilà mon polype qui grossit, s'étend, végète... Au fond, c'est vrai, je me le figure comme un gros champignon.

Je passe donc des heures à songer à mon champignon. Quand on me parle, j'ai mon champignon qui m'empêche d'écouter; quand j'ai mangé, j'ai peur que je ne reproche cet excès, comme fâcheux pour mon champignon; je rentre de bonne heure, je change de linge, je me fais donner un bouillon sans sel, à cause de mon champignon; je vis en regard de mon champignon. Ainsi ce mal m'occupe beaucoup, mais je ne trouve pas qu'il guérisse de l'ennui, l'ennui.

Je bâille donc. Quelquefois j'ouvre un livre. Mais les livres... si peu sont agréables! Les bons? c'est sérieux, profond; il faut se donner de la peine pour saisir, de la peine pour jouir, de la peine pour admirer... Les nouveautés? j'en ai tant lu, que rien ne me paraît si nouveau. Avant de les ouvrir, je les connais; au titre, je vois toute l'affaire; à la vignette, je sais le dénoûment; et puis mon champignon qui ne supporte pas les émotions vives.

Les études sérieuses? j'en ai aussi essayé; commencer n'est rien, mais poursuivre... je me demande bientôt dans quel but. Ma carrière, à moi, c'est de vivre de mes rentes, d'aller à cheval, c'est de me marier et d'hériter. Sans que je prenne la peine d'apprendre rien, j'aurais tout cela, et le reste aussi. Je suis colonel dans la garde nationale; on me porte au conseil; j'ai refusé d'être maire : les honneurs pleuvent sur ma tête. Et puis, mon champignon qui ne s'accommoderait pas d'une grande contention d'esprit.

— Qu'est-ce? — Le journal. — Donne, c'est bon. Voici de quoi me récréer quelques instants. Je cherche aux nouvelles, j'entends aux nouvelles de la ville; car celles d'Espagne me touchent peu, celles de Belgique m'assomment. Allons! point de suicide... point d'accident sinistre; rien en meurtres ni incendies. Le sot journal! C'est voler l'argent de ses abonnés.

Que je regrette les beaux jours du choléra! Dans ce temps-là mon journal m'amusait : il tenait ma frayeur en haleine, et le plus petit fait relatif au monstre m'intéressait à lire. Je le voyais avançant, reculant, venant jusqu'à ma porte, gueule béante... Tout n'était pas gai dans ces suppositions; mais au moins, entre l'espérance qu'il ne viendrait pas et l'effroyable peur qu'il me vînt, point de place pour l'ennui; sans compter une flanelle qui me chatouillait l'épiderme, en sorte que j'avais toujours à gratter quelque part.

Au fait, je ne sache pas d'ennui, pas de torpeur physique ou morale, qui ne cède à une démangeaison. Je suis certain que... Qu'est-ce encore?

— Monsieur Retor.

— Dis donc que je n'y suis pas.

— C'est que... le voici.

— Monsieur Retor, je suis trop occupé pour vous recevoir.

— Deux minutes seulement...

— Je n'en ai pas une à perdre.

— C'est que vous soumettre ce tableau chronologique de l'histoire universelle des peuples...

— (Le diable l'emporte, lui et son tableau universel des peuples!) Eh bien, quoi?

— Vous me faites observer, monsieur, qu'aucun tableau du même genre n'a encore atteint à la moitié de la perfection de celui-ci. Vous voyez ici les quatre chronologies différentes, avec la réduction en années de l'ère chrétienne et en années du monde. Vous avez ici toute la série complète des anciens rois d'Égypte et de ceux de Babylone...

— (Je voudrais qu'on te le pendît au dos, ta queue de rois de Babylone et tes cinq chronologies, coquin! C'est déjà venu à acquérir une certitude... une certitude que je garde pour moi, dans la crainte m'en veut faire acheter quatre, et une autre!!!) Monsieur Retor, c'est très-beau, mais je ne m'occupe plus d'histoire.

— Vous avez ici l'empereur Kan-tien-si-long...

— Superflu, monsieur Retor; je suis sûr que votre tableau est parfait.

— Monsieur veut-il permettre que je lui remette deux exemplaires?...

— Je n'en saurais que faire. J'ai celui de Hocquart.

— Celui de Hocquart? plein d'erreurs! Je prie monsieur de me donner seulement une demi-heure d'attention pour comparer.....

— (Infâme! me faire, à moi, des propositions semblables!) Rien, monsieur Retor. Vos tableaux m'ennuient, je n'en veux point.

Ici il y a un long moment de silence, pendant que M. Retor roule lentement son tableau, et que je le regarde faire, très-impatient de le saluer cordialement.

— Monsieur n'aurait point occasion...

— Non.

— D'acheter une encyclopédie...

— Non.

— Trente volumes in-folio...

— Non plus...

— Avec des planches...

— Rien...

— Et table des matières...

— Non.

— Par Mouchon?

— Et non! non!!!

— Alors, monsieur, j'ai l'honneur de... Monsieur m'obligerait pourtant beaucoup de prendre un seul de ces tableaux.

— Comment! ce n'est pas fini?

— Je suis père de famille.

— Intolérable!

— Sept enfants...

— Je n'y peux rien.

— Et pour cinq francs, au lieu de dix.

— (Sept enfants! ils en feront quinze! et à chacun il me faudra acheter un tableau chronologique de l'histoire universelle des peuples!) Voilà cinq francs, et laissez-moi.

Je ferme rudement la porte sur lui, et je reviens m'asseoir. Une bile amère, une humeur abominable s'ajoutent à mon ennui. Ce polype me veut emmener, m'emmènera! En parcourant du plus pitoyable regard mon tableau chronologique de l'histoire universelle des peuples, que l'autre a laissé étalé sur ma table, il n'est pas un des noms qu'il retrace, jusqu'à Kan-tien-si-long et Nectanebus, qui ne me semble mon ennemi personnel, un insolent fâcheux, un drôle à sept enfants, qui conspire avec les pères de famille contre ma bourse et ma santé. La colère me prend, me monte, me transporte... Au feu le tableau!

C'est singulier comme quelquefois la fureur est raisonneuse et l'emportement prévoyant. Voilà que, même avant de l'y avoir mis, je retire mon tableau du feu : c'est que, d'une part, j'éprouve un je ne sais quoi, comme si je brûlais les cinq francs qu'il vient de me coûter; de l'autre, ce tableau pourrait un jour être utile à mes enfants. C'est ceci surtout qui est prévoyant; car je ne suis pas marié, et il est à croire que je ne me marierai point.

Je pense pourtant quelquefois que, marié, je m'ennuierais moins. Tout au moins nous serions deux pour nous ennuyer : ce doit être plus récréatif. Voyons-nous, d'ailleurs, que les pères de famille soient sujets à l'ennui? Pas le moins du monde. Les pères de famille sont actifs, gais, en train; toujours du bruit, du mouvement autour d'eux, une femme qui les adore...

Une femme m'adorerait un an, deux ans, passe encore. Mais si elle allait m'adorer trente ans, quarante ans! Voilà ce qui me glace d'effroi. Quarante ans adoré!... Que ce doit être long, interminable! Et puis, des enfants qui crient, pleurent, disputent, chevauchent sur des bâtons, renversent des meubles, se mouchent de travers, s'essuient mal..... il faut beaucoup compensation, leur former l'esprit et le cœur avec mon tableau chronologique de l'histoire universelle des peuples! Ah! il faut beaucoup réfléchir avant de se marier, sans compter mon polype au cœur!

J'ai pourtant des vues sur une jeune personne qui me conviendrait à tous égards. Figure agréable, jolie fortune : nos caractères se conviennent. Mais elle a cinq tantes, père, mère, deux oncles; en tout onze ou douze grands parents. Depuis qu'on parle de ce mariage, tout ça me prévient, me sourit, me caresse, m'épouse; c'est à périr d'ennui. Le mieux bâille contre; ils redoublent. Alors, je sens positivement que mon amour chancelle, et que je reste garçon.

Cependant, comme les cœurs sensibles ont un impérieux besoin d'affections tendres, le mien s'est porté d'un autre côté. Je sens très-distinctement que j'adore une autre jeune personne que j'avais primitivement dédaignée, pour ne pas nourrir deux flammes à la fois; celle-ci a un profil si fin, des yeux si beaux, et un esprit si aimable et naturel, qu'il est impossible de ne pas l'aimer; et point de grands parents. C'est ce qui fait que je deviens de jour en jour plus fou de ses attraits et d'une fortune disponible.

Il n'y a qu'une chose, c'est que pas un autre que moi ne lui fait la cour. Cela finit par être cause que je me trouve bien bon de soupirer là tout seul. Si belle que soit une fleur à cueillir, si tous l'ont dédaignée, pourquoi la voudrais-je, moi surtout qui me pique d'un goût délicat et distingué?

Il y a quelque temps, quand j'arrivai au bal, elle dansait avec un bel officier. Gracieuse, riante, animée, elle ne parut seulement pas s'apercevoir que j'entrais. Voilà mon ardeur qui se rallume, mon cœur qui s'embrase; j'étais à deux doigts de l'hyménée. — Vite, je vais m'engager pour la première russe. — Avec plaisir, monsieur. — Pour la seconde contredanse? — Avec plaisir. — Pour la troisième valse? — Avec plaisir. — Le cinquième galop? — Avec plaisir, toujours avec plaisir, plus un seul qui me la dispute. Mon ardeur décroissait à tel point, que je me mis à manger des petits gâteaux toute la soirée.

C'est depuis ce jour que j'ai porté mes hommages à une autre demoiselle, pour qui j'avais d'abord peu de goût, uniquement parce que tout le monde s'entendait pour me la conseiller, mon parrain surtout. C'était mademoiselle S***, la cousine de madame de Luze; cela veut dire qu'elle tient à la première famille et aux salons les plus distingués de la ville. Elle est grande, d'un beau port, recherchée des cavaliers autant à cause de son esprit qu'à cause de sa beauté, et plus riche de beaucoup que les deux premières. Aussi suis-je certain que je serais déjà marié avec elle, si ce n'était mon parrain.

Lundi passé, j'arrivai tard au bal. Il y avait foule autour d'elle. Je dus me contenter d'un engagement pour la sixième contredanse, et de la faveur d'un tour de russe partagé entre trois cavaliers. Ces obstacles excitant ma passion, l'amour le plus vif, l'ardeur la plus réelle commençaient à me transporter; je songeais déjà à des démarches positives pour le lendemain; et pas même le regard visiblement approbateur de mon parrain ne pouvait refroidir ma flamme.

Bien qu'elle ne parlât que des choses du bal, je lui trouvai un esprit délicieux, et d'autant plus qu'elle se contentait de sourire très-petitement à toutes mes saillies. J'ai beaucoup d'esprit quand je veux. Probablement, pensais-je, elle en a autant que moi. Chose inappréciable! Ainsi nos entretiens seront piquants; qu'elle parle ou qu'elle se taise, il y aura à penser, à deviner, à goûter infiniment de charme. Tout en songeant ainsi, je l'enlevais dans le tourbillon de la russe, avec un enivrement que je n'avais pas encore ressenti. Il me semblait tenir dans mes bras un céleste assemblage de beauté, d'esprit, de sentiment; et son corsage de satin, mollement pressé sous mes doigts, mêlait comme de voluptueux parfums à mon charmant délire.

J'étais décidé, absolument décidé, et d'ailleurs las d'être indécis, lorsqu'en sortant je trouve mon parrain qui m'attend : « Eh bien, t'y voici enfin venu! Bien fait, car elle t'adore! — Vrai? — Un mot, et tu as son oui. La famille te trouve charmant, tous te veulent. — En êtes-vous donc sûr? lui dis-je désappointé. — Lui, s'approchant de mon oreille : Il est déjà question d'un appartement qui plairait à la jeune personne. Hem! je te dis que tu es né coiffé. Laisse-moi faire..... » A mesure que mon parrain me parlait, l'enivrement s'en allait, le céleste assemblage aussi, et le corsage avec. « J'y veux, lui dis-je froidement, j'y veux réfléchir. » Et je n'y pensai plus.

C'est ainsi que je me retrouve presque aussi incertain qu'auparavant. Qu'est-ce encore?

— Monsieur dînera-t-il?

— Parbleu! si je dînerai!

— Mais chez lui?

— Attends un peu : oui, je dînerai ici.

— Je vais servir.

— Eh bien, non, ne sers pas. Toute réflexion faite, je dînerai en ville.

II.

S'il vous en souvient, lecteur, nous nous ennuyâmes fort ensemble lors de notre dernière entrevue. Je vous laissai bâillant, vous me laissâtes allant dîner en ville.

C'était chez un de mes amis, marié, père de famille, aussi heureux et amusé que moi-même je le suis peu. Lui et sa jeune épouse se comblaient d'amitiés, leurs regards s'échangeaient tout remplis d'une vraie tendresse; et, à bien des petits soins, à mille choses en apparence indifférentes, je pouvais juger de l'étroite union de leurs âmes. L'un aimait le plat que l'autre aimait; l'un ne buvait pas que l'autre ne bût aussi; la miette de pain laissée à dessein par l'un était furtivement convoitée et saisie par l'autre, de façon que, préoccupés ainsi de leur mutuelle affection, ils ne me parlaient que pour la forme, et je figurais là comme un tiers, tout au plus nécessaire pour introduire du piquant dans leurs innocentes et chastes amours.

Je m'ennuyais profondément, et d'autant plus que je m'ennuyais en dépit de moi-même, contre mon propre vouloir, malgré des conseils intérieurs que je me donnais à moi-même. Sache donc, me disais-je, sache jouir de ce doux spectacle, et faisant un retour sur toi-même, sache porter envie à ce couple aussi heureux qu'aimable, à ce bonheur qu'il ne tient qu'à toi de te procurer. Sache... — De grâce, répondais-je à cette voix estimable, sache te taire. Tu ressembles à mon parrain. C'est comme lui que tu pousse à me parler ainsi. Sache me laisser manger en paix cette humble côtelette; c'est pour le moment ma seule jouissance, mon unique envie.

Il est certain qu'une des choses qui nuisent le plus à la bonne influence des reproches intérieurs, c'est le timbre de voix, l'air que nous leur prêtons dans notre esprit. Pendant bien longtemps, je n'ai pas distingué la voix intérieure de ma conscience de la voix de mon précepteur. Aussi, quand ma conscience me parlait, je croyais lui voir un habit noir, un air magistral, des lunettes sur le nez. Elle me semblait pérorer d'habitude, faire son métier, gagner son salaire. C'est ce qui était cause que, dès qu'elle se mettait à me régenter, je me mettais à regimber du ton à la fois le plus respectueux et le plus insolent du monde, toujours désireux de me soustraire à sa dépendance, et jaloux de faire autrement qu'elle ne disait. J'ai tiré de là une règle que je compte mettre en pratique quelque jour : c'est de donner à mes enfants un précepteur si aimable, si indulgent, si rempli de bouté naturelle, si dénué de pédanterie et de toute affectation, que, si leur conscience vient plus tard à revêtir la figure de ce digne maître, elle n'en ait que plus de droits à les conduire et à s'en faire écouter. Ah! quel dommage qu'avec des vues si sages sur l'éducation de mes enfants, j'aie une si incertaine vocation pour le mariage!

Je mangeais donc la côtelette. Quand elle fut mangée, comme l'appétit m'avait quitté, je devins impatient de voir se terminer ce repas que mes heureux hôtes prolongeaient au contraire, et non pas seulement en propos. Quel unisson dans leurs appétits! pensais-je; mais sur tout quel appétit!.... Est-il bien possible qu'on puisse manger autant lorsqu'on s'aime! c'est donc là que conduit l'amour conjugal!... Oh! qu'il est différent de cet amour passionné dont le trouble fait le charme, qui vit de ses seules pensées, qui s'alimente de sa propre flamme! Et tu songerais, Edouard (c'est mon nom de baptême), tu songerais...

... Je l'enlevais dans le tourbillon de la russe. (L'Héritage.)

— Vous êtes tout pensif, me dit alors obligeamment la jeune épouse de mon ami. Qu'avez-vous donc?

— Il est triste, lui répondit pour moi celui-ci, comme sont les vieux garçons. A propos, en sont tes amours, Edouard?

— Ils sont, lui dis-je, beaucoup moins avancés que les vôtres.

— Diable! je l'espère bien.

— Moi aussi.

Je ne sais comment ce mot désobligeant m'échappa. Mon ami se tut, sa femme parla d'autre chose, et je restai tout honteux et en colère contre moi-même, faisant en silence de petites boulettes avec de la mie de pain, et regrettant amèrement de n'avoir pas dîné chez moi, où je n'aurais désobligé personne. Aussitôt que je pus le faire sans trop d'impolitesse, je pris congé, et je m'empressai de regagner mon logis.

Il y avait bon feu. Je tirai mon cure-dent : pour moi, c'est le cigare. Tout en me récréant ainsi, je songeais à mon ami le père de famille; et, remaniant par la pensée son air, son ton, sa phrase, j'en vins à m'applaudir presque de la brusque repartie qui m'était échappée. Au fond, il existe une secrète rancune entre les jeunes mariés et les vieux garçons; tout au moins il ne peut y avoir entre eux entière et intime sympathie. Les jeunes mariés plaignent le vieux garçon : mais leur pitié ressemble, à s'y méprendre, à de la moquerie. Le vieux garçon admire les jeunes mariés; mais son admiration n'est séparée de la raillerie que par un cheveu. Je me disais donc que j'avais eu raison

de couper court à leurs quolibets; et que, si j'avais mis un peu de vigueur dans ma ruade, c'était mon droit, celui du faible, puisque je me trouvais un contre deux.

— Monsieur! — Qu'y a-t-il? — Ah! monsieur! — Eh bien? — On sonne au feu! — Ce ne sera rien. — Quatre maisons, monsieur! — Où ça? — Dans le faubourg. — Apporte-moi de l'eau chaude pour me faire la barbe. — Monsieur veut... — Je veux me faire la barbe. — Monsieur entend-il crier? — Oui. — Dois-je tout de même apporter de l'eau chaude à monsieur? — Eh oui, imbécile! Veux-tu que parce qu'on crie au feu je ne me fasse pas la barbe?...

« C'est vraiment une belle chose que les assurances, pensais-je en ôtant ma cravate; voilà des gens qui peuvent voir brûler leurs maisons tout tranquillement, les bras croisés. Les drôles échangent des masures contre des maisons neuves. Un peu de désagrément, c'est vrai; mais qu'est-ce en comparaison d'autrefois! Avec ça, il est heureux pour les assurances que le vent ne soit pas plus fort.

— Eh bien! apportes-tu cette eau chaude? — Voici! — Tu trembles, je crois. — Ah! monsieur, six maisons!... toutes en flammes... on craint déjà pour le quartier neuf..... et ma mère qui ne demeure pas bien loin! Et tu ne sais donc pas que, outre les secours qui abondent toujours, ces maisons sont toutes assurées? — Oui, monsieur : mais ma mère ne possède que son mobilier. Si monsieur... — Y aller? C'est que je vais avoir besoin de toi. Eh bien, va; reviens me dire ce qui se passe, et, au rétour, achète-moi de l'eau de Cologne.

Je me mis à faire ma barbe avec d'autant plus d'intérêt que j'essayais un nouveau savon perfectionné. L'écume m'en sembla aussi riche et moelleuse que le parfum en était subtil et délicat; seulement, l'eau n'étant pas très-chaude, j'en fus contrarié au point de maudire cet incendie qui en était la cause. Pendant ce temps, toutes les cloches de la ville carillonnaient, des cris lugubres retentissaient dans les rues voisines, et des troupes de gens venaient s'emparer, en face de chez moi, des seaux de la ville déposés sous un hangar. A ce bruit, j'allai vers ma croisée, tout délecté par une certaine émotion secrète que causent d'ordinaire ces scènes tumultueuses. Il faisait nuit, en sorte que je ne vis point les gens; mais j'aperçus au ciel une lueur rougeâtre, sur laquelle les toits et les cheminées des maisons se dessinaient en un noir opaque. Quelques reflets arrivaient jusqu'à la grosse tour de la cathédrale, du sommet de laquelle les cloches en émoi m'envoyaient leurs volées tantôt en un bruit éclatant, tantôt en un murmure lointain, selon que le batail frappait de mon côté ou du côté de l'horizon. C'est magnifique! me dis-je. Et je revins vers la glace pour achever de me faire la barbe.

Elle me fut très-longue à faire et très-critique, à cause d'une petite coupure demi-cicatrisée qui, située sur l'arête du menton, exigeait les plus grands ménagements; d'ailleurs, j'allais voir de temps en temps les progrès de la lueur rougeâtre, qui ne cessait d'augmenter. Déjà quelques flammèches, s'élevant en gerbes au haut des airs, retombaient gracieusement avec tout l'éclat d'un gigantesque feu d'artifice. Au fait, pensai-je, ce doit être un très-beau spectacle; j'ai fort envie d'y passer avant de me rendre au Casino. Je me hâtai donc d'achever ma toilette; et, après avoir bouclé mon manteau et mis mes gants blancs glacés, je sortis, me dirigeant du côté du faubourg. Il n'y avait personne dans les rues, les boutiques étaient fermées; seulement je croisai deux ou trois équipages qui portaient au Casino quelques personnes de ma connaissance.

J'arrivai bientôt au faubourg. Le mal était affreux, l'effet sublime. Quatre ou cinq toitures embrasées lançaient au ciel des tourbillons de flamme et de fumée; et, au milieu de cette scène lugubre, une clarté de fête illuminait les quais, les ports, et des milliers d'hommes agissant parmi le désordre et les clameurs. Les habitants des maisons menacées jetaient leurs meubles par les croisées, ou emportaient au travers de la foule leurs effets les plus précieux jusque dans un temple voisin qu'on leur avait ouvert pour les y déposer. De longues files d'hommes, de femmes, d'enfants, communiquant avec la rivière, faisaient arriver les seaux jusqu'aux pompes, dont le bruit cadencé dominait les cris de la foule. Au milieu du feu, des hommes armés de haches abattaient des poutres enflammées; tandis que d'autres, du haut des maisons voisines, dirigeaient au centre de l'immense brasier le jet bruyant des pompes.

— Sait-on, demandai-je à un bonhomme très-affairé, sait-on comment le feu a pris?

— Allez à la chaîne, me dit-il.

— Fort bien; mais répondez-moi : sait-on...

— Votre serviteur de tout mon cœur.

Cet homme me parut d'une grossièreté singulière, et je me mis à déplorer ce mauvais ton des basses classes si commun aujourd'hui, qu'un homme bien élevé ose à peine s'adresser aux passants, même en employant les formes les plus polies. Mais une autre voix vint interrompre ces réflexions :

— Hé! l'amateur aux gants blancs, un peu d'aide par ici. On vous fera place...

Je marchai d'un autre côté, vivement blessé de cette insolente et familière apostrophe.

— Ici! ici! factionnaire! amenez-nous ce joli-cœur.

Indigné, je tirai sur la gauche.

— Holà ! ici, le marquis !

Exaspéré, je tirai sur la droite.

— Gredin ! si tu ne viens pas travailler, je te vas donner à boire !

Horriblement blessé dans mes sentiments les plus honorables, je me décidai à quitter cette détestable société pour me rendre de ce pas au Casino.

— On ne passe pas ! me dit un factionnaire en me barrant le chemin avec son fusil.

— Permettez, monsieur, vous devez comprendre à ma mise que votre consigne ne s'adresse pas à moi. Je me rends au Casino.

— Au Casino ! mille tonnerres ! ne voyez-vous pas qu'on manque de bras ? A la chaîne ! marche !

L'ayant soutenue de l'un de mes bras, je détachai de l'autre mon manteau, dont je la couvris. (L'Héritage.)

— Savez-vous, mon ami, que vous pourriez avoir à vous repentir de votre brutale grossièreté ? Je veux bien ne pas vous demander votre nom, mais ôtez-vous de là à l'instant.

— Je m'appelle Louis Marchand, qui ne vous craint pas, chasseur au cinquième, capitaine Ledru. A la chaîne, canaille ! Croyez-vous donc que ces braves gens travaillent là dans l'eau pour leur plaisir?... Casino que vous êtes !... Aller danser, n'est-ce pas ? quand ces femmes se morfondent !

Pendant ce débat, les toitures enflammées venaient de s'écrouler avec un fracas terrible que suivit un moment de silence, car l'immense foule, les yeux attachés sur ce spectacle, avait suspendu son travail... On entendait distinctement le pétillement des flammes, auquel se mêlait le sourd retentissement d'une pompe qui arrivait en cet instant d'une commune éloignée. Un homme à cheval survint qui cria: Courage ! courage ! mes amis, on est bientôt maître du feu. Plusieurs personnes l'entourèrent aussitôt, et je l'entendis qui leur disait : Le feu gagne le quartier neuf, il vient de prendre aux foins de la Balance. Nous manquons de monde. Trois hommes ont péri !... Puis il reprit le galop, et disparut. A l'ouvrage ! cria-t-on de toutes parts, à l'ouvrage ! le feu est au quartier neuf ! Je fus entraîné par la foule, et je me trouvai bientôt former un anneau de l'immense chaîne.

Je n'eus pas d'abord le temps de me reconnaître. Les seaux se suivaient avec une rapidité continue ; et, faute d'habitude ou d'adresse, je donnais à chacun une secousse qui faisait jaillir l'eau contre moi, au grand détriment de ma toilette. J'en étais fort contrarié, car je n'avais point renoncé encore au projet d'aller au Casino. Je voulus tirer mes gants ; mais ils étaient si bien collés à mes mains, que je dus renoncer à cette opération, pour laquelle il m'eût fallu beaucoup plus de temps qu'on ne m'en laissait. Je me trouvais placé sur le quai, tout près de l'endroit où la chaîne aboutissait à la rivière par des degrés qui descendaient jusque sous l'eau. Là, par un froid intense, des hommes en blouse, dans l'eau jusqu'aux genoux, remplissaient les seaux sans relâche, à la lueur d'une torche ; et, dans le cahotement de cette chaîne inclinée sur une rampe rapide, ils recevaient sur leurs épaules une partie de l'eau qu'ils tendaient aux hommes placés au-dessus d'eux. Autour de moi, des femmes de tout âge, mais non de toute condition, formaient le plus grand nombre, et des manœuvres, des ouvriers, quelques messieurs remplissaient le reste des chaînons. Quoique placés assez loin de l'incendie, le vent, portant sur notre côté, nous amenait une pluie de feu qui ajoutait encore à l'impression de cette scène sinistre.

Il y a quelques instants encore qu'insulté, indigné, je ne songeais qu'à aller réparer dans les salles du Casino les outrages faits à ma dignité ; mais, introduit presque forcément au milieu de cette nouvelle scène, mes pensées avaient pris un autre cours ; et, malgré le froid, l'eau et la contrariété, je passais peu à peu sous l'empire d'émotions entraînantes et vives, dont le charme énergique m'était inconnu. Une sorte de fraternité fondée sur le commun besoin qu'on a les uns des autres, l'entrain du travail, la conscience d'être utile, faisait régner autour de moi une gaieté cordiale, qui se manifestait par des saillies sans grossièreté, par des procédés remplis d'un généreux dévouement.

— Allons, bonne femme, donnez-moi votre place ; passez aux seaux vides.

— Laissez faire, l'ami, je suis blanchisseuse : les bras dans l'eau, c'est mon métier...

— Eh ! les gants blancs ! ce n'était pas à ce bal-ci que vous alliez ! voulez-vous changer de place ?

— Bien obligé, brave homme, je commence seulement.

— Courage ! amis, ça assouplit les bras. Pardieu ! blanchisseuses, nos chemises se lavent sans vous : mon jabot est en lessive. C'est égal. En avant ! une, deux ! droite, gauche !

Survient un homme : Veux-tu boire, toi ? me dit-il.

— Je veux bien, l'ami, mais après ceux-ci, après cette bonne femme qui travaille depuis plus longtemps que moi.

— Non, non, buvez, buvez, pas de façons. Et je bois le meilleur verre de vin que j'aie bu de ma vie.

Mademoiselle s'était fait servir un large biftek, et ses jolies lèvres ne dédaignèrent pas de livrer passage à quelques rasades d'un vin que je jugeai devoir faire partie de la provision de voyage. (Le Col d'Anterne.)

En même temps que je me laissais gagner à ces émotions expansives, je me sentais peu à peu pénétré de respect pour ces hommes en blouse, dont la torche me permettait de voir l'infatigable et rude travail. Pour eux, le zèle seul, l'abnégation d'eux-mêmes, le dévouement simple mais grand du manœuvre qui estime lui-même à bas prix ses indispensables services, étaient les seuls mobiles de leur activité désintéressée. Ils ne pouvaient ni causer, ni participer à la gaieté qui régnait dans nos rangs ; ils n'avaient pas pour récréation la vue de l'incendie, ni pour récompense les regards de la foule. Aujourd'hui, pensais-je, dans l'ombre de la nuit, ces braves font le plus pénible de l'œuvre ; demain, à la clarté du jour, ils rentreront ignorés dans les rangs obscurs de leurs camarades... Et un saint respect, une admiration enthousiaste, une vénération pleine et reconnaissante saisissant mon cœur avec force, je me serais mis à leurs genoux : j'étais honoré de leur servir d'aide, plus que je ne le fus jamais du sourire des grands, de l'accueil flatteur des puissants. En ce moment, les voitures que j'avais rencontrées le même soir allant au Casino se présentaient à mon imagination pour essuyer mes plus fiers dédains, et pour me faire jouir moi-même avec transport de ce que mon égoïsme ne m'avait pas, comme à eux, fait préférer la fade société des oisifs à l'émouvante confraternité des blanchisseuses et des manœuvres.

Vous le voyez, lecteur, j'avais bien changé de rôle. Je n'étais plus l'homme blasé, ennuyé, que vous connaissez ; je n'étais plus le *monsieur* venant assister à l'incendie comme à un curieux spectacle ; je n'étais plus l'oisif insulté par les travailleurs ; mais, bien au contraire, par une transformation assez plaisante pour vous qui venez de lire mon histoire, j'étais devenu le plus acharné contre les passants que je voyais de ma place errer sans se mettre à l'œuvre.

— Hé ! l'amateur ! leur criais-je, ici ! il y a place, entrez en ligne, messieurs. Indignes gens ! Voyez donc ces hommes dans l'eau depuis six heures de temps, et puis restez là les bras croisés ! Allons, factionnaire ! de la crosse contre ces fainéants ! Bonne dame, n'est-ce pas une honte ? Et vous, mademoiselle, je vous en conjure, retirez-vous : le froid vous saisit, vous êtes trop jeune pour cette besogne.

La jeune enfant à qui je m'adressais ainsi se trouvait placée en face de moi. Je ne l'avais pas d'abord remarquée au milieu du désordre et de l'obscurité ; mais, depuis que la lueur croissante de l'incendie avait permis de distinguer les visages, ses traits, sa jeunesse et la blancheur délicate de ses mains avaient peu à peu attiré mon attention, aussi bien que la douce commisération que je voyais briller dans son regard, toutes les fois qu'elle le tournait du côté des flammes. Insensiblement toutes les impressions que je viens de décrire s'étaient confondues avec le sentiment que j'éprouvais à voir cette fille belle et d'un si jeune âge, venant ajouter à l'œuvre robuste de la foule l'effort de ses débiles bras. Une tendre pitié m'émouvait pour elle ; et, bien que ce fût ce sentiment qui me portait à lui conseiller de se retirer, je sentais déjà que son absence m'aurait enlevé à une douce ivresse, et qu'elle eût désenchanté pour moi toute cette scène, où j'avais rencontré inopinément de si vives émotions.

Elle ne répondit à mes paroles que quelques mots, d'après lesquels je compris qu'elle attendait sa mère pour se retirer, et qu'un embarras bien naturel la forçait à rester plutôt que de se retirer seule, ou à la merci de quelqu'un des hommes qui étaient autour d'elle. Cependant elle paraissait de plus en plus transie, et déjà ses voisins s'apercevaient que ses mains affaiblies ne pouvaient plus suffire à l'activité de la chaîne. L'un d'eux, le même homme qui m'avait interpellé en m'appelant les *gants blancs*, lui dit :

— Pauvre petite, laissez-nous faire ; allez vous réchauffer chez vous. Voulez-vous que je vous y conduise ? Qui prend ma place ?

— Prenez la mienne ! m'écriai-je, je l'emmènerai.

— Avec plaisir, monsieur les gants blancs. Bon voyage ! et à nous les affaires. Attention, les troupiers ! Un temps, deux mouvements ! Depuis qu'il en boit, le drôle devrait n'avoir pas soif. Bravo ! mère Babi, à vous la croix d'honneur ! Si le diable crève, c'est vous qui l'aurez gonflé. Une prise, et en route !

Pendant que les éclats de rire accompagnaient les gais propos de ce brave homme, j'avais saisi la main glacée de la jeune enfant, et je m'éloignais de la chaîne vers les rues obscures où ne pénétrait plus la lueur de l'incendie. J'étais si rempli d'un trouble délicieux, en me voyant devenu le seul protecteur de cette aimable fille, que j'oubliais entièrement de m'enquérir auprès d'elle du lieu de sa demeure, où pourtant je voulais la conduire. Pour elle, elle marchait précipitamment ; puis, ralentissant peu à peu le pas, elle finit par s'arrêter comme immobile. Je ne pus point distinguer si c'était l'effet de l'émotion, ou d'un malaise causé par le froid ; mais, l'ayant soutenue de l'un de mes bras, je détachai de l'autre mon manteau, dont je la couvris, tout ému du plaisir de la voir servir à un si charmant emploi. Quelques instants après, ayant fait un effort :

— Monsieur, me dit-elle d'une voix jeune et timide dont le son charma mon oreille, puisque je ne rencontre pas ma mère, permettez que je me retire seule...

— Je ne puis, lui dis-je, vous accorder cette demande, quelque envie que j'aie de ne pas vous déplaire. Vous êtes souffrante, je ne vous quitterai pas que vous ne soyez chez vous, et entourée des soins que vous méritez. Jusque-là, daignez vous confier à moi ; votre jeunesse m'inspire autant de respect que d'intérêt.

Elle ne répondit rien, et nous continuâmes à marcher. Je sentais son bras trembler sur le mien, et le trouble de la pudeur agiter sa démarche. Lorsque nous fûmes arrivés auprès d'une certaine allée, elle retira son bras :

— C'est ici, dit-elle ; il me reste, monsieur, à vous remercier...

— Mais trouverez-vous votre mère, quelqu'un ?

— Ma mère ne peut tarder à venir ; je vous remercie, monsieur.

— Alors permettez que je m'en assure ; car, pour le moment, je ne crois pas qu'il y ait personne chez vous, et dans tout le voisinage n'aperçois pas une seule lumière. Veuillez me précéder. Il y a plus

d'honnêteté à ce que je vous remette aux mains de madame votre mère, qu'à ce qu'elle sache qu'un inconnu vous a reconduite.

Pendant que je parlais ainsi, la timide enfant, à la vue d'une personne qui passait, était entrée dans l'allée où je la suivis. Je n'osai plus, dans cet endroit obscur, lui offrir mon bras, ni l'intimider de mon approche ; néanmoins, comme au contour de l'escalier je vins à manquer la marche, elle me tendit sa main par un geste involontaire, et en la saisissant j'éprouvai ce vif enivrement qui est comme les prémices du véritable amour, mais que je n'avais pas rencontré encore au milieu des sentiments factices et des convenances du grand monde.

Quand nous fûmes parvenus au troisième étage, la jeune fille ouvrit une porte. Je crus m'apercevoir qu'elle versait quelques larmes :

— Avez-vous quelque chagrin ? lui dis-je.

— Non, monsieur,... mais... je ne sais comment vous engager à vous retirer... Il me semble que vous ne devez pas entrer ici à cette heure...

— Je n'entrerai pas, lui dis-je, si je vous chagrine si fort ; mais j'attendrai ici jusqu'à ce que votre mère soit de retour. Entrez, allumez une lumière, reposez-vous, et ne m'enviez pas, en souffrant que je reste ici sur le seuil, le bonheur de croire que je veille sur vous jusqu'à ce qu'un autre me relève.

Alors elle entra en déposant le manteau auprès de moi, et peu d'instants après une lumière parut qui éclaira un modeste réduit, espèce de cuisine propre et bien arrangée, où quelques meubles élégants contrastaient avec les ustensiles de ménage qui brillaient sur les tablettes.

Dans ce moment, je ne pouvais pas voir les traits de la jeune fille ; mais son ombre, répétée sur les rideaux qui cachaient au fond de la chambre une alcôve retirée, me laissait deviner une taille charmante et les grâces d'un maintien à la fois noble et tout embelli de jeunesse. Au mouvement de l'ombre, je jugeai qu'elle était occupée à réparer le désordre de ses cheveux, dont je voyais ondoyer les boucles flottantes à l'entour d'un cou dont la lueur de l'incendie m'avait déjà révélé l'élégante beauté. Tout imparfait que fût ce spectacle, il me paraissait enchanteur, et de moment en moment mon cœur se livrait avec plus d'abandon à l'entraînante douceur d'un sentiment plein de charme et de vivacité. Cependant les instants s'écoulaient dans un absolu silence. L'ombre seule m'apprenait quelque chose de celle dont la vue était encore refusée à mes yeux, impatients de la contempler. Je vis qu'elle s'était assise, la tête appuyée sur sa main ; mais un vacillement, que j'attribuai d'abord à la flamme tremblante de la lumière, me causait des illusions qui commençaient à me donner quelque inquiétude. Je regardais avec anxiété la figure qui semblait se pencher pour se faire un nouvel effort, je croyais entendre quelques soupirs étouffés ; à la fin, ne pouvant maîtriser mon trouble, j'entrai précipitamment, et je vis la jeune fille qui, pâle et les yeux éteints, succombait sous le poids de la fatigue, du malaise et du trouble. En un clin d'œil elle fut sur mes bras, et je la transportai sur le lit que cachaient les rideaux de l'alcôve. Là, je m'empressai de la couvrir de mon manteau ; puis, cherchant parmi les ustensiles épars dans la cuisine, je trouvai bientôt du vinaigre, avec lequel j'humectai doucement son front et ses tempes.

Je ne tardai pas à être inquiet de l'état de cette jeune fille, et embarrassé de ma situation, non point qu'elle me parût plus charmante qu'aucune de celles où j'ai pu me trouver dans ma vie, mais parce que réellement elle pouvait compromettre et affliger justement celle qui m'était déjà si chère. A mesure que mes soins lui procuraient quelque soulagement, sa jolie main faisait quelques signes qui trahissaient les touchantes alarmes de sa pudeur. Alors je m'éloignais du lit, appelant de tous mes vœux le retour de la mère, qui seule pouvait apporter un remède efficace aux angoisses de la jeune malade. Plusieurs fois je crus entendre, vers le seuil, quelque bruit qui m'annonçait son approche ; mais, trompé dans mon attente, je rentrais bientôt dans mes perplexités.

Après quelques instants de silence, ayant écarté doucement le rideau, je reconnus que la jeune fille s'était endormie paisiblement. Par un scrupule dont je compris la cause, elle avait écarté le manteau de dessus elle, et s'était enveloppée de la couverture. Je ne pus résister au désir de contempler ses traits, en sorte qu'ayant approché la lumière, mes yeux purent se repaître du spectacle de sa beauté, que rehaussait un air de grâce négligée et le doux éclat d'une pâleur touchante. Quelques cheveux épars voilaient à demi son front virginal, tandis que son cou délicat reposait sur les tresses en désordre de sa longue chevelure. Jamais, dans une situation plus enivrante, de plus rares attraits n'avaient séduit ma vue ni plongé mon cœur dans le délire de plus vifs transports. Néanmoins j'eusse plutôt percé mon sein d'un fer qu'osé flétrir par un seul baiser les roses intactes de ce modeste visage. Seulement je m'étais baissé pour pouvoir respirer cette haleine dont la douce attiédie suffisait à embaumer mon cœur et mon imagination des plus purs parfums de l'amour...

— C'est infâme ! Que faites-vous là ? Qui êtes-vous ?

— Je me retournai, rouge et tremblant comme un coupable... —

— Madame, balbutiai-je, je ne fais rien de mal... Vous l'apprendrez vous-même de votre enfant, lorsque ce sommeil qui a suivi son malaise l'aura soulagée.

— Quel malaise? dit-elle en baissant la voix. Qu'avez-vous à faire ici? je ne suis pas sa mère...

— Si vous n'êtes pas sa mère, quel droit avez-vous de vous courroucer ainsi, à propos des soins que je donne à une enfant que le hasard a remise à ma garde?...

— A votre garde! Bien gardée, ma foi!!!... Indigne que vous êtes!... Est-ce qu'on s'introduit ainsi dans une maison honnête?... Sortez!...

— Vous me paraissez, madame, emportée par de bien vils soupçons. Et au lieu de me retirer, comme c'était mon intention de le faire dès que je pourrais remettre à des mains sûres ce précieux dépôt, vos propos et votre air tendraient plutôt à me retenir dans ce lieu...

— C'est notre voisine, monsieur, dit la jeune fille d'une voix tremblante; elle ignore vos bontés... Veuillez la laisser auprès de moi, et recevoir les remerciments que je vous dois...

— Je le ferai, puisque vous m'en priez... Mais puis-je encore vous être utile en cherchant à retrouver madame votre mère, ou à lui porter de vos nouvelles?...

— On la retrouvera sans vous, reprit brutalement la voisine; passez seulement votre chemin.

Sans répondre à cette femme, je pris congé de l'aimable enfant, en lui exprimant le vœu que je formais de la voir se rétablir promptement et l'intention où j'étais de venir m'informer d'elle auprès de sa mère. Après quoi je sortis, sans songer à mon manteau resté sur le pied de lit.

J'étais indigné contre cette voisine, et vivement blessé d'avoir été surpris dans l'unique moment où une curiosité bien naturelle m'avait porté à m'approcher du lit; mais il me semblait, au regret avec lequel je m'éloignais de ce réduit, que j'y eusse laissé mon cœur. A mesure que je cheminais, ce passé, encore si voisin, prenait peu à peu la teinte d'un songe lointain que je tâchais de ressaisir; et pendant que je le disputais ainsi à l'empire des impressions nouvelles, je m'égarais dans les rues sans plus songer à ma demeure, à l'incendie ni à l'heure avancée. Seulement la vue d'un passant me faisait battre le cœur; dans chacun je m'attendais à voir, je croyais reconnaître la mère de ma protégée, ou j'entourais déjà de respect et d'amour cet être inconnu qui avait donné le jour à mon amie. Mon amie! ainsi je la nommais-je déjà dans mon cœur, dans ce secret sanctuaire où nulle entrave ne gêne la tendresse du langage, où l'amour seul dicte les mots, et prête à chacun sa douceur, ses charmes et son prestige.

Après avoir ainsi erré pendant longtemps, je me trouvai dans le voisinage du faubourg. Alors seulement je vins à songer à l'incendie, et les événements de la soirée se retracèrent à mon esprit, mais comme des impressions presque effacées, au milieu desquelles je retrouvai sans cesse l'image de la jeune fille, ses mains blanches sur les seaux, son beau regard réfléchissant l'éclat des flammes. Reprenant un à un mes souvenirs, je l'accompagnais de nouveau, je la couvrais de mon manteau, je saisissais sa main dans l'obscurité; mais surtout je sentais avec émotion sur mes bras l'empreinte de son jeune corps, et je retrouvais avec délices ce moment où, chargé de ce doux faix, je l'avais transportée sur son lit, dans la solitude de sa demeure. Pendant que ces pensées me ravissaient, je passais presque sans curiosité devant les lieux que naguère dévorait la flamme. L'incendie, maîtrisé à la fin par les efforts de la foule, exhalait en tourbillons d'une noire fumée ses dernières fureurs. Les solives charbonnées, des monceaux de ruines et de décombres gisaient entassés sur ce vaste espace, occupé quelques heures auparavant par des maisons populeuses, par des familles paisibles, maintenant errantes et désolées. Autour veillaient quelques hommes du guet, et une pompe promenait son jet solitaire sur les points où les rafales d'un vent glacé maintenaient des feux mourants et mal éteints. Quittant ce théâtre de désolation, je me perdis dans le silence et l'obscurité des rues, et quelques instants après j'étais dans ma demeure.

III.

Il était deux heures de la nuit lorsque je rentrai chez moi, le soir de l'incendie. Encore tout rempli des impressions de la soirée et de l'image de ma jeune protégée, j'étais en proie à une secrète agitation qui m'ôtait toute envie de dormir. Aussi, après avoir ranimé mon feu, sous les tisons fumaient encore, je m'établis à rêver. C'était, cette fois, volontairement, par goût, sur un sujet qui me touchait au cœur, au lieu que d'ordinaire je rêvais forcément, par fainéantise et sur le rien.

Mais il est singulier comme les moindres objets qui nous entourent entrent en part dans la direction que prennent nos pensées. Tout en rêvant, j'avais devant les yeux mes instruments de toilette, que j'avais laissés épars sur ma cheminée, et entre autres le nombre le savon perfectionné qui répandait encore un subtil parfum de rose. Ce parfum, que je n'avais point cherché, portait insensiblement à mes pensées comme des émanations aristocratiques qui faisaient peu à peu rebrousser ma pensée jusqu'au moment où je m'étais trouvé à cette

même place, m'apprêtant à aller promener ma personne dans les salles du Casino, sous les regards de femmes brillamment parées, et au milieu de l'élégance du monde fashionable.

Je chassai bien vite ces scènes de luxe et de grandeur, pour retourner dans l'humble demeure de ma jeune amie; mais j'avoue que je n'y rentrai déjà plus avec le même charme qu'auparavant. La simplicité des meubles me paraissait nue, les ustensiles de cuisine blessaient mes regards, et le ton commun de la voisine résonnait à mon oreille de la façon la plus ingrate. J'avais besoin, pour contre-balancer l'effet désastreux que faisaient ces choses sur mes amoureuses rêveries, de tenir mon imagination constamment occupée de la jeune enfant, dont le port, les traits, la voix et même le costume ne m'avaient rien offert que de noble et de gracieux. C'est en me maintenant ainsi toujours sur le même objet que je parvins à m'endormir avec des affections encore intactes. Dérangé bientôt par le retour de Jacques, je profitai d'un intervalle de demi-réveil pour me déshabiller et me mettre au lit.

Il est à croire que j'étais très-fatigué, car je ne fis qu'un somme jusqu'à deux heures après midi. Au moment où j'ouvris les yeux, la lumière du jour me frappa très-désagréablement, en venant contraster avec l'univers nocturne au milieu duquel mon imagination s'était endormie la veille. Je commençai donc par regretter la nuit, et surtout l'incendie, que je n'espérais pas, selon toute probabilité, je ne pouvais espérer de voir se renouveler le soir suivant ni les autres. J'en éprouvai un grand vide et beaucoup de découragement.

Mais j'avais du moins une démarche intéressante en perspective pour ma journée: je devais retourner chez ma jeune amie. C'était beaucoup, et je m'efforçais de m'en réjouir. Toutefois je crus reconnaître que dix heures de profond sommeil, et surtout le retour de la lumière du jour, avaient un peu effacé sa charmante image et dépouillé ses attraits de quelque prestige. Je craignais de la retrouver bien portante, enhardie par l'appui de sa mère, occupée peut-être à quelque soin de ménage. Je considérais qu'une foule de circonstances fortuites, qui ne pouvaient plus se reproduire, avaient contribué à lui donner pour quelques moments à mes yeux un charme accidentel pour lequel je m'étais passionné, comme s'il eût pu être durable. Enfin, réfléchissant à certaines idées romanesques tendant au mariage, qui m'avaient paru peu naturelles peu d'heures auparavant, je ne pouvais m'empêcher de les trouver parfaitement extravagantes, et cela au grand détriment de ma passion naissante, qui perdait ainsi l'avantage d'un dénoûment possible.

C'est ainsi que je redevenais peu à peu l'homme de la veille. Cette flamme passagère qui avait un instant brillé dans mon cœur pâlissait par degrés, et déjà l'ennui, plus pâle encore, renaissait à côté. Toutefois, et c'est ainsi que tout se fait à l'expérience, je ne pouvais redevenir exactement le même. Chaque émotion, une fois éprouvée, laisse son vide dans le cœur et n'y peut plus renaître. A une seconde aventure pareille, je n'eusse plus retrouvé la même pureté d'impressions, ce charme vif de ce qui est nouveau, inopiné; et le sentiment que m'avait prodigué sans fruit quelques-uns de ces précieux trésors m'était trop peu étranger pour que je ne trouvasse pas quelque lie au fond de cette coupe à laquelle je venais de m'enivrer.

Tel est l'état où je me trouvai au bout d'une ou deux heures d'ennuyeux loisir. Tout m'était redevenu indifférent: j'avais oublié mon polype, mes habitudes mêmes, qui d'ordinaire me servaient à combler le vide des journées, avaient perdu leur empire, et je restais immobile auprès de mon feu, sans disposition à y demeurer et sans envie de le quitter. Une carte fixée au coin de ma glace m'avertissait de passer la soirée chez madame de Luze; je la considérais avec dédain, avec dégoût, je me révoltais contre ses avances intempestives; et finissant par y voir madame de Luze elle-même, qui me faisait le plus flatteur accueil au profit de sa jeune cousine (que l'épouse que me destinait mon parrain), je me surprenais à lui refuser mon salut, à lui tourner le dos, à ne l'écouter pas, et à jurer du même coup de la figure déconfite de mon parrain. Non! leur disais-je à tous, non. Hier encore je pouvais trouver quelque amusement à vos prévenances; aujourd'hui, plus. Une enfant pauvre, simple, obscure, passerait encore avant vous, si je me sentais quelque force pour aimer; le moindre désir de quitter cette chambre, d'où je bâille à vos avances et m'ennuie de votre accueil. Et, pour mieux le leur prouver, je jetai la carte au feu.

— Jacques.

— Monsieur a-t-il appelé?

— Allume la lampe, et souviens-toi que je ne veux recevoir personne.

— C'est qu'il y a, monsieur votre parrain qui a fait dire comme ça qu'il viendra vous prendre pour aller chez madame de Luze.

— Eh bien, n'allume pas ma lampe, car je vais sortir.

— Alors faudra-t-il...

— Rien.

— C'est qu'il viendra.

— Tais-toi.

— Et alors...

— Jacques, tu es le plus insupportable domestique que je connaisse...

— C'est que ce n'est pas gai, ce que monsieur dit là.

— Je crois vraiment que tu n'en conviens pas.
— Si, monsieur, mais...
— Ne réplique rien. Va-t'en, laisse-moi, disparais.

Je m'occupai aussitôt de mettre mes bottes pour sortir, afin d'échapper à mon parrain, dont l'importunité provoquait en moi les plus violents mouvements d'humeur. Non, disais-je, tant que cet homme voudra faire mon bonheur, je n'aurai pas un instant heureux! Quel rude esclavage! et qu'un héritage est dur à gagner! Il me plairait de rester tranquille chez moi; eh bien, non, il faut que je m'en chasse moi-même! Ici mon tirant de bottes cassa; je ne manquai pas de m'en prendre à mon parrain, que j'envoyai à tous les mille diables d'enfer...

— Monsieur?
— Recouds te tirant. Vite.
— C'est que... monsieur votre parrain est là!
— Imbécile! J'étais sûr que tu me le pousserais à la traverse. Eh bien, moi, je n'y suis pas. Entends-tu?

Jacques sortit épouvanté, et sans oser prendre de mes mains la botte, dont le tournoiement menaçant accompagnait l'emportement de mes gestes et la fureur de mes yeux. Il était à peine sorti que mon parrain entrait radieux et tout plein de la plus désolante bonne humeur. — En route! en route! Edouard. Eh bien, tu n'es pas prêt? Dépêche-toi, pendant que je me chauffe les pieds.

C'est toujours une chose déplaisante que cette familiarité amicale qui se campe chez vous, occupe votre foyer, s'étale dans votre fauteuil, et croit me tuer d'user des droits de l'amitié, en violant l'abri du domicile et la liberté du chez-soi. Cette manière était éminemment celle de mon parrain, et cela seul contribuait d'ordinaire à refroidir mon accueil; mais cette fois, contrarié au plus haut degré, je rongeais mon frein, fort tenté de lui répondre avec une franche brusquerie. Toutefois, habitué à me contraindre devant son héritage, j'aimai mieux faire effort pour louvoyer. — Je crois, lui dis-je fort gracieusement, je crois, cher parrain, que je vous laisserai aller seul, si vous me permettez...

— Je ne te permets pas, ce soir moins que jamais. C'est ce soir que nous *bouclons* l'affaire. Sois seulement bien mis, gracieux, moyennement aimable, et tout est dit. Mais un peu vite, j'ai promis que nous irions de bonne heure.

Blessé au vif de voir qu'on eût ainsi disposé de moi, et que l'on prétendît m'imposer l'obligation d'être aimable dans un moment où j'avais si peu l'envie de l'être, je risquai un refus plus positif : — Je crois, mon parrain, que je ne veux pas vous accompagner.

Mon parrain se retourna pour me regarder en face. Toutes les idées sur la docilité d'un héritier étaient bouleversées par ce tou de résistance, et, dans cette situation inattendue, il ne savait trop que dire.

Après m'avoir regardé : — Voyons! Explique-toi, me dit-il brusquement.

— Cher parrain, c'est que j'ai réfléchi.
— Ah! ce n'est que cela? Eh bien, suis mon conseil, ne réfléchis plus, ou bien tu ne te marieras jamais. C'est pour avoir réfléchi, que moi je me trouve garçon à l'heure qu'il est, et pour le reste de mes jours. Si tu en fais autant, ma fortune et ta tienne passent à des tiers, et le nom s'éteint. Ne réfléchis plus; c'est d'ailleurs inutile. Là où les convenances se trouvent, rang, richesse, personne belle et aimable, réfléchir est insensé. Il faut agir et terminer. Habille-toi, et partons...

— Impossible, mon cher parrain. Je veux bien ne plus réfléchir; mais, tout au moins, pour que je me marie, il faut que j'en aie le désir...

— Ah parbleu! es-tu décidé à ne pas te marier? Alors, dis-le; voyons, parle...

En disant ces mots mon parrain avait pris un ton significatif, et semblait me présenter son héritage à prendre ou à laisser. C'est cette terrible alternative que je voulais éluder, sans trop savoir comment y parvenir. Heureusement je vins à songer à mes idées extravagantes de la veille; et les prenant pour prétexte :

— Et si, lui dis-je avec un demi-sourire, si mon cœur s'était déjà porté d'une autre côté?...

— Prétexte! dit-il. J'aime mieux que tu dises franchement : Je ne veux pas me marier. Alors je saurai à quoi m'en tenir.

— Et si vous vous trompiez, cher parrain, et que je fusse réellement amoureux, me conseilleriez-vous d'épouser votre demoiselle quand j'aurais donné mon cœur à une autre?

— C'est selon. Qui aimes-tu?
— J'aime une jeune personne charmante.
— Est-elle riche?
— Il n'y a pas d'apparence.
— Son nom?
— Je l'ignore.
— Voilà qui est fort! Que diable est-ce que tout cela signifie?
— Cela signifie que, tout obscure et pauvre que soit cette jeune fille, elle m'est cependant assez chère pour que, si je songeais à me marier à présent, ce qui n'est point, je fusse porté pour elle que pour toute autre.

— Ah! ah! pauvre, obscure et belle! C'est, je vois, une niaiserie dans les règles.

— Niaiserie! Parbleu non, mon parrain, je vous l'assure!
— Ne plaisantons pas!
— Croyez que je n'en ai nulle envie.
— Hé! laisse donc! Placé comme tu l'es, riche, de bonne famille, aller songer à une créature sans nom et sans fortune!... On peut avoir avec de telles personnes une liaison, mais on ne les épouse pa'.

Ce propos de mon parrain, qui me semblait outrager la jeune fille dont la timide pudeur m'avait surtout ému, me mit hors de moi. En même temps qu'il réveillait dans mon cœur ces vifs sentiments qui l'avaient fait battre la veille, il y faisait naître le mépris pour un vieillard qui, ne trouvant d'estime et de louange que pour la richesse et pour le rang, semblait méconnaître les charmes sacrés de l'innocence, et comme m'inviter à les profaner sans remords. — Mon parrain, lui dis-je avec feu, vous outragez une jeune fille aimable et vertueuse... une enfant plus pure que vous ne pouvez le croire, plus digne de respect que celle que vous proposez à mon choix, et mille fois plutôt je l'épouserais que je n'irais la flétrir!...

— Eh bien, ne la flétris pas; mais épouse l'autre.
— Pourquoi, si je n'ai pas d'affection pour elle, si mes penchants me portent ailleurs? Vous alléguez mon rang, je m'y ennuie; ma richesse... elle devrait, ce me semble, servir à me rendre plus libre qu'un autre dans le choix d'une épouse. Quoi donc! si j'avais rencontré dans cette personne sans fortune et sans nom, dans cette fille dédaignée, des qualités aussi dignes de mon respect que de mon amour... qui m'empêcherait de suivre un penchant honnête?... qui pourrait blâmer que j'eusse le désir de partager ma richesse avec son dénûment, d'appuyer sa faiblesse sur ma force, de lui donner un nom si elle n'en a point, et de trouver dans ces nobles et généreux motifs un bonheur plus vrai, plus pur et plus mérité que celui que je puis attendre de l'accord de quelques convenances vaines et factices?... Ah! mon parrain, je voudrais en avoir la force : je voudrais n'être pas déjà énervé, corrompu par les maximes du monde où je vis, enchaîné par mille liens qui me gênent et m'entravent sans me donner le bonheur, et je saurais le trouver enfin auprès de cette modeste compagne, objet de vos dédains et de vos outrages!

— Tu prêches à merveille, mais comme un sot. Ces idées-là, on en est revenu. C'est bien dans les romans; dans la vie, c'est niaiserie. Si jamais tu faisais pareille sottise, souviens-toi que tu partageras ton bien, mais non pas le mien. Je ne l'ai pas gardé, augmenté, bonifié, pour le faire tomber aux mains d'une grisette, pour l'employer justement à faire déchoir une famille, et le disposer à soutenir les gens de bas étage que tu nous auras donnés pour parents.

Ces paroles n'étaient pas propres à me ramener; je pris mon parti aussitôt : — Pour l'heure, mon parrain, je ne songe pas à me marier; mais j'aspire à le pouvoir faire librement, quand et comment il me conviendra, fût-ce avec cette jeune personne que vous méprisez sans la connaître. Il est trop juste, dans ce cas, que je me défasse de toute prétention à votre héritage. Reprenez-le, et rendez-moi le droit de disposer de moi. Que ce soit sans nous en vouloir mutuellement. Pour vous, croyez-m'en, je vous en conjure, vous ne m'en serez que plus cher quand je ne verrai plus en vous l'arbitre intéressé de ma destinée; quand je ne serai plus fatigué de pleurer, par ménagement, à vos vues qui ne sont pas les miennes; en un mot, quand je ne serai plus que votre neveu qui vous aime, et non plus votre héritier qui vous craint et vous résiste.

Pendant que je parlais ainsi, le visage de mon parrain trahissait un dépit rempli de violence et d'amertume. Ses plans renversés, ses volontés méprisées, ses bienfaits dédaignés, tout contribuait à le jeter dans un état d'emportement et de trouble qui le faisait pâlir et rougir tour à tour : — Ah! ah! c'est là ce que tu voulais amener? dit-il enfin en éclatant; ma bonté te lassait! mon joug t'était à charge! Tu voulais, en toute bonne amitié, envoyer promener mes conseils, mes soins, mes bienfaits. Suffit! J'entends. Mais, monsieur, passez-vous de mon amitié comme de mon bien; ni l'un ni l'autre ne vous appartiennent plus, et ne m'embarrasseront pas. Je vous salue.

Il sortit et, après l'avoir reconduit quelques pas, je revins dans ma chambre.

IV.

Lecteur, dormez-vous? Que vous semble de ma conduite? Est-ce à mon parrain, est-ce à moi que vous donnez raison? Je vais vous le dire.

J'entends que je pourrais vous le dire, si vous m'appreniez votre condition, votre âge, si vous êtes femme ou homme, garçon ou demoiselle.

Il me suffirait pourtant de savoir que vous êtes jeune, pour que je m'imaginasse que vous êtes de mon parti; non point que je le croie celui de la prudence, ni même de la sagesse, mais bien, je l'avoue, celui de l'imprudente honnêteté, celui de la générosité inconsidérée, celui que l'on ne prend pas quand les années ont apporté plus de calcul dans l'esprit et moins de sève dans le cœur. Jeune ami, ou amie, si je me trompe, laissez-moi mon erreur, elle m'est chère; si j'ai deviné juste, que je ne vous ôte pas la vôtre! Assez tôt vous deviendrez prudent, assez tôt vous apprendrez la sagesse; assez tôt vos passions attiédies, cessant de prêter leur feu à vos sentiments honnêtes, laisseront le champ libre aux graves leçons de la raison, des intérêts et des préjugés.

Que si vous êtes vieux, assez malheureux pour n'être plus que sage, mais riche encore des débris d'un cœur qui fut chaud et généreux, je suis sûr qu'en me taxant à regret d'imprudence vous me tendez néanmoins votre main défaillante; votre sourire m'accueille; en dépit de votre sagesse, votre air m'approuve, et votre estime me récompense. Bon vieillard, je vous connais, je sais que vous lirez ce récit... blâmez sans crainte, je lis dans vos traits vénérables plus de regrets que de reproches, plus d'appui que de blâme.

Mais, si aux glaces de l'âge vous avez laissé s'unir l'égoïsme de caractère ou de condition, celui de l'avarice ou des préjugés; si de tout temps vous sûtes calculer le présent pour l'avenir; si vous sûtes toujours préférer la sûreté du bien-être aux hasards de l'imprudence généreuse; si jamais la chaleur des passions ne sut rompre l'enveloppe de votre vanité... homme sage! alors vous êtes pour mon parrain, alors vous blâmerez celui qui renonce à un héritage; vous le blâmerez plus encore, si, épris des charmes d'une enfant qui n'est que belle et pure, il méconnaît son propre rang et aspire à déchoir.

Pour moi, je ne sentis d'abord que le plaisir d'avoir secoué le joug, et je rentrai dans ma chambre le cœur content et plein de vie. Je l'avoue, en songeant aux sentiments qui m'avaient inspiré mes réponses, quelque orgueil se mêlait à ce contentement; et, bien que je n'eusse encore formé aucun projet sur la jeune fille dont j'avais pris la défense, je m'applaudissais d'avoir eu le courage de parler et d'agir avec autant de chaleur que je l'eusse pu faire par ce motif intéressé. Mais d'autres sentiments encore m'agitaient: j'avais rompu ma chaîne, mon sort m'appartenait en propre, j'étais libre, et la liberté ne se recouvre pas sans ivresse. Ma petite fortune, que j'avais toujours envisagée comme la source d'un bien-être provisoire, prit tout à coup de la valeur à mes yeux; elle devint un bien réel et présent, et dès ce moment me fut précieuse et chère. Je pouvais du moins en disposer à ma fantaisie, la partager avec qui bon me semblerait; j'avais de l'intérêt à croître, et, au lieu de cette torpeur dans laquelle j'avais été élevé, quelques lueurs d'ambition me faisaient considérer sans répugnance l'activité des projets et la nécessité du travail. Par un effet machinal qui provoquait en moi l'instinct de la propriété réveillé par ces idées, je rangeais les pincettes à leur place, je mettais en ordre ma boîte à rasoirs; et, jetant un regard ami autour de ma chambre, je trouvais à chaque objet, à chaque meuble, un prix tout nouveau. Bientôt, l'amour du chez-soi me faisant sentir ses premières atteintes, je voyais d'un autre œil mon domestique Jacques, je pensais à le former, à me l'attacher; et, considérant pour la première fois sous leur vrai jour toutes les ressources de ma condition, je songeais à créer au plus tôt autour de moi ce bonheur que j'avais toujours entrevu comme lointain et dépendant de la mort d'un oncle. Au milieu de ces idées nouvelles, le désir des affections domestiques ramenait de temps en temps ma pensée vers une compagne qui animerait la solitude de ma demeure, et alors je retrouvais devant mes yeux l'image de ma jeune amie de la veille. Enfin, comme les plus heureux effets ont souvent de risibles causes, ce qui m'enchantait le plus dans ma situation nouvelle, c'était de n'aller point ce soir au thé de madame de Luze.

Je passais de là à des réflexions très-philosophiques, selon l'habitude que nous avons de formuler en maximes générales toutes les leçons de notre expérience privée. Ah! qui que vous soyez, qui faites dépendre votre sort d'un héritage, je vous plains! Si votre homme ne meurt au plus vite, vous risquez de perdre vos plus belles années dans une ingrate et ennuyeuse attente; et si, impatient de jouir, vous désirez sa mort au moment même où vous lui prodiguez vos caresses, vous êtes un monstre. Et puis, qu'est-ce? refouler derrière votre masque tous vos sentiments naturels, faire le sacrifice de vos penchants, de vos opinions, souvent de votre droiture... Non, non, point d'héritage! plutôt travailler, plutôt souffrir, mais vivre libre, indépendant, maître de sa personne et de son cœur; le donner à celle qu'il aime, plutôt qu'à celle qu'on lui impose,... à une fille pure, simple, retirée, qui vous rendra en tendresse et en dévouement le sacrifice que vous lui faites d'une position flatteuse, tout aussi bien qu'à une demoiselle qui, vous devant peu, exigera beaucoup, qui cherche un rang plutôt qu'un époux, les convenances plutôt que des affections, et dont vous aurez sans cesse à disputer le cœur aux vanités, aux dissipations et aux dangers du grand monde...

Aimable amie, ajoutais-je transporté par l'exaltation de mes pensées, modeste fille, toi que j'ai vue si douce et si craintive, si belle de pureté et de grâce; toi que j'ai tenue dans mes bras avec des transports si vifs, mais si respectueux et si tendres, pourquoi redouterais-je de chercher auprès de toi ce bonheur dont seule tu m'as fait goûter les prémices et deviner les attraits?

C'est ainsi que, provoqué par l'outrage, l'amour renaissait dans mon cœur, s'y confondant avec la pure flamme du désintéressement, avec l'énergie des sentiments vrais et honnêtes. A ce vif essor succé-

dait peu à peu quelque curiosité à l'égard de la personne qui en était l'objet, comme pour m'assurer qu'au besoin ses manières et son éducation ne se trouveraient pas trop en désaccord avec le vœu que je pourrais former d'obtenir sa main. C'est alors que diverses choses, que je n'avais point remarquées d'abord, se présentèrent à ma mémoire, et que je m'occupai d'en tirer des inductions. Je revenais souvent à la blancheur de ses mains, dont aucun travail manuel ne paraissait avoir altéré la délicatesse; je me rappelais avec plaisir que la fatigue de la chaîne, trop forte pour ses débiles bras, l'avait fait succomber sous le poids du malaise, comme si, accoutumée à une vie douce et tranquille, elle n'eût pu soutenir la rudesse d'un travail pénible et grossier. Bien que très-inhabile à juger des détails d'un habillement de femme, le sien m'avait pourtant paru d'une élégance simple et gracieuse; et j'attachais un prix inestimable au souvenir qui me restait de ses jolis pieds, chaussés, avec quelque recherche, de petits brodequins d'étoffe grise, lacés sur le côté. Entrant ensuite dans sa demeure, j'en parcourais de nouveau tous les recoins, m'arrêtant à quelques meubles de prix, qui m'avaient paru être les débris d'une aisance passée et comme les indices d'une certaine élégance de mœurs. J'avais vu sur un fauteuil une mante en étoffe de soie noire, bordée d'une pelisse de même couleur; et ce vêtement, que j'avais jugé appartenir à la mère, me donnait de son air et de sa mise une idée de noblesse et de simplicité vénérables. Mais surtout je me souvenais qu'en cherchant du vinaigre mes yeux étaient tombés sur une table où, parmi des feuilles de papier éparses, j'avais remarqué quelques volumes proprement reliés, et dont le seul qui se trouvât ouvert dans ce moment était le poëme anglais de Thompson sur les saisons. Réunissant tous ces indices, et les rapprochant du son de voix, de l'accent, des manières, et surtout de la craintive réserve de ma jeune protégée, j'arrivais par degrés à compléter d'une façon charmante l'image imparfaite qui m'en était restée; et satisfaisant ainsi aux exigences que l'éducation des goûts et des habitudes aristocratiques m'avait rendues comme naturelles, je me surprenais à l'aimer cent fois davantage. L'impatience de la revoir devenait alors pressante; et je regardais avec anxiété l'aiguille de ma pendule, incertain si, malgré l'heure déjà avancée, je n'y porterais point sur-le-champ mes pas. Bientôt je me levai subitement et je sortis.

V.

Dès que je me trouvai dans la rue, le calme du soir, l'heure, l'obscurité, le silence, achevèrent de rendre à mes sentiments tous les prestiges et la vivacité qu'ils avaient eus la veille. Je pris par les mêmes rues, afin de mieux repasser par les mêmes impressions, et je me trouvai bientôt dans le voisinage de la demeure où venaient mes pas. Mais, à mesure que j'approchais, une émotion qui m'était peu ordinaire ralentissait ma marche, et quand je fus entré dans l'allée, je m'arrêtai, incertain de nouveau si je voulais monter ou renoncer pour le moment à mon projet.

Ce qui aurait dû m'y faire renoncer fut ce qui me porta à le poursuivre. M'étant avancé jusque dans la cour, je ne vis point de lumière au troisième étage; j'aurais dû en conclure que je ne trouverais personne; mais c'est justement cette chance qui, m'ôtant en partie mon embarras, m'encourageait à monter. J'y étais aussi engagé par un mouvement de curiosité, car cette obscurité avait contrarié mon attente. Il n'était que huit heures, et je ne pouvais supposer que les personnes que j'allais voir fussent déjà couchées.

Je m'engageai donc dans l'escalier, avec un battement de cœur qui redoublait à chaque fois que je heurtais quelque chose dans l'obscurité, ou lorsque, m'arrêtant, je retrouvais le silence. A la fin, je parvins devant le seuil; mais je n'osai frapper tout doucement et je retins mon haleine, prêt à m'enfuir si j'entendais le moindre bruit; mais rien ne se fit entendre. Alors je frappai moins doucement, ensuite plus fort; et après avoir acquis ainsi la certitude que l'appartement était inhabité pour le moment, je le hasardai à sonner.... Aussitôt une porte s'ouvrit à l'étage au-dessous, et une lumière éclaira d'une faible lueur la place où j'étais.

La personne ne bougeait ni ne parlait, et la lueur restait la même. Que devais-je faire? Fuir dans les étages supérieurs? C'était me faire poursuivre, et attirer sur moi la honte et le soupçon. Rester en place? Déjà une sueur froide m'en ôtait le pouvoir, et chaque seconde qui s'écoulait dans cette situation me paraissait un siècle d'angoisses. Descendre hardiment! Je n'en avais pas le courage. Je me décidai à sonner encore: « C'est lui! » s'écria une voix, et aussitôt j'eus devant les yeux la voisine qui m'avait insulté la veille.

Le visage de cette femme respirait la fureur: — Indigne, me dit-elle, et vous osez revenir!!... Quelle impudence!... Votre maison, n'est-ce pas?... Il est chez monsieur le pasteur du quartier. Allez l'y chercher. Il sait tout, et vous trouverez là à qui parler.

J'écoutais ces paroles violentes et entrecoupées avec plus d'étonnement que de colère: — Madame, lui dis-je, j'ignore qui vous êtes;

ce que je comprends mieux, c'est l'imprudence avec laquelle vous compromettez cette honnête enfant, en me calomniant moi-même.

— Monstre! interrompit-elle, je ne t'ai pas vu!... je n'ai pas vu ses pleurs!... ce n'est pas moi qui ai recueilli votre manteau, resté auprès du lit!!...

— Je ne vous entends pas, interrompis-je à mon tour : au surplus, je ne viens ni pour vous écouter, ni pour recouvrer mon manteau. Si vous pouvez me dire à quelle heure je pourrai rencontrer cette jeune fille et madame sa mère, c'est la seule chose que je demande de vous.

— Ici, vous ne les verrez plus; et, là où elles sont, ne vous avisez pas de les y chercher... Allez, malheureux, quittez cette maison, et que jamais on n'y entende plus parler de vous!... c'est la seule chose que je sois chargée de vous dire. En achevant ces mots, elle descendit en me précédant, et s'arrêta quelques instants sur son seuil, comme pour s'assurer que je m'en allais. Par une ouverture qui donnait dans la cour, j'aperçus dans ce moment plusieurs têtes qui étaient aux fenêtres, attentives à ce qui se passait. Comme ma surprise et surtout mon silence me donnaient presque un air honteux et coupable aux yeux de tout ce monde : « Madame, dis-je à la mégère qui venait de causer ce scandale, je tiens, à cause des personnes qui nous écoutent, à ne pas taire mon nom; je m'appelle Édouard de Vaux. Il se peut que cette jeune personne et sa mère apprennent à me mieux connaître, et j'y ferai mes efforts; car je les respecte trop pour que je puisse supporter leur mépris; quant à vous, comptez sur le mien, dans tous les cas; car, sans fondement quelconque, et mue par la bassesse de vos propres sentiments, vous avez fait à cette jeune fille un tort peut-être irréparable. » Après ces mots, je descendis. Un profond silence me permettait d'entendre les chuchotements des voisins que cette scène avait attirés vers leurs fenêtres. Bientôt je me trouvai dans la rue.

J'étais fort désappointé, bien moins cependant par l'injuste sortie de cette femme que parce que je n'avais point revu la jeune fille, et que de plus j'ignorais dès lors le lieu de sa retraite. Ne sachant auprès de qui m'en informer, et l'heure avancée m'ôtant tout espoir de pouvoir m'y présenter ce jour-là, je pris, fort à regret, le parti de rentrer chez moi.

Néanmoins, cet incident, loin de refroidir mes sentiments, leur avait au contraire prêté une force plus intime, et la fuite imprévue de ces deux dames m'avait frappé par quelque chose de mystérieux et de romanesque, qui, tout en m'affligeant, ne déplaisait pas à mon tour d'esprit. Ému des alarmes de la mère, j'étais vivement impatient de les calmer; et la fille, un instant tarée par le souffle impur de la calomnie, ne m'en paraissait que plus touchante. Comme c'était à mon occasion, je me sentais engagé à la protéger encore; et ce rôle, auquel ma conduite à son égard donnait quelque noblesse, flattait mon amour-propre et secondait le penchant qui m'entraînait vers elle.

En rentrant chez moi, j'appris de Jacques qu'une personne m'attendait dans le salon depuis quelques instants. J'y entrai précipitamment; et un monsieur inconnu, qu'à son costume je jugeai aussitôt pouvoir être le pasteur qui avait mon manteau, se leva de devant le feu pour me saluer. « Vous ignorez, monsieur, qui m'amène, me dit-il avec assez d'émotion, et je suis moi-même embarrassé de vous le dire. — Est-ce vous, interrompis-je, qui êtes le dépositaire de mon manteau? — Oui, monsieur. — En ce cas, monsieur, je sais ce qui vous amène, et je suis prêt à vous écouter.

Nous nous assîmes. — Monsieur, reprit-il, je dois vous dire que je ne vous connais point, et que, sans votre manteau qui porte votre nom sur l'agrafe, je n'aurais pas même eu le moyen de venir vous importuner. Du reste, mon titre à me présenter chez vous ne repose que sur les devoirs qui me sont imposés envers mes paroissiens, et je ne le ferai valoir qu'autant que vous le reconnaîtrez vous-même. — Je le reconnais, lui dis-je.

— Je vous parlerai donc avec franchise, monsieur, continua-t-il. J'arrive ici, prévenu contre vous par des apparences, par les propos d'une voisine, et plus encore par la douleur d'une mère respectable, qui voit pour la première fois le scandale et la médisance effleurer la couronne sans tache qui faisait le plus bel ornement et la seule richesse de son enfant. Mais je n'ignore point que le scandale et la médisance n'épargnent pas les intentions les plus pures et les procédés les plus honnêtes, et je suis encore prêt à croire les vôtres tels. Seulement, monsieur, il m'importait, dans une chose qui intéresse le bonheur de deux personnes que leur isolement recommande à ma spéciale protection, de venir à vous, de vous parler, d'apprendre, si je le puis, quel danger elles ont couru ou peuvent courir encore, afin d'être mieux à même de les guider selon le bon sens et la vérité. Je vous avouerai encore, quelque coupable ou quelque imprudent que vous puissiez avoir été, je n'ai pas désespéré que les discours d'un vieillard désintéressé pussent vous détourner de faire le mal, ou tout au moins vous inspirer des sentiments de respect ou de piété favorables à mes deux paroissiennes.

— Monsieur, répondis-je aussitôt, je ne blâme ni vos motifs ni vos préventions; mais il me semble qu'un témoignage était encore préférable au mien, c'est celui de la jeune fille. Si cette enfant m'accuse d'avoir manqué d'égards, si ses paroles déclarent autre chose que les soins respectueux que je lui ai rendus, si elles trahissent de ma part

la moindre atteinte à sa pureté... qu'est-il besoin de venir à moi? Ne croirez-vous pas plutôt au témoignage de cette modeste enfant qu'à celui d'un homme que déjà les apparences accusent? Aussi, monsieur, tout en respectant vos intentions, je ne m'explique ni votre démarche, ni le scandale qui la provoque. Encore une fois, j'en appelle à la jeune fille elle-même, et, si elle me condamne, j'accepte avec cet arrêt son mépris et le vôtre.

— Vos paroles, reprit le pasteur, respirent la franchise et l'honnêteté, et, de plus, le témoignage que vous invoquez ne vous est point défavorable. Seulement, il est incomplet; il est celui de l'inexpérience et de la candeur que l'on craint d'altérer par des questions indiscrètes. Cette jeune fille, ignorante de ce qu'on lui veut, troublée par ce qu'elle entend, ne sait que verser des larmes en attestant de vos soins honnêtes. Pour ma part, j'en croirais avant tout le tact de son innocence. Mais vous convenez peut-être que vous auriez pu, même à son insu, manquer à la stricte honnêteté; et quand un témoin oculaire vous dénonce et vient porter la terreur dans l'âme d'une mère que des apparences fâcheuses indisposent, vous ne devez pas trouver étrange ni dénué de motifs la démarche que je fais en recourant à votre sincérité. Elle est pénible, je vous l'assure, cette démarche : suspecter la loyauté, la délicatesse, les intentions; opposer le doute aux dénégations d'une bouche honorable, c'est, sinon la plus cruelle, du moins la plus pénible tâche que puisse nous imposer notre ministère.

— C'est vrai, monsieur, lui dis-je sèchement. Toutefois, puisque vous balancez entre mon témoignage et celui de cette femme, je ne veux ni m'offenser ni me taire. Voici ce qui s'est passé. Mais, après que je vous aurai fait ce récit, je vous en préviens, monsieur, je ne supporterai de votre part ni doute ni incertitude.

Alors, je lui racontai tous les événements de la veille, tels qu'ils sont connus de vous, lecteur. Je ne lui cachai ni mon empressement ni ma tendresse; car, si ces choses sont pour une âme dégradée, des indices suspects, il en est autrement des caractères nobles, pour qui elles sont le plus sûr garant de la pureté du cœur et des procédés. Il m'écouta avec intérêt; je crus voir plus d'une fois se peindre sur ses traits des signes de sympathie et d'approbation, je vis son regard m'absoudre et sa main prête à saisir la mienne... Aussi, lorsque, après avoir fini mon récit, je le vis rester immobile et silencieux, j'en éprouvai une vive indignation, et j'étais prêt d'éclater en paroles insultantes, lorsqu'il reprit :

— Ne vous fâchez point. J'ai écouté votre récit; entre vous et cette femme je n'hésite pas. Pardonnez pourtant si, faisant violence à mes propres convictions; je vous refuse encore les paroles d'estime et de réparation que je désire vous devoir. Mais un autre témoignage plus fort, plus respectable, une personne intéressée à vous justifier, en cherchant tout à l'heure à vous disculper auprès de moi, a plus fait pour ébranler cette conviction que n'eût pu le faire toute voix accusatrice.

J'écoutais ces paroles avec une attente confuse; et le cœur agité des plus violents mouvements de colère, de mépris et de fierté.

— Je ne veux rien feindre, continua-t-il. Mademoiselle S***, la cousine de madame de Luze, est ma parente. Il y a peu de jours que, consulté par sa famille, j'ai donné mon assentiment à son union avec un homme que, dans mon opinion, ses mœurs, son caractère, recommandaient mieux encore que son rang et sa fortune...., à son union avec vous, monsieur... C'est votre parrain que vous aviez chargé de vos démarches; c'est lui aussi qui, tout à l'heure, alarmé des conséquences que pourraient avoir les bruits que vous venez de démentir, et sachant qu'ils étaient parvenus à ma connaissance en même temps que ce manteau accusateur, est venu se faire auprès de moi votre défenseur. Il avait vos aveux, il implorait mon indulgence, il me priait d'étouffer un scandale qui pouvait vous nuire, il me suppliait d'employer mon influence à vous détourner d'une honteuse liaison. Maintenant, mettez-vous à ma place; jugez vous-même combien la vérité est difficile à atteindre, même pour celui qui la cherche avec le plus de désir, et ne vous offensez plus de ce que vous ne rencontrez pas, dès l'abord, une réparation pleine et facile que votre innocence peut vous faire envisager comme un droit évident et sacré.

En proie à mille sentiments contraires et impétueux; indigné contre mon parrain, dont l'âme trop peu élevée avait interprété mes paroles honnêtes comme les feintes honteuses du libertinage; possédé d'estime et de respect pour l'homme qui me parlait, son caractère, pressé de répondre à tout à la fois, je restai quelques instants en silence, dominé par une agitation qui peu à peu se calmait, à mesure que j'écartais de ma pensée toutes les réponses qui n'auraient pas paru péremptoires, ni satisfait aux exigences de ma fierté et de mon innocence, toutes deux outragées. A la fin, trouvant un langage : — Monsieur, lui dis-je avec autant de calme que pouvaient m'en laisser les émotions que je comprimais, vous ne m'offensez point. Quand un parent me flétrit à plaisir, pourquoi attendrais-je de vous une opinion honorable qu'il n'a pas lui-même? Mais j'ai de quoi détruire vos soupçons et rassurer vos scrupules... Oui, monsieur, j'aime cette jeune fille... mais ce que vous ignorez, ce que mon parrain n'a eu garde de vous apprendre, c'est qu'à cause d'elle je l'ai mécontenté, à cause d'elle j'ai secoué son joug, j'ai refusé son héritage, et quelque chose de plus flatteur en-

core, monsieur, la main de votre parente, l'alliance de votre famille...
En agissant ainsi, je n'avais point encore arrêté mes vues sur votre
jeune protégée; mais aujourd'hui qu'elle est compromise, aujourd'hui
que les propos envenimés des uns, les discours officieux des autres,
sont parvenus à la flétrir, je demande sa main, je la désire, je la veux!
Et c'était, avant votre venue, le seul projet de mon cœur. Vous au-
rai-je pour appui dans le désir que je forme? continuai-je d'un ton
moins emporté; voudrez-vous être le porteur de ma demande? c'est
ce que j'ose espérer de vous, monsieur, si, convaincu de ma droiture, vous me rendez enfin justice...

Alors il me tendit la main, non sans quelque attendrissement.
Depuis longtemps, dit-il, je vous rends justice, mon jeune ami; mon
estime est à vous, entière, sincère, et mon cœur s'émeut à ces ver-
tueux transports qui peut-être vous emportent trop loin. Je n'ai point
mission de plaider pour ma parente, et plutôt encore plaiderais-je en
mon nom qu'au sien, tant vous répondez à l'opinion honorable que
j'avais conçue de votre caractère; mais c'est le sort de votre vie que
vous décidez ainsi en un instant. Vous rejetez mille avantages... vous
répudiez une personne aimable et digne de vous... vous vous aliénez
un parent.... vous perdez une fortune qu'il vous destinait.... Et que
trouverez-vous en revanche?... La vertu, sans doute, les grâces du
corps et celles de l'esprit; mais une personne obscure et sans fortune,
une enfant délaissée du monde que vous voyez, et que les préjugés
vous défendront d'y produire... Au surplus, continua-t-il, à Dieu ne
plaise que je veuille nuire à celles qui me sont confiées, et que je détourne d'elles un bonheur que peut-être la Providence tenait en réserve à leur infortune et à leurs vertus! Voyez vous-même, mon bon
ami. J'ai voulu vous éclairer et non corrompre votre honnête énergie;
j'ai voulu non pas éteindre ces transports, mais y adjoindre la réflexion,
qui seule peut les rendre sages. Que si vous persistez dans ces généreux projets, ne craignez point que je laisse à d'autres le doux soin
d'en porter l'annonce, d'en être l'appui fidèle, de vous vouer dès
aujourd'hui une affectueuse estime, et d'adresser à Dieu les plus
ferventes prières pour une union formée sous d'aussi touchants
auspices.

À ces mots, je me jetai dans ses bras, et, l'ayant embrassé, j'achevai
de lui ouvrir mon cœur. Il put voir que mes réflexions avaient précédé les siennes, et que ma résolution, pour s'être formée fortuite-
ment, n'en était pas moins fondée sur des convenances vraies, et sur
le désir de trouver, dans des attachements et des devoirs, un bonheur que m'avait jusque-là refusé une situation trop heureuse et facile.
Bientôt, chassant tous ses scrupules, il finit par s'associer à mes projets avec tout l'entraînement d'un cœur chaud et généreux; et, comme
il arrive lorsqu'une véritable sympathie a fait disparaître les distances
d'âge, de condition et de rang, cet homme vénérable, à qui je parlais
pour la première fois de ma vie, m'inspirait le respect d'un père et
toute la confiance d'un ancien ami. C'est alors que je commençai à
le questionner sur ces deux dames, qui, déjà si liées à mon existence,
ne m'étaient pas même connues de nom.

Il m'apprit que la jeune fille se nommait Adèle Sénars; et, je l'a-
voue, ce nom m'enchanta. Je suis très-sujet à trouver aux noms propres un air commun ou distingué; et, par un travers d'esprit dont je
n'étais pas corrigé, j'aurais préféré mille fois un nom qui ne me dé-
plût pas à des avantages réels de fortune ou de rang. Mais l'aimable
nom d'Adèle, outre le charme que j'y attachais déjà, en prit un que
les années n'ont pu détruire, parce que, gravé dès lors au plus doux
endroit de mon cœur, il rallie à lui les dernières impressions de ma
jeunesse, et tout ce que j'ai pu goûter depuis de vrai bonheur.

Mais tout d'ailleurs dans ce que m'apprit le pasteur, sans choquer
aucun des préjugés qui me sont propres, redoublait mon ivresse et
mon contentement. Le père de cette jeune fille était Suisse, ainsi que
moi. Entré dans au service de la marine anglaise, il était parvenu à
un grade peu élevé, mais honorable; et, pendant son séjour en Angleterre, il y avait épousé la mère de mon Adèle. Ceci, en m'expli-
quant pourquoi j'avais vu sur la table de quelques dames Saisons, me semblait prêter à l'air de cette jeune fille cet attrait qu'ont d'ordinaire
pour nous les femmes étrangères, et il était à attribuer à son origine
anglaise son teint éblouissant, la mélancolique douceur de ses grands
yeux bleus, et l'aimable innocence de son front. Depuis quelques
années, sa mère l'avait amenée en Suisse pour lui donner à moins de
frais une éducation qu'elle envisageait comme sa ressource future;
et, depuis la mort du père, arrivée deux ans auparavant, ces deux
dames, réduites à vivre de la modique pension que la loi anglaise
assure à la veuve d'un officier mort au service, étaient venues habiter
la demeure où le hasard m'avait conduit à leur rencontre. De là, les
meubles élégants, que j'avais remarqués, avec d'autres indices d'une
condition plus aisée.

Toutes ces choses me ravissaient. Mais pensez-vous, lui disais-je,
que ces dames ainsi prévenues contre moi voudront accueillir ma demande?... Pensez-vous que je saurai me faire aimer de cette jeune
fille, pour qui les avantages de fortune que je puis lui offrir ne sont
rien sans doute, et dont le cœur rendu timide et craintif par la pudeur même, n'osera se livrer aux atteintes de l'amour?... Je sens
que je n'ai de ressources et d'espoir qu'en vous, leur digne protecteur,
celui qui peut seul, par le respect qu'il inspire, détruire les préven-

tions de ces deux dames, et leur faire agréer des vœux dont peut-être
elles se défient.

— C'est à quoi, me dit-il, je m'emploierai, mon jeune ami. Du
reste, redoutez peu leurs préventions, et davantage leur fierté. Aux
premières clameurs de cette voisine emportée, mon soin le plus
pressé a été de soustraire mes deux amies à son influence, tout en
les dérobant à vos atteintes, si réellement je trouvais, après vous
avoir vu, les propos de cette femme fondés. De cette manière, leurs
préventions n'ont pu s'accroître, et mon témoignage, dont elles attendent tout, suffira à les rassurer pleinement. Mais elles ont l'orgueil
de l'honnêteté pauvre : votre fortune, votre rang supérieur au leur,
peuvent effaroucher leur fierté; et les idées de la mère, que j'ai moi-
même encouragées, ont toujours été de chercher le bonheur de sa
fille dans une condition obscure, la seule dont leur position leur
laissât la chance, mais dont une éducation trop cultivée leur fermait
peut-être le chemin. Car vous ne sauriez croire, ajouta-t-il pendant
que mon cœur dévorait ses paroles, combien d'intelligence, de goût,
de vraie parure de l'esprit, embellit les hôtes du réduit si simple que
vous avez vu. Cette jeune fille, si timide et si inexpérimentée d'ailleurs, possède et cultive une foule de connaissances; elle s'est
adonnée à la musique, au dessin; et à toutes ces choses elle apporte
l'avantage d'une aptitude naturelle, et je ne sais quelle grâce remplie
de sentiment. Sa mère unit à des qualités pareilles ce qu'y ajoutent
l'expérience, les voyages, une vie bien employée, mais surtout cette
aménité douce qui provient d'une sensibilité exercée aux épreuves
comme aux joies du cœur. Aussi trouvé-je toujours un plaisir nouveau à les visiter. C'est l'endroit aimable de ma paroisse : je m'y oublie souvent, et je n'en sors jamais que je n'admire combien de
grâces et d'agréments l'honnêteté, le travail, la culture, peuvent
rassembler autour de ce petit foyer si voisin de la gêne et de la misère.

Cet entretien dura fort tard. Je le prolongeais par mille questions,
ne pouvant me lasser d'entendre mon respectable ami me raconter ce
qu'il savait des personnes qui m'inspiraient un intérêt si vif. Nous
convînmes que dès le lendemain il se rendrait auprès d'elles;
que, selon la disposition où il les trouverait, il ferait les premières
ouvertures, et que peut-être, pour répondre à mon impatience, il
me rapporterait une réponse avant midi. Après cela, il se leva pour
se retirer; mais je voulus l'accompagner jusqu'à sa demeure, où je
pris congé de lui, le cœur rempli d'affection, de joie et d'espérance.

VI.

Je rentrai chez moi bien heureux et bien changé. Il me semblait
que de ce jour seulement je commençasse à vivre, et je pense encore
aujourd'hui que c'était vrai; car, si dès lors quelques traverses ont
agité ma vie, je ne suis jamais retombé dans cet état de torpeur,
fruit ordinaire d'une existence assurée et d'un avenir tout tracé, où
le cœur est vide, où les facultés sont inactives, où l'esprit va se ra-
petissant et finit par se concentrer sur les petits intérêts des salons,
sur les frivoles préoccupations de la vanité. J'appartiens à une classe
où cette situation est commune, de nos jours surtout; et je sens
quel est le partage de ceux qui y demeurent. Je sens que si j'avais
encore à choisir ma vie, à défaut de celle où j'ai trouvé le bonheur,
je préférerais la gêne laborieuse, d'où naissent de l'activité et des efforts, à cette oisive opulence où j'ai végété durant la moitié de mes
plus belles années.

Je m'étais, comme le soir précédent, établi à songer au milieu
d'une agitation remplie d'un intérêt vif et puissant, comme il arrive
en ces instants solennels de la vie où l'on dit adieu au passé pour se
porter tout entier vers une destinée nouvelle. Tantôt assis et les regards fixés sur le feu, j'encourageais mes espérances de tout ce que
je pouvais me rappeler d'affectueux dans les paroles ou dans l'expression de la jeune fille, et surtout de tout le poids qu'auraient auprès
de ces dames les recommandations de mon ami; ou bien, regardant
ces espérances comme accomplies, je me levais avec transport, je me
promenais par ma chambre, et, anticipant sur les jours, sur les semaines, sur les années, je me peignais une vie paisible et riante, à laquelle
je faisais concourir mille charmants projets. Au milieu de ces songes,
mes yeux vinrent à tomber sur un billet à mon adresse, que, dans ma
préoccupation, je n'avais pas remarqué, bien qu'il fût déposé non loin
de moi, sur la cheminée.

À l'adresse, je reconnus aussitôt l'écriture de mon parrain, et je
sonnai : — Quand est venue cette lettre? dis-je à Jacques. — Pendant
que monsieur vient de sortir; même-temps qu'il y a une réponse, qu'ils
ont dit. — C'est bon. J'ouvris la lettre avec un médiocre empressement; la voici :

« MON CHER ÉDOUARD,

» Je veux bien tout oublier. En te quittant, j'ai su ta fredaine, et
que ton manteau y est resté. J'ai aussitôt agi auprès de qui de droit,
et étouffé le bruit qui commençait à se répandre vigoureusement. Le
plus pressé était d'amadouer monsieur le pasteur Latour, parent de
ta future, et j'y suis parvenu. Rien n'est gâté.

» Une fois que tu as avili cette fille, je pense que tout est dit de ce
côté. Tu leur dois quelque dédommagement, et je m'en charge. Mais

plus d'incertitude ni de délais. Nous terminons demain, et à ce prix (tu n'es pas bien à plaindre) tu retrouves l'héritage et l'amitié de ton affectionné parrain. »

La lecture de cette lettre me livra au plus violent emportement, et j'éclatai en insultes contre mon parrain, qui se dévoilait à moi comme un être sans cœur et sans moralité, dont la cynique parole profanait tout ce que je regardais comme pur et sacré. Je pris aussitôt la plume, et j'écrivis une réponse dont l'impétuosité méprisante était trop excessive pour ne pas me surprendre moi-même quelques moments plus tard. Aussi je la déchirai pour en refaire une autre, puis une troisième, jusqu'à ce que, déjà plus calme, et venant à réfléchir que mon sort, qui devait peut-être se décider le lendemain, serait une éclatante réponse à son outrageante lettre, je finis par dédaigner de lui écrire, et je retournai, pour toute vengeance, à mes douces rêveries.

Ayant chargé sur mon dos mon petit havre-sac, je partis à pied sur leurs traces. (LE COL D'ANTERNE.)

Il était près de trois heures du matin lorsque je me mis au lit. J'espérais tromper quelques heures de sommeil l'impatience avec laquelle j'attendais le lendemain, mais à peine fermai-je les yeux pendant quelques instants; et aux premiers rayons de lumière qui pénétrèrent dans mon appartement, je me levai pour m'habiller et pour attendre avec une impatience toujours plus vive. Les yeux fixés sur la pendule, je calculais l'heure à laquelle M. Latour devait se lever, se disposer à partir, être en route, et enfin se présenter à ces dames. Arrivé à ce moment, je composais son propre discours de mille manières, selon la situation, le lieu, les dispositions où il rencontrerait ces deux amies; puis, aidé de toute l'illusion du désir et de l'amour, je prêtais à l'expression de ma bien-aimée et aux paroles de sa mère un langage qui comblait mes vœux. A la fin, l'attente me devint insupportable, et je me décidai à sortir sur l'heure, pour aller à la rencontre de la réponse que devait m'apporter M. Latour.

C'était dans sa propre campagne, à une lieue de la ville, que ce bon pasteur avait recueilli ces dames le jour précédent. J'en pris le chemin par une matinée de décembre, dont les impressions ne sortiront jamais de mon souvenir. Le temps était doux, les chemins affreux. Un soleil pâle éclairait d'une lumière argentine les champs sans verdure et les arbres sans feuillage, et la neige des montagnes brillait faiblement derrière une brume légère. Mais mon cœur réchauffait de ses propres feux cette nature glacée, et comme attendri par l'espoir d'une félicité prochaine, il se peignait le bonheur et l'amour versant leurs dons jusque sur les moindres chaumières éparses dans les prés qui bordaient la route. Je me souviens que, m'étant assis pour attendre M. Latour, mes yeux s'arrêtèrent sur l'une de ces cabanes, presque ensevelie sous l'épais branchage des ormeaux, et d'où s'échappait une tranquille fumée. Je m'avisai de fixer mon sort sous cet humble chaume, j'y appelai mon amante, j'y arrangeai ma vie; et animant insensiblement ces ombrages dépouillés du charme vivant de mes rêves, mon impatience, quelques instants trompée, laissait errer mes

pensées autour de ce rustique asile. Quelquefois l'avenir donne aux songes du cœur comme l'air d'un pressentiment. Peu d'années après, c'est dans une retraite voisine de ce lieu que j'ai vu les miens se réaliser.

Pendant que j'étais assis, un char qui parut à l'extrémité de la route me fit lever comme en sursaut, et courir à sa rencontre. Je reconnus de loin qu'il était vide, et j'allais passer outre, quand l'homme qui le conduisait, après avoir ralenti le pas de son cheval, finit par arrêter, et me demanda si je n'étais point la personne que M. le pasteur Latour envoyait chercher..... En un clin d'œil je fus dans le char, qui m'était envoyé. Aussitôt le trouble et l'émotion, succédant à l'impatience, m'ôtèrent toute présence d'esprit, en sorte que j'aurais donné tout au monde pour que le char m'emportât avec moins de vitesse.

Bientôt j'aperçus la maison, située au penchant d'un coteau. On y arrivait par une côte rapide, ombragée de vieux noyers. Le cœur me battait avec force, et mes yeux cherchaient avec anxiété à reconnaître quelque mouvement alentour. Mais un silence tranquille planait sur cette retraite, et deux volets ouverts au rez-de-chaussée indiquaient seuls qu'elle fût habitée. Cependant la côte tirait à sa fin; déjà les haies, plus rapprochées, m'ôtaient la vue des bâtiments; j'apercevais un portail, et les aboiements d'un chien se confondirent tout à coup avec le retentissement des roues, qui atteignaient le pavé de la cour. Le char s'arrêta, et tout rentra dans le silence.

Je venais de descendre, lorsque parut M. Latour. Une dame d'environ cinquante ans s'appuyait sur son bras. Elle était mise avec goût et simplicité; et malgré l'émotion qui troublait la sereine noblesse de son visage, son regard pénétrant et sensible, fixé sur ma personne, augmentait ma timidité en même temps qu'il gagnait mon cœur. Dans ces premiers instants, je ne sus rien lui dire, elle-même gardait le

Mettant à sa bouche une énorme pipe bien bourrée de tabac qu'il venait de sortir de sa poche, il se mit à battre le briquet. (LE COL D'ANTERNE.)

silence; mais le bon pasteur s'adressant à moi : — Mon ami, me dit-il, j'ai présenté vos vœux à madame, qui a bien voulu en paraître touchée. C'est, je pense, tout ce que je pouvais faire; le reste vous appartient, ou plutôt appartient à votre mérite, qui se fera mieux connaître par lui-même que par ma bouche. — C'est, dit alors la dame d'une voix émue, c'est d'une manière étrange, monsieur, que nous venons à nous connaître... Néanmoins les paroles de M. Latour sont toutes-puissantes pour vous gagner mon estime, et je n'ai pas à repousser une demande qu'il appuie..... Ma fille ne sait rien encore, mais je n'ai plus rien à lui taire...., et une fois que j'ai donné ma confiance à votre caractère, je dois laisser le reste à son libre choix... Mais entrez, je vous prie...

J'étais trop troublé pour oser répondre; toutefois, oubliant, dans l'expansion de mon cœur, cette retenue à laquelle se conforme la politesse qui se possède, je saisis la main de cette dame, et j'y appliquai mes lèvres avec un transport auquel elle parut sensible. A peine j'avais lu ce mouvement sur son visage que, déjà moins timide, j'avançais mon bras pour recevoir le sien et la conduire dans le salon. A ce moment je me sentis son fils; et mon cœur, exalté par le bonheur et la reconnaissance, lui vouait avec serment cette affection sincère dont j'ai tâché depuis de réjouir ses vieux jours.

Dès que je fus entré dans le salon, la jeune fille me reconnut, et ses joues se colorèrent d'une vive rougeur. Puis, me voyant soutenir le bras de sa mère, elle reprit un air plus tranquille, et s'inclina pour me saluer. Elle se tenait debout, dans une attitude pleine de grâce et de modestie, attendant pour s'asseoir que les autres personnes fussent placées. « J'espère, mademoiselle, lui dis-je, que vous ne vous ressentez pas trop des fatigues de cette soirée à laquelle je dois l'avantage de vous connaître. » Elle rougit de nouveau; et, pour chasser l'embarras que causaient ces souvenirs, je parla de l'incendie. La conversation s'établit alors, mais froide et contrainte, comme il arrive lorsque les paroles ne servent qu'à voiler les préoccupations du cœur. La jeune fille seule, étrangère à ces préoccupations, se livrait avec abandon au plaisir d'écouter, et ajoutait quelques paroles timides à ces récits qui captivaient son attention sans partage.

Néanmoins cette situation en se prolongeant devenait gênante; et, quoique déjà plus rassuré, les paroles de la dame m'avaient laissé incertain sur ce que je pouvais hasarder de dire. A la fin, M. Latour s'adressant à la jeune demoiselle: —J'ai, lui dit-il, un vœu à former, mademoiselle Adèle : c'est que mon ami, qui est aussi celui de madame votre mère, puisse un jour devenir le vôtre. — Vous savez bien, monsieur Latour, dit la jeune fille timidement, mais sans honte, que j'aime tous ceux qui sont chers à ma mère et à vous. Je compris alors qu'elle ne se doutait point du motif de ma venue, et que son cœur ingénu n'avait point pénétré le sens des paroles de M. Latour. — Mademoiselle, repris-je aussitôt, la moindre affection de votre part est une faveur sans prix à mes yeux; mais pourquoi vous taire le vœu auquel j'attache toute ma félicité?... c'est le don de votre main que j'implore, c'est le bonheur d'associer ma vie à la vôtre, celui de trouver, avec une compagne tout aimable, une mère que j'aime déjà et je vénère comme celle que j'ai perdue!

Pendant que je m'exprimais ainsi, la jeune enfant, surprise, alarmée, jetait tour à tour un regard sur M. Latour, sur moi, sur sa mère. Celle-ci, sur le point de décider seule du sort d'une fille tendrement aimée, avait senti se rouvrir la blessure de son cœur : en sorte que, déchirée par les souvenirs du passé, soumise et tremblante devant l'incertitude de l'avenir, son regard implorait l'affection, l'appui, la pitié; et, cessant de se contraindre, elle laissait couler de ses yeux d'abondantes larmes. — Maman, lui dit sa fille en se réfugiant auprès d'elle, pourquoi pleurez-vous?... J'aime monsieur, je vous suis soumise.... disposez de moi pour votre bonheur; là seulement je trouverai le mien... Sa mère ne pouvait lui répondre; mais à la fin ses alarmes cherchant en moi leur refuge, elle saisit sa main, et elle la plaça dans la mienne.

Dès ce moment nous fûmes unis. La vraie candeur est confiante, un cœur neuf à l'amour se donne sans réserve; je trouvai intacts dans celui d'Adèle ces trésors que d'ordinaire le monde souille ou effleure, mais que la retraite embellit et conserve. Remarquable par son élégante beauté, remplie de grâces et d'agréments, douée de cette sensibilité qui, dans une femme, rehausse les talents et les connaissances, son âme généreuse et modeste ne connaissait d'autres plaisirs que ceux de l'affection et du dévouement; et, en même temps qu'elle semblait prodiguer les grâces de ses manières et de son esprit, je ne sais quelle pudique réserve donnait à se moindres faveurs ce charme

120.

plus profond, plus piquant mille fois que celui que des femmes aussi belles cherchent en vain dans les calculs de la plus adroite coquetterie.

Il fut convenu que ces dames achèveraient de passer l'hiver dans cette retraite que leur offrait le bon M. Latour. C'est là que chaque jour, pendant les rigueurs d'un hiver glacé, je venais avec transport m'enivrer, auprès de cette charmante fille, de toutes les délices d'un amour chaque jour plus vif et chaque jour mieux partagé. Temps de félicité présente et de riant espoir! jours heureux de ma vie! non, comme tant d'autres plaisirs que les années emportent sans retour, vous n'avez point passé sans laisser d'aimables traces; vous fûtes la brillante aurore de ce bonheur que je goûte aujourd'hui; et mon cœur, en rebroussant jusqu'à vous, n'a point à vous demander compte de douces promesses dont vous l'ayez leurré!

Au printemps suivant, M. Latour nous maria dans l'église d'un village voisin; heureux et fier d'une union qui fut l'ouvrage de sa prudence et de son désintéressement, il est demeuré notre ami le plus constant. Jacques m'a accompagné dans ma condition nouvelle; et mon parrain, mort deux ans après, m'ayant pardonné, a partagé ses biens entre des parents moins fortunés que moi. Je finis, lecteur ; m'aurez-vous suivi jusqu'au bout? Pour moi, je me le suis figuré, et c'est pourquoi j'éprouve tant de regret à vous quitter.

Je me livrais à une joie éclatante lorsque j'avais trouvé sa cache, ou seulement lorsqu'il était trahi par le bout de sa canne ou de son chapeau. (LA PEUR.)

LE COL D'ANTERNE.

La vallée de Servoz est la première qui se présente au sortir de celle de Chamonix. Si les neiges ont disparu des cimes voisines, si les prés ont repris leur verdure, si le soleil du soir dore les rochers qui l'enserrent, cette vallée est riante, bien que sauvage. Quelques cabanes y sont éparses, et parmi elles une petite auberge où j'arrivai le 12 juin au soir.

On peut sortir de cette vallée de bien des façons. Quelques-uns en sortent par la grande route, c'est le plus simple ; mais, dans ce temps-là, jeune, et de plus touriste, je dédaignais cette plate façon de sortir des vallées. Un touriste veut des cimes, veut des cols, veut des aventures, des dangers, des miracles : pourquoi ? c'est sa nature. Ainsi qu'un âne n'imagine pas qu'on aille du moulin au four autrement que par le plus court, le plus plat, le meilleur chemin : ainsi un touriste n'imagine pas davantage qu'on aille de Servoz à Genève autrement que par le plus long, le plus ardu, le plus détestable chemin. Les commis voyageurs, les marchands de fromage, les financiers, les vieilles gens font comme l'âne; les gens de lettres, les artistes, les Anglais et moi, nous faisons comme le touriste.

C'est pourquoi, dès que je fus arrivé dans la petite hôtellerie de Servoz, je m'informai de la nature des cols et passages. On me parla du Col d'Anterne : c'est une gorge étroite, resserrée entre les pics des Fiz et les bases du mont Buet; le sentier est difficile, la cime âpre et décharnée... je vis que c'était mon affaire, et je résolus de m'engager le lendemain sur les traces d'un bon guide. Par malheur il n'y a point de guides dans l'endroit, et l'on ne put que m'indiquer un chasseur de chamois, qui pourrait, disait-on, m'en tenir lieu; mais il se trouva que cet homme était déjà engagé par un touriste anglais, qui voulait se rendre à Sixt par la même route que je me proposais de prendre.

Ce touriste, je l'avais vu sur le seuil de l'auberge à mon arrivée. C'était un gentleman de bonne mine, d'une mise aussi propre que recherchée, et de manières très-distinguées; car il ne me rendit point le salut que je lui adressai en passant : c'est chez les Anglais bien

4

élevés un signe de bon ton, d'usage du monde. Toutefois, quand j'eus appris que le seul homme de l'endroit qui pût me guider au Col d'Anterne se trouvait déjà engagé par ce touriste, je revins auprès de celui-ci, fort désireux de l'amener à me permettre de me joindre à lui pour passer le Col, en payant de moitié le chasseur de chamois.

L'Anglais était assis en face du mont Blanc, que d'ailleurs il ne regardait pas. Il venait de bâiller; je bâillai aussi, en signe de sympathie; après quoi je crus devoir laisser s'écouler quelques minutes, pendant lesquelles milord ayant eu le temps de se familiariser avec ma personne, je me trouverais ensuite comme présenté, comme *introduit* à lui. Lorsque le moment me parut propice : — Magnifique! dis-je à demi-voix et sans m'adresser encore à personne, sublime spectacle!

Rien ne bougea, rien ne répondit. Je m'approchai.
— Monsieur, dis-je fort gracieusement, arrive sans doute de Chamonix?
— Ui.
— J'en suis moi-même parti ce matin.

L'Anglais bâilla une seconde fois.
— Je n'ai pas eu, monsieur, l'avantage de vous rencontrer en route; il faut que vous ayez passé par le Col de Balme?
— No.
— Par le Prarion, peut-être?
— No.
— J'y arrivai hier par la Tête-Noire, et je me propose de passer demain le Col d'Anterne, si toutefois je puis trouver un guide. Vous avez pu, me dit-on, vous en procurer un?
— Ui...

Ui! no! le diable l'emporte! disais-je au dedans de moi-même. Sot animal! Puis me décidant à brusquer l'affaire : — Y aurait-il de l'indiscrétion, monsieur, dans le cas où je ne pourrais me procurer un guide, à vous demander la permission de m'associer à vous, en payant le vôtre de moitié?
— Ui; il y avé de l'indiscrechon.
— En ce cas, je n'insiste point, lui dis-je. Et je m'éloignai tout enchanté de ce colloque intéressant.

C'est une heure charmante, en voyage, que celle du soir, lorsque, dans une contrée solitaire et sauvage, on erre doucement, à l'aventure, sans autre soin que de voir ce qui se présente, quitte à demander au passant, que d'amener à point un appétit que la marche a déjà aiguisé, et que le repas qui s'apprête va bientôt satisfaire. Tout en me promenant, je me dirigeai sur un rocher couvert de ruines : on l'appelle le *mont Saint-Michel*. Deux chèvres y broutaient, qui s'enfuirent à mon approche, me laissant maître de la place, où je m'assis auprès de jeunes aunes qui croissent en ce lieu.

Ce n'est point ici une aventure dont je dispose les circonstances. Ne vous attendez à rien, je vous prie, lecteur. J'étais assis, c'est tout, mais c'est beaucoup, je vous assure, à cette heure et dans ce lieu. La vallée est déjà dans l'ombre; mais, du côté où elle s'ouvre sur le mont Blanc qui est tout voisin, une resplendissante lumière éclaire et colore les glaces de cette cime majestueuse dont les dentelures se découpent avec magnificence sur un sombre azur. A mesure que le soleil s'abaisse, l'éclat se retire par degrés des plateaux de glace, des transparents abîmes; et, quand de la dernière aiguille disparaît la dernière lueur, il semble que la vie ait cessé d'animer la nature. Alors les sens, jusqu'à ce moment charmés, attentifs et comme enchaînés à ces sommités, se ressouviennent de la vallée; la joue sent fraîchir le souffle du vent, l'oreille retrouve le bruit de la rivière, et des hauteurs contemplatives l'esprit redescend à songer au souper.

Un pâtre étant venu chercher les chèvres. Au retour, je fis route avec lui. Ce bonhomme avait certaines notions sur le Col d'Anterne, et je lui eusse certainement proposé de me servir de guide le lendemain, sans l'extrême pusillanimité que je croyais remarquer en lui. « Les gens encore, disait-il, mais les messieurs! non. La neige est haute en dessus. Pas huit jours qu'il y a péri deux cochons, ceux de Pierre; et sa femme aussi, qui les ramenait de la foire de Samoins. Deux cochons tout élevés! Si encore elle les avait vendus, l'argent se serait retrouvé! Je vous dis que c'est un mauvais passage en juin. » Je lui soutins, sur la foi de mon itinéraire, que le Col d'Anterne est au contraire un passage très-facile, puisqu'il n'est élevé que de 7,086 pieds au-dessus du niveau de la mer, tandis que la limite des neiges éternelles est à 7812 pieds. Et, comme la force de mon argumentation ne me parut pas avoir convaincu le pâtre, je pris mon crayon, et, faisant sur la couverture même de l'itinéraire une soustraction victorieuse, je démontrai que nous avions encore, à partir du sommet du Col, 720 pieds de roc nu, par conséquent sans neige ni glace.
— Mâs'y fias¹! dit-il dans son patois, Vos chiffres, je m'y connais pas; mais tenez: il y a deux ans d'ici, dans la même mois, un Anglais y est resté. C'était le fils. Je vis son père tout en pleurs et en deuil. On lui fit fête chez Renaud, on lui mit devant des noix sèches, de la viande, du bouché; rien n'y fit. C'est son fils qu'il voulait. On l'eut trente-six heures après, mais c'était le cadavre.

Il me parut évident que cet homme faisait quelque confusion de

¹ Il ne faut pas s'y fier.

noms, car l'itinéraire était positif et la soustraction péremptoire. Au surplus, je voulais un peu de dangers; et en supposant que le pâtre n'eût fait que représenter, avec l'exagération d'un esprit timide, des choses au fond vraies à quelque degré, il se trouvait que le Col d'Anterne était le col qui me convenait tout particulièrement entre les cols. Je persistai donc dans mon projet de le traverser sans guide, et je résolus, en ayant soin de partir peu de temps après l'Anglais, de manière à suivre de loin ses traces.

En rentrant à l'hôtel, je trouvai le souper servi. Une petite table était dressée pour moi; plus loin, milord avait la sienne, où il mangeait en compagnie d'une jeune demoiselle, sa fille, que je n'avais point encore vue. Elle était belle, éblouissante de fraîcheur, et ses manières présentaient ce mélange de grâce, et de roideur qu'on rencontre souvent chez les jeunes Anglaises qui appartiennent aux classes aristocratiques. Comme je sais l'anglais, j'aurais pu profiter de leur conversation, sans toutefois y prendre part; mais elle se borna à l'échange de quelques monosyllabes qui exprimaient un dédain rempli de dignité, au sujet du service des gens, de la qualité des mets ou de l'équivoque propreté des ustensiles. Ces mets eux-mêmes étaient singulièrement choisis et plus singulièrement répartis. Mademoiselle s'était fait servir un large beefsteak, et ses jolies lèvres ne dédaignaient point de livrer passage à quelques rasades d'un vin que je jugeai devoir faire partie de la provision de voyage. Pendant ce temps, milord s'occupait de se préparer un thé qui devait constituer tout son repas. Il mettait à cette opération ce soin minutieux, cette importance grave que sait y mettre un Anglais comme il faut; et, bien que toute la maison fût sur pied à l'occasion de ce thé, prête à tout faire, prête à se mettre au feu pour que ce thé fût parfait, milord accueillait toute la maison avec cette humeur roide qui, souvent aussi, caractérise l'Anglais de qualité, en voyage, à l'auberge et sur le continent.

Sur la fin du souper, le guide entra. — Holà! hé! dites donc, monsieur, il nous faut partir de grand matin. Je viens d'examiner le temps: vers midi nous pourrions avoir de l'orage. C'est mauvais par là-haut à cause des neiges. Et puis, c'est pas l'ombrelle de cette demoiselle qui la tirerait de là.

Cette façon cavalière de s'exprimer choquait visiblement milord. Avant de répondre, il entama avec sa fille un colloque en anglais. Pour la clarté du récit, je reproduis ce colloque dans cette sorte d'idiome qu'emploient entre eux les Anglais lorsqu'ils conversent en français.

Milord à sa fille: Cette guide avé iune très-irrévérencious manière.

Milord au guide: Je ne voulé partir que quand la ciel n'avé pas iune seule nuage.
— Eh bien, c'est pas ça! repartit le guide. De grand matin il y aura des nuages, je vous en préviens; et tout de même il faut partir de grand matin. Laissez donc, nous connaissons le temps et les endroits, nous autres!

Milord à sa fille: C'été iune fourbe. *Au guide*: Je disais à vos que je ne voulé partir que quand la ciel n'avé pas iunique nuage.
— Comme vous voudrez, ça vous regarde. Je parie que le ciel sera découvert vers neuf heures! Une supposition : vous partirez à neuf heures, mais je vous dis que vers midi il veut faire de l'orage, et à midi nous serons justement au milieu des neiges; au lieu de cela, si nous partons de grand matin, à midi nous sommes à Sixt, et vienne la tourmente alors!

Milord à sa fille: C'été iune fourbe. Compréné-vous la chose, Clara? Il connaisé qu'il faisé mauvais temps demain, et il voulé nous engager à commencer la journée de grand matin, parce que plus tard il faisé le pluie, et il perdé son aagent.
— Je croyé aussi.
— Ces hommes été tute remarquablement voleurs!
— Tute. Ordonné-lui votre volonté; il été bien attrapé.

Milord au guide: Mon ami, je distingué parfaitement bien voter estratadgem! Je ne voulé paartir que quand la ciel n'avé pas plus de niuage que siur cette plate... (*à Clara*): How do you say plate, Clara?

Clara : — Assiette.
— ...Que siur cette assiette... Entendé-vos?
— J'entends, j'entends; mais c'est une bêtise. Tenez, laissez-moi vous amener Pierre. Avec ses deux cochons que ça lui a coûté!...
— Je défendé vos d'amener des cochons...
— C'est pour faire voir à monsieur...
— Je défendé vos!
— Comme vous voudrez.
— Je défendé, diabel!

Le guide sortit, et de cette façon je ne pus, contre mon usage, décider de la veille l'heure du départ. Je penchais à croire le guide sincère dans ses assertions; mais, n'ayant pas voix au chapitre, je me contenter d'associer ma destinée à celle de milord, et c'est dans cette résolution que j'allai me coucher.

Les guides ont leurs idées. Malgré les ordres qu'il avait reçus, celui-ci vint au petit jour faire vacarme pour réveiller milord et le

presser de partir. Milord, déjà blessé dans ses plus intimes suscepti-
bilités par la façon bruyante dont s'y prenait le chasseur pour réveiller son monde, sortit du lit, vint mettre son nez à la fenêtre, et,
voyant le ciel tout couvert de nuages, ne put contenir sa vive indignation : — Vos été iune fourbe, mosieur! iune fourbe! criait-il au
guide de derrière sa porte. Je connaissé voter estratadgem! je connaissé!... je déclaré encore iune fois que je ne parté pas s'il y avé iune
sieule iunique niuage dans tute la circumférence de la firmamente!...
Allé-vos-en! tute suite! tute!...

Le guide se retira en grommelant, mais sans trop comprendre le
motif d'un si brusque accueil. Du reste, ses prédictions météorologi-
ques ne tardèrent pas à se réaliser. Dès huit heures, le soleil perça le
dais de nuages qui avait jusque-là plané sur la vallée, et bientôt
ayant dissipé les vapeurs devenues plus légères, on le vit briller dans
un ciel parfaitement pur. Alors seulement milord et sa fille se décidant à partir, montèrent sur leurs mulets, qui, sellés et bridés, attendaient depuis plus de deux heures devant l'auberge en compagnie
du guide. Un troisième mulet portait leur valise à Sixt par une route
moins longue et plus facile. Environ vingt minutes après leur départ,
ayant chargé sur mon dos mon petit havre-sac, je partis à pied sur
leurs traces.

Cette montagne que nous gravissions est pittoresque, intéressante.
Jusqu'à mi-hauteur, ce sont des croupes magnifiquement boisées : d'a-
bord des noyers, puis les hêtres mêlés aux sapins, bientôt les premiers
bouleaux, dont le tremblant feuillage couronne des troncs sveltes et
argentés; enfin les rochers des Fiz. Ce sont des roches qui s'élancent
vers la nue, plus élevées, plus menaçantes à mesure qu'on s'en approche, et formant une vaste chaîne qui court du côté de Sallenche,
où elles se terminent par la majestueuse aiguille de Warens. Ces roches sont vermoulues, minées par les eaux; elles ont formé par des
éboulements successifs, dont le plus récent eut lieu dans le siècle
passé, ces croupes aujourd'hui boisées, parsemées de riants pâturages,
mais qui recouvrent des corps d'hommes, des hameaux, des pays en-
tiers. De loin en loin, quelques hardis chasseurs ont escaladé les Fiz;
ils disent que sur cet âpre sommet on trouve un lac sombre, profond,
dont on raconte dans la contrée des choses merveilleuses.

Le dernier village que l'on dépasse lorsqu'on monte de Servoz,
c'est le village du Mont. Frappé du délabrement qui régnait dans ce
petit hameau, où je n'apercevais ni habitants ni bestiaux, j'y fis halte
auprès d'une fontaine; mais personne ne parut à qui je puisse demander la cause d'une solitude si profonde. Si je l'eusse pu, un triste
désenchantement eût accompagné ma curiosité satisfaite; en effet,
dès le lendemain, en entrant à Bonneville, mon cocher m'indiquait
du doigt la prison qui recélait tous les malheureux habitants de ce
village.

C'est une histoire funeste. Ce hameau, comme les autres de la
vallée, avait sa part de biens et de vertus; comme dans les autres, le
travail, la simplicité des mœurs y faisaient régner l'ordre, une modique aisance; les générations s'y succédaient, obscures, mais unies
et paisibles. Cependant quelques-uns, à la fin des guerres de l'empire, revenus dans leurs foyers, y rapportèrent des habitudes d'oisiveté, d'ivrognerie; ils y enseignèrent comment ailleurs on délaissait
l'église, comment on s'y moquait du curé; ils dirent que les Savoyards
sont en estime à Paris, qu'en peu d'années ils y recueillent pour des
services point rudes une grosse somme d'argent : en sorte que plusieurs, séduits, s'expatrièrent pour revenir après quelques années.
Ils rapportaient la grosse somme, mais en même temps des vices inconnus, un libertinage honteux, la science et le besoin de la débau-
che. Déjà auparavant le dédain des vieilles maximes, le mépris des
rustiques usages, des pratiques religieuses, avaient préparé le sol : la
corruption y germa, prit racine, s'étendit, pénétra jusqu'au cœur de
tous ces foyers; l'intempérance, la maladie, la misère, comme autant d'ulcères, rongèrent ces familles jadis saines et aisées; et, au
bout de peu d'années, cette petite société, ruinée par l'abandon des
habitudes d'ordre et de labeur, et unie seulement par le lien du vice
et du besoin, formait contre la propriété des communes voisines un
abominable complot. Ils s'appropriaient des bestiaux, ils contestaient
des titres, ils prétendaient à des terrains, jusqu'à ce que, amenés devant la justice, ils s'engageaient leur cause au moyen du faux témoignage, auquel ils s'étaient engagés tous solidairement par un exé-
crable serment. Le terme de ces crimes était enfin venu : les pères
et les mères avaient été jetés dans les cachots; et leurs enfants, or-
phelins, flétris, dispersés, mangeaient autour des cabanes ou sur le
pavé des villes le pain amer de l'aumône.

Heureusement je ne savais point ces choses. Assis auprès de la fontaine, j'en admirais le cristal, les mousses éclatantes; je me figurais
que ces bonnes gens, que je ne voyais pas sous le porche des maisons
autour des étables, travaillaient dans la forêt, ou faisaient paître au
loin leurs nombreux bestiaux. Comment, dans ces lieux écartés, sous
ces aimables ombrages, se peindre une peuplade dévorée par ces
plaies qui rongent la populace des grandes villes? Comment renoncer,
au sein des hautes Alpes, à ce charme d'innocence que l'on vient y
chercher comme dans un inviolable asile? Et pourtant, bien des fois
déçue, l'illusion renaît sans cesse, parce que, pour nous, hommes des
villes, cette grande nature nous émeut, ce silence des montagnes nous

parle; notre cœur s'élève, s'épure, il semble reprendre sa primitive
innocence, et bientôt, ne concevant plus le mal, les vices, les abjectes
passions, il va prêtant à toutes choses ce charme qui l'enivre.

Je l'éprouvais, ce charme, dans toute sa pureté, et davantage à
mesure que je m'élevais. Cependant, vers onze heures, quelques nuages planaient au-dessus des gorges profondes; le mont Blanc avait
cet aspect mat qui laisse les arêtes du roc se dessiner toutes noires
sur une blancheur terne, et du côté du sud le vent soufflait par froides
bouffées. Je songeai aux prédictions du guide, mais seulement pour
rire du bon milord, qui, afin de ne pas donner dans un piège imaginaire, s'en était tenu à un très-réel à lui-même. De temps en temps,
quand le taillis était moins épais et la pente plus escarpée, je voyais
les deux mulets au-dessus de ma tête. Milord et sa fille cheminaient
sans mot dire, lorsque le guide, qui conduisait à la main le mulet de
la jeune miss, s'étant arrêté pour lui montrer quelque chose, il s'ensuivit une sorte d'altercation.

Il faut savoir que les guides, en cet endroit, montrent au voyageur
une tache de couleur ferrugineuse, qui se voit à une grande hauteur
contre la paroi des Fiz. Ils appellent cette tache l'Homme des Fiz,
parce qu'ils prétendent qu'elle a la forme et l'aspect d'une culotte
jaune, tandis que, tout autour, d'autres apparences complètent, selon
eux, la figure du géant. C'est cette curiosité que le guide indiquait
du doigt à la jeune miss : mais, pour lui montrer l'homme, il lui dé-
signait la culotte. L'on sait tout ce que ce mot a d'inconvenant pour
des oreilles anglaises; aussi une expression de haute pruderie se pei-
gnit-elle sur le visage de la jeune personne, tandis que milord laissait
voir sur le siens les signes de la plus comique indignation.

— Ici en haut, à gauche, répétait le guide, une culotte jaune !
— Je défendé vos, guide, de dire cette mote !
— C'est que monsieur ne la voit pas. Tenez, juste au bout de mon
bâton... une culotte jaune !

Ici la jeune miss redoubla de pudique malaise, et milord, outré de
cette récidive : — Vos été iune malproper, mosieur ! j'avé dite à vos
de ne pas prononcer cette sale mote ! Je payé vos, c'été vos d'avoir de
l'obéissance ! (A sa fille.) Piqué la miulette, Clara.

La caravane reprit sa route. Le guide, simple chasseur de chamois,
guide seulement par occasion, et point au fait, comme le sont ceux
de Chamonix, des mœurs et coutumes, comprenait toujours moins à
qui il avait affaire. Mais au fond, soucieux seulement de son salaire,
il n'insista pas, et mettant à sa bouche une énorme pipe bien bourrée
de tabac, qu'il venait de sortir de sa poche, il se mit à battre le briquet....

Clara à milord : Oh ! le détestabel perfiume, si cette gaçon voulé
fiumer son pipe !

Milord à Clara : Je n'avé pas connoissé iune si intotérabel homme !
Au guide : Je défendé vos, guide, de fiumer, pourquoi mon file il
craigné la perfiume...

— C'est du perfium, c'est du bon tabac, et puis du bon !
— C'est iune perfiume mauvaise, je défendé vos!
— Eh bien, tenez, la bête est sûre, je marcherai derrière...
Clara : Oh ! oh !... ne quitté pas la miulette !
Milord : Ne quitté pas ! Oh ! what fellow we have there ! Je dé-
fendé vos de fiumer ! Si vos fiumé, je refiusé absolument de payer
vos !

— Ah ben ! ceux-là !... vaut mieux mener les bêtes à la foire, dit
le guide en remettant sa pipe dans sa poche. Voyons, avançons !
ajouta-t-il, le temps se brouille, il s'agit de passer les neiges.

Effectivement le ciel s'était de nouveau entièrement chargé de
nuages; toutes les cimes étaient cachées, et le vent, déjà plus violent,
faisait tourbillonner la poussière des ravins. Nous montions depuis
près de trois heures, et néanmoins le haut du col paraissait encore
éloigné. Depuis que nous avions atteint la base des rochers des Fiz,
en même temps que nous laissions derrière nous les dernières traces
de végétation, ces rochers, que nous commencions à tourner, nous
dérobaient la vue de la vallée de Servoz. La scène était donc changée:
à gauche, des rocs verticaux; à droite, les bases du Buet, toutes de
glace et de pierres nues; autour de nous, une contrée déserte et
morne, dont l'aspect n'était varié que par les blanches plaques de
neige qui se montraient à chaque instant plus nombreuses, pour devenir bientôt continues.

Milord à Clara : J'avé la suspicion que cette drôle ne connaissé pas
la true chémin.

— J'avé aussi, répondit Clara avec un air d'inquiétude, guide.
Milord : Vos méné nous dans iune mauvaise chémin, guide.
— Ici ! c'est pas de quoi se plaindre. Attendez donc d'être en haut.
Avançons, avançons !

Clara à milord : Oh ! je craigné beaucoup, mon père.
— Avançons, avançons ! Vous n'avez pas voulu m'écouter hier ;
c'est à savoir maintenant comment nous nous en tirerons.
— Je voulé ritorner, ritorner absolument ! s'écria la jeune miss
très-effrayée.
— Impossible, mamselle. Mais c'est sûr qu'il vaudrait mieux pour
nous que nous fussions à cette heure de l'autre côté.
— Arrêtez la miulette, guide, arrêtez ! dit milord. Le guide, tout

4

préoccupé, ne tint compte de cette injonction. Arrêtez! répéta la jeune miss. Arrêtez! répéta milord, tute suite! tute!

Le guide, sans s'arrêter et sans répondre, regardait attentivement le ciel en arrière de nous. C'est mauvais, dit-il. Puis, arrêtant brusquement les mulets : — Monsieur, mamselle, il faut descendre.

— Descendre! s'écrièrent-ils tous les deux à la fois.

— Et vite! Retourner, c'est impossible. Voici la tourmente qui nous prend à dos : le vent nous l'amène grand train. Nous n'avons qu'une chance, c'est qu'elle ne nous attrape pas. Le col est loin encore; si nous y voulons passer, nous sommes *péris* avant d'y arriver. Il faut grimper cette rampe à gauche, elle abrége; au delà nous sommes en dehors du vent. A bas! les mulets trouveront leur route. A bas donc!

Le sang-froid de cet homme imposa au milord, en même temps que ses paroles lui causaient une grande inquiétude. Il descendit sans mot dire; alors je m'approchai. La jeune miss était toute tremblante. Sans demander la permission, je l'aidai à descendre de sa monture, tout en lui adressant quelques paroles rassurantes. Quand son père vit ses pieds délicats s'enfoncer profondément dans la neige, un mouvement d'effroi se peignit sur son visage. — Guide, dis-je aussitôt à l'homme qui accrochait en toute hâte les étriers à la selle des mulets, c'est à vous de nous tirer d'ici. On m'a parlé de votre courage, de votre force; vous êtes Félisaz, le plus habile chasseur de la vallée : nous nous confions à vous. Me tournant ensuite vers milord : N'ayez pas de crainte, monsieur. Je suis aussi fort habitué aux montagnes. Entre ce brave homme et moi, nous soutiendrons mademoiselle, vint-elle à fléchir sous l'excès de la fatigue. — Oblidgé, me répondit-il tout distrait par une vive émotion.

Moins troublé que l'Anglais, je n'étais pas moins inquiet. Les récits du pâtre, que j'avais à peine écoutés la veille, se présentaient à mon imagination, et me faisaient juger notre situation très-périlleuse. Cet homme m'avait raconté dans tous leurs détails les circonstances qui avaient accompagné la mort du jeune Anglais, celle de la femme de Pierre; il me semblait les voir se reproduire toutes avec une effrayante vérité! La malheureuse, arrivée près du sommet avec sa compagne, avait manqué de force pour s'enfuir, et au bout de quelque temps, elle avait péri enveloppée dans la tourmente : c'est un vent qui, s'engouffrant dans les anfractuosités de ces gorges étroites, y tourbillonne avec violence, en déplaçant d'énormes masses de neige qui recouvrent comme d'un linceul tous les objets sur lesquels il promène ses fureurs. Or c'était un tourbillon de cette sorte qui, s'élevant derrière nous, comme du fond de la vallée, semblait devoir nous atteindre avant peu d'instants. Dès que le guide l'avait aperçu, et bien avant que nous pussions nous douter du danger, il ne l'avait plus quitté des yeux, mesurant avec sagacité sa distance, pressantant sa direction, et jugeant avec un coup d'œil aussi sûr que prompt qu'il fallait, pour ne pas périr, escalader au plus vite la pente qu'il venait de nous montrer.

Nous nous y engageâmes. A peine les mulets s'étaient enfuis avec vitesse, la tête haute et les naseaux au vent. Guidés par leur instinct, ils avaient quitté le sentier par lequel nous étions venus; et, se jetant sur la gauche pour s'éloigner de la trombe, ils s'enfonçaient dans une gorge obscure où bientôt nous les perdîmes de vue. Avançons! arrivons! criait sans cesse le guide. Mais la pente était si roide, que, sous la neige qui se tassait sous les pieds, il eût été impossible au plus habile chasseur de s'y tenir debout. Malgré cette circonstance favorable, nous avancions à peine, troublés plutôt que soutenus par les pressantes injonctions du guide. La jeune miss, comprimant sa frayeur pour ne pas ajouter à l'effroi qui semblait enchaîner son père, faisait des efforts inouïs pour s'élever; mais ses forces s'y consumaient; et déjà, après avoir, par une réserve naturelle, manifesté quelque embarras en acceptant l'appui de ma main, elle en était à se suspendre à mon bras, à me laisser le plus souvent le soin de la soutenir, de la porter presque. Epuisé moi-même et ne croyant à chaque instant arrivé au dernier terme de mes forces, le danger extrême que courait cette jeune demoiselle ranimait mon courage, et je tentais encore un effort. Enfin elle atteignit au haut de la pente. Nous l'y laissâmes, car son père réclamait tous nos secours.

Une circonstance singulière avait ajouté à la détresse de ce pauvre monsieur. Pendant qu'il cherchait à diminuer la roideur de la pente en faisant des contours en zigzag, ses pas l'avaient conduit sur un bloc de roche caché sous la neige, et posé, comme il arrive quelquefois, en équilibre. Le poids du corps avait fait un peu basculer cette masse énorme; et la frayeur de milord avait été si soudaine et si vive, qu'incapable de la surmonter il s'était laissé tomber sur ses genoux tremblants. Son visage était pâle et défait; sa fille, qui du haut du col venait de l'apercevoir dans cet état, poussait des cris de désespoir, et nous-mêmes nous ne savions que résoudre. — Laissez-moi, nous dit-il, et sauvez mon enfant! — Alors le guide : — Courage! mon brave monsieur, ce n'est rien. Et s'adressant à moi : — Portons-le! Nous réunîmes nos efforts, et avec des peines infinies nous atteignîmes au sommet.

Il y avait sur ce sommet un espace de quelques pieds qui, sans cesse balayé par le vent, se trouvait dépouillé de neige. C'est là que nous nous trouvions réunis tous les quatre. La tourmente approchait

toujours. — Il ne faut pas vieillir ici, dit le guide. Je prends le monsieur, c'est le plus lourd, vous, mamselle. Nous n'avons plus qu'à descendre, mais par-dessus vingt pieds de neige. Vous autres, mettez vos pas par où j'aurai fait les miens. N'oubliez pas ça, c'est pour éviter les trous qui sont à l'entour des rocs. Courage! mon brave monsieur; courage! mamselle. C'est rien! Voici qui va vous revenir.

En disant ces mots, le guide avait tiré de sa poche une vieille gourde en cuir qui contenait encore quelques gouttes d'une mauvaise eau-de-vie du pays. — A la guerre comme à la guerre, dit-il, et en même temps il présentait la gourde aux lèvres de la jeune miss. Celle-ci goûta la liqueur, et rendit la gourde avec un sourire de reconnaissance. Le guide y fit ensuite boire milord, puis il me la passa. Elle était légère. — A vous, guide, lui dis-je. — Buvez seulement, répliqua-t-il en s'apprêtant à partir; c'est à peine si vous y trouverez de quoi. Puis, regardant au-dessus de sa tête : — En route! s'écriat-il soudain, et comme surpris en voyant l'état du ciel. La trombe, en effet, semblable à une immense colonne, s'avançait obliquement, et déjà sa partie supérieure, surplombant sur la place où nous étions, nous masquait les sommités des Fiz à notre gauche.

La petite goutte de liqueur avait un peu ranimé nos forces; nous commençâmes à descendre. Mais, dès les premiers pas, il se présenta des obstacles insurmontables. La neige, sur ce revers abrité contre le vent froid qui régnait de l'autre côté, était amollie; nous y enfoncions jusqu'à la ceinture. Bientôt les robes de la jeune miss entièrement détrempées par le contact de cette neige, en se collant à ses jambes la glaçaient de froid et empêchaient d'ailleurs tous ses mouvements. A chaque moment elle se trouvait arrêtée, sans que je pusse, vu la nature de l'obstacle, la soulager en rien. Le guide s'en aperçut, et aussitôt s'apostrophant lui-même : — Bête que tu es!... c'est en haut qu'il fallait parler. Pardi! il faut que mamselle fasse comme les femmes du pays, de ses jupes une culotte!... La situation, depuis quelques heures, avait bien changé. Aussi la jeune Anglaise, non sans embarras, à la vérité, mais cette fois sans fausse pruderie, mit la main à l'œuvre; et, ramenant par derrière l'extrémité antérieure de sa robe, elle l'y fixa avec une épingle, se faisant ainsi une sorte de pantalon bouffant, qui lui permit de faire quelque espace de chemin avec plus d'aisance.

Pour milord, le soin de sa fille le préoccupait tout entier. — Oblidgé! me disait-il à chaque pas, oblidgé! Mon Dieu! mon Dieu! guide, ôte-ce encore longtemps comme cela? — Tenez! lui repartit le guide, nous sommes sauvés, mais regardez donc là où nous devions passer!

A ces paroles du guide, nous nous séparâmes les uns des autres comme par un commun mouvement, et tournant nos yeux de ce côté, nous regardâmes en silence. La trombe s'y brisait avec un fracas épouvantable. D'immenses traînées de neige, frappant sur les rocs, rejaillissaient par les airs, et le vent, ressaississant ces gerbes égarées, les heurtait les unes contre les autres, en sorte qu'on voyait comme une vaste nuée soudainement déchirée par tous les vents déchaînés.

Au spectacle de ces horreurs, milord, croyant à peine sa fille échappée à la plus affreuse mort, se retourna vers elle pénétré d'une émotion profonde et comme pour la serrer dans ses bras... mais, émue elle-même, et saisie par le froid, cette jeune fille venait de perdre connaissance.

Je me dépouillai aussitôt de mon habit, dont j'enveloppai cette jeune demoiselle, puis je la soulevai dans mes bras pendant que son père tirait de mon havre-sac quelques hardes dont nous entourâmes ses jambes et ses pieds glacés. Elle rouvrit les yeux, et rougit en se voyant dans mes bras. — Cela va déjà mieux, dis-je à milord; reprenez, monsieur, le bras du guide, et marchons. Je porterai mademoiselle jusqu'à ce que nous soyons en meilleur gîte. En cet instant la jeune miss dit d'une voix faible : — Merci, monsieur... marchez, mon père, je vous en prie. Et, passant son bras autour de mon cou, elle s'y retenait pour me rendre moins lourd le fardeau de sa personne.

— Puisque c'est comme ça, dit le guide, tirons à droite; je sais une baraque. Effectivement, au bout de vingt minutes, ce brave homme nous trouva un mauvais chalet, dont la cheminée seule perçait l'épaisse couche de neige sous laquelle il était enterré. Ces cabanes sont fort basses. Le guide déblaya la neige, fit un trou à la toiture, descendit le premier, reçut la jeune fille de mes bras dans les siens, et bientôt nous fûmes tous ensevelis dans cette demeure, qui pour parois avait des poutres noires, enfumées, et pour plancher une humide terreau dont la nature indiquait assez le séjour qu'y avaient fait les troupeaux l'été précédent.

Sans cette misérable demeure, qui nous fut si précieuse, il est difficile de prévoir ce que serait devenue notre jeune compagne. A la tourmente qui avait éclaté avant de nous atteindre, avait succédé une pluie froide, mêlée de neige, dont les gouttes serrées piquaient le visage, gênaient la vue, et bornaient notre horizon à quelques pas, en sorte que le guide lui-même n'avait plus d'autre indice pour nous conduire que la pente de la montagne : c'était le reste de la tempête qui passait sur nos têtes. D'ailleurs, bien que la jeune miss fût légère, il m'eût été absolument impossible de la transporter dans cet état; et, de son côté, le guide ne pouvait me succéder dans mon office sans abandonner la conduite de notre petite caravane, au milieu d'une route elle est vive, elle est pure, et il en reste, au lieu de regrets, un souvenir plein de charme.

Et que sera-ce si ces objets qui se présentent à vos yeux sont ces vallons, ces forêts, ces monts sans nombre, ces glaces infinies, en un mot cette nature tantôt riante, tantôt sublime des grandes Alpes; si à chaque instant un spectacle attachant provoque cette admiration expansive, ce besoin de partager des émotions dont le flot ne peut tenir tout entier dans le cœur, et que leur religieuse pureté affranchit du joug d'une pudique réserve? que sera-ce si la jeune fille, au milieu de ces transports, oublieuse de sa rustique monture, vous laisse usurper le doux soin d'en diriger la marche et d'en régler les caprices? Pendant que, la bride au poing, vous mettez entre la mule et l'abîme le rempart de votre corps, elle admire, elle s'émeut; son visage s'embellit de la vie du sentiment, la brise matinale qui souffle des hauteurs ravive les roses de son teint, et, se jouant dans les plis de sa mante, dessine ou découvre les grâces de son attitude. Ah! jeune homme, déjà votre cœur, déjà votre regard, infidèle aux montagnes, erre avec amour autour de cette créature charmante; elle est aimable, n'est-ce pas? elle est belle, enchanteresse,... c'est tout ce que je voulais prouver.

J'éprouvai ce jour-là tous ces sentiments que je viens de décrire. J'eus la bride au poing. Je fis de mon corps un rempart; malheureusement il n'y avait pas d'abîme. Près du glacier du Tour nous nous arrêtâmes. Nous venions de découvrir, en avant de nous, cet étroit et sauvage vallon où finit, contre les pentes du Col de Balme, la vallée de Chamonix : l'ombre y planait encore. Mais, en arrière de nous, cette même vallée se montrait déjà dans tout l'éclat de sa splendeur matinale. Le soleil, arrivé à la hauteur des gorges, y lançait ses feux au travers de bleuâtres vapeurs, rasant de leur cime jusqu'à leur base les arêtes dentelées des glaciers, et faisant scintiller au-dessus du sombre rideau des forêts les innombrables aiguilles des Bois, des Bossons, du Taconey; puis, laissant dans l'ombre l'Arve et ses îles boisées, il venait dorer, au pied des parois du Brévent, les tranquilles pelouses où brillent éparses les cabanes du Prieuré. — Quel spectacle! dit ma compagne; je veux descendre..... Déjà je l'y aidais, et l'une de mes mains dégageait l'étrier, tandis que l'autre, doucement pressée par la sienne, lui servait d'appui pour sauter légèrement à terre. Alors nous nous assîmes sur un bloc de granit, pendant que la mule, dont je tenais toujours la bride, broutait aux touffes d'herbe qui formaient la lisière du chemin.

Il y a des moments où la contemplation est de rigueur, sans en être pour cela plus facile. Il s'agissait d'admirer, nous ne nous étions assis que pour cela; mais si ma compagne, peu faite aux mœurs pastorales, éprouvait quelque embarras de se trouver ainsi seule avec moi, j'étais de mon côté trop préoccupé par sa présence pour qu'il me fût aisé de parler éloquemment des montagnes. J'essayai toutefois; mais, après quelques lieux communs dont la niaiserie m'importunait moi-même, je rebroussai comme je pus vers un sujet bien autrement à l'ordre du jour que la splendeur matinale. — Vous remarquez, mademoiselle, lui dis-je, qu'ici la route se bifurque; oserai-je vous demander si vos parents se sont décidés pour la Tête-Noire ou pour le Col de Balme?... — Je l'ignore, monsieur, me répondit-elle. Puis, se tournant de l'autre côté pour me dérober la vue de sa rougeur : — Je crois que ce sont eux que l'on aperçoit là-bas...

Effectivement le reste de la caravane, que nous avions laissé en arrière, nous rejoignait insensiblement. Je remarquai que le père et la mère de ma jeune compagne avaient à leur tour pris les devants sur les autres voyageurs, et que, sans nous voir encore, ils pressaient le pas de leurs mulets. Quand ils nous eurent atteints : — Ah çà! mesdames, dit le père, c'est le moment de nous décider. Puis, se tournant vers moi : — Et vous, monsieur, par où passez-vous?

Cette insidieuse question ne me surprit pas autant qu'elle me contraria. J'avais dit imprudemment à ce monsieur, la veille déjà, que mon projet était de passer par la Tête-Noire, et j'avais cru procéder habilement par cet aveu : car passage, plus facile que l'autre, est celui que choisit d'ordinaire une société où se trouvent des dames. Mais, la veille aussi, ce monsieur m'avait fort prudemment prévenu que, pour lui, il était encore incertain sur celui des deux passages qu'il choisirait. Il était donc manifeste que ce père prévoyant avait voulu se ménager toutes les éventualités, entre autres celle de faire passer sa fille par le côté où je ne passerais pas. Aussi, comprenant à merveille toute la portée de sa question, et jaloux de sauver au moins ma dignité : — Vous le savez, monsieur, répondis-je, mon projet a été de passer par la Tête-Noire... Il m'interrompit : — Malheureusement nous inclinons, nous, pour le Col de Balme. J'en ai du regret, vraiment. Bon voyage, monsieur; enchanté d'avoir du moins joui pendant cette matinée de l'avantage de votre société. — Je me confondis en civilités tout aussi sincères, et nous nous séparâmes.

Je demeurai fort triste, face à face avec la belle nature, qui ne me sembla plus belle du tout. Le Prieuré me paraissait morne, les Bossons m'importunaient.

Assis sur mon granit, je me livrais à de rancunières réflexions sur l'hypocrite tyrannie des pères, que seconde souvent si mal à propos la soumission par trop angélique des filles. Dans ce moment vint à passer une autre caravane à laquelle je me joignis, faute de mieux, et aussi pour combattre par la distraction la blessure du sentiment.

Cette caravane se composait de trois messieurs à pied et d'un mulet chargé de pierres. Ces messieurs étaient des géologues. C'est une charmante compagnie que les géologues, mais pour les géologues surtout. Leur manière est de s'arrêter à tout caillou, de pronostiquer à chaque couche de terre. Ils cassent les cailloux pour en emporter; ils égratignent les couches pour faire un système à chaque fois : c'est fort long. Ils ne sont pas sans imagination, mais cette imagination a pour domaine le fond des mers, les entrailles de la terre; elle s'éteint dès qu'elle arrive à la surface. Montrez-leur une cime superbe : c'est une soufflure; un ravin rempli de glaces : ils y voient l'action du feu; une forêt : ce n'est plus leur affaire. A mi-chemin de Valorsine, un mauvais éclat de rocher sur lequel je me reposais mit mes trois géologues en émoi : il fallut me lever bien vite et leur abandonner mon siège. Pendant qu'ils le mettaient en pièces, je m'éloignai tout doucement, et ils me perdirent de vue. *Sic me servavit Apollo*.

Toutefois, s'il m'arrive d'éviter le géologue, j'aime en tout temps la géologie. L'hiver surtout, au coin du feu, qu'il est charmant d'entendre raisonner sur la formation de ces belles montagnes que l'on a visitées durant les beaux jours, sur le déluge et sur les volcans; sur la grande débâcle et sur les soufflures, sur les fossiles surtout! Quand on en est aux fossiles, je ne manque jamais d'introduire dans l'entretien le grand *Mastodonte* de je ne sais qui; ou le *Megalosaurus* de Cuvier : c'est un grand lézard de cent vingt pieds de long, dont nous n'avons plus que les os moins la peau. Mais figurez-vous cette bête royale se promenant au travers de l'ancien monde, et nourrissant sa petite famille d'éléphants en guise de moucherons! Vivent les pittoresques! ils propagent, ils popularisent la science : c'est là que j'ai appris toute ma géologie.

Au surplus, même sans les pittoresques, qui n'est un peu géologue? Qui ne se demande, à la vue des accidents ou des merveilles qu'étale une montagneuse contrée, comment se sont ouverts ou creusés ces abîmes, comment ces cimes se sont élancées dans les cieux; pourquoi ces pentes douces et pourquoi ces rocs tourmentés; d'où viennent ces colosses de granit qui pèsent sur la plaine, ou ces dépouilles marines enfouies aux montagnes? Ces questions sont de la géologie pure, à la fois élémentaire et transcendante, les géologues ne s'en adressent pas d'autres; bien plus, sur la façon de les résoudre, ils ne sont jamais d'accord : c'est l'eau, c'est le feu, c'est l'érosion, c'est la soufflure. Partout des systèmes, et nulle part des vérités; beaucoup d'ouvriers; point d'experts; des prêtres, et point de dieu; en voilà sorte que chacun peut approcher son hypothèse de la flamme de l'autel, et dire en la voyant flamber : Fumée pour fumée, la mienne, monsieur, vaut la vôtre.

Et c'est précisément par là que j'aime cette science. Elle est infinie, vague, comme toute poésie. Comme toute poésie, elle sonde des mystères, elle s'y abreuve, elle y flotte sans y périr. Elle ne lève pas les voiles, mais elle les agite, et, par de fortuites trouées, quelques rayons se font jour qui éblouissent le regard. Au lieu d'appeler à son aide les laborieux secours de l'entendement, elle prend l'imagination pour compagne, et elle l'entraîne dans les profondeurs ténébreuses de la terre, ou bien, rebroussant avec elle jusqu'aux premiers jours du monde, elle la promène sur de jeunes et verdoyants continents, tout fraîchement éclos du chaos, tout brillants de leur primitive parure, et qui foulent ces races perdues, mais dont les gigantesques débris nous révèlent aujourd'hui l'existence. Si elle n'arrive pas à un terme, en y tendant elle parcourt une route attrayante; si elle divague ou déraisonne sur les causes secondes, sans cesse et de toutes parts, et en vertu de son impuissance même, elle nous met face à face avec la cause première : et c'est pour cela que, toujours aimée, toujours cultivée, cette science est aussi antique que l'homme. La Genèse en est le plus vieux et le plus sublime traité et, chez le peuple poète par excellence, chez les Grecs, les théogonies, les cosmogonies abondent dès le premier âge; dès lors, comme aujourd'hui, les Vulcaniens, les Neptuniens s'y disputent, non pas, à la vérité, les suffrages du monde savant, mais l'admiration naïve, l'oisive curiosité, le poétique sentiment d'une foule inintelligente et crédule.

A Valorsine, je rejoignis trois touristes : c'étaient un Français et deux Anglais, gens sans aucune espèce de rapport entre eux, si ce n'est celui qu'établissant temporairement des manières comme il faut, et cette sorte de sympathie aristocratique en vertu de laquelle des hommes qui s'estiment d'égale condition consentent à frayer ensemble, lorsque d'ailleurs ils ne peuvent frayer avec d'autres.

Les Anglais étaient deux beaux et grands garçons, de ces ci-devant écoliers, pas encore hommes, que milord leur père envoie, à peine échappés de Cambridge, faire le tour du continent, accompagnés d'une sorte de gouverneur subalterne qui cire leurs bottes et paye leur champagne. Je les avais déjà rencontrés les jours précédents. A l'hôtel, à table, ils m'avaient paru avoir tout le décorum du gentleman anglais; en route, je les avais aperçus folâtrant entre eux ou avec des passants : aussi me rappelaient-ils ces grands chiens de Terre-Neuve qui sur le point de devenir graves, se surprennent encore à bondir de gaîté ou à jouer avec les roquets du continent.

Le Français était un élégant jeune homme, carliste d'opinion, de langage et de moustaches ; un de ces politiques de salon qui se flattent d'avoir conspiré, qui estiment avoir combattu en Vendée, et qui se persuadent que, l'Ouest pacifié, ils doivent à la tranquillité de leur famille de faire une tournée en Suisse, pour fournir au gouvernement un prétexte honnête de fermer les yeux sur l'audace de leurs antécédents ; du reste, jovial, le meilleur homme du monde, et des gants blancs.

Les deux Anglais étaient sobres de paroles, gauches de manières, mais très-passablement intelligents des beautés de la contrée. La fraîcheur des herbages, la limpidité des eaux, surtout la hardiesse des cimes, leur causaient une sorte de satisfaction intérieure, dont les exigences de leur dignité ne suffisaient pas toujours à réprimer l'expression. *Beautiful!* murmuraient-ils de temps en temps, en échangeant un regard. D'ailleurs, ils étaient accoutrés avec cette simplicité confortable et dispendieuse qui distingue les touristes de leur nation : de beaux chapeaux de paille à larges ailes, parfaitement propres, mais froissés par l'usage, et négligemment posés sur leur tête ; des vestes en toile grise, d'une coupe commode, et recélant dans des poches profondes une longue-vue de Dollond, un porte-cigares en argent, et l'attirail des ingrédients nécessaires ou utiles dans un voyage en pays de montagnes. Même simplicité, même propreté recherchée dans leur linge ; et, au milieu de la gaucherie un peu lourde de leurs mouvements, cette assurance de jeunes lords qui, accoutrés en vue du but qu'ils se proposent, ont compté sur leur tailleur pour être à l'aise, sur leur bonne mine pour se faire distinguer, et comptent en tout temps sur leurs guinées pour se faire respecter et chérir des aubergistes du continent.

Le Français, au contraire, était éminemment communicatif, aisé et vif dans ses manières, hautement enthousiaste des beautés alpestres, dont il n'avait d'ailleurs nul sentiment. Comme les Anglais, il était charmé de la limpidité des ondes, mais c'était pour en avoir comparé la fraîcheur aux eaux tièdes qu'on boit à Paris. Les cimes l'enchantaient, mais c'était en vue des sauts prodigieux qu'ont à faire les chamois pour passer de l'une à l'autre, et surtout dans l'espoir de les y poursuivre bientôt, lorsqu'il aurait reçu de Paris un excellent fusil de chasse de Lepage, qu'il s'était hâté d'y demander. « Le premier que j'abats, disait-il, je l'envoie à Prague ! » D'ailleurs, il était habillé comme le serait Robinson accoutré par une modiste. Un charmant chapeau imperméable, à petites ailes, était coquettement posé sur sa chevelure lustrée ; une cravate, imperméable aussi, lui serrait le cou ; sa lévite en velours, avec les pans également échancrés par-devant pour faciliter la marche, une taille basse et étranglée pour donner de la légèreté, était fournie de poches et de contre-poches remplies de futilités microscopiques, dont la plupart étaient sans usage, soit par leur nature, soit en vertu même de leur ténuité portative. Mais un chef-d'œuvre de l'art, c'était sa canne. Cette canne se déployait en chaise, pour jouir commodément des points de vue ; elle s'ouvrait en parasol, pour préserver des ardeurs du soleil ; elle se refermait en bâton, pour gravir les montagnes. Le bâton était lourd comme un soliveau, le parasol échancré comme une aile de chauve-souris, la chaise confortable comme un tabouret sans paille ; et, néanmoins, le possesseur satisfait, triomphant à cause de la foule d'agréments indispensables dont ce chef-d'œuvre lui assurait la jouissance.

Je trouvai ces messieurs assis non loin des mulets qui prenaient leur ordinaire, et engagés dans une conversation dont le Français faisait les frais pour les dix-neuf vingtièmes au moins. En effet, il venait de traiter à fond toute la question dynastique, celle de la république et celle des doctrinaires ; puis il avait passé à Henri V, et de là aux chamois, à propos d'un coup de carabine qui s'était fait entendre du côté des sommités. Sur ce quadrupède comme sur la politique, son érudition était close, son idée faite, ses axiomes tout formulés ; évidemment il avait étudié son chamois dans les livres d'Alexandre Dumas, de Raoul Rochette et d'autres théoriciens fameux, mais en écolier qui va plus loin que ses maîtres, et pour qui les théories émises ne sont plus bientôt que brutalités. Rien, en comparaison de celle qu'il est venu chercher sur les lieux. Rien n'était plus plaisant que de voir ce pétulant orateur haranguant deux flegmatiques Anglais, trop sensés pour être crédules, trop polis pour contredire, quoique parfaitement assommés d'ailleurs par un babil brisé, rapide, intarissable. Sans se mettre en grands frais d'attention, ils fumaient leur cigare, tout en songeant confortablement en eux-mêmes « combien le nation française est *foolish*, loquace, et tute habillé comme iune maître à danser. »

— Messieurs, leur disait le Français, un fait singulier et que vous ne connaissez pas... Je le tiens d'un chasseur qui a tué, en un an, vingt bouquetins et quatre-vingt-dix-neuf chamois, entre autres une fois deux d'un seul coup ; je vous conterai cela après... Un fait qui n'appartient qu'à cette chasse, la seule que je n'aie pas pratiquée : j'ai chassé au chevreuil, au sanglier ; je l'aurais abattu sans le roi, à qui on laisse l'honneur du coup.... Un fait curieux, c'est qu'on ne tire pas le chamois en ligne droite, en face de soi, comme une bécasse. Le chamois est fin, défiant ; s'il aperçoit le bout d'une carabine, adieu ! courez-lui après... Mais que font-ils ? Voici le chamois sur la pointe de son roc, eh bien, le chasseur, qui s'est embusqué, ajuste un roc voisin, près, loin, c'est selon : le coup part, la balle ricoche, et le chamois tombe sans savoir d'où lui vient cette prune... Voilà qui est fort, je crois ! — Guide, interrompit en cet instant un des Anglais, faisé diligence. Je craigné que nous avons le pluie ; nous marchons en avant. A ces mots, tous les quatre nous nous levâmes pour nous mettre en route, au moment où les géologues entraient à Valorsine. Au delà de ce hameau, la vallée se resserre ; bientôt après, l'on se trouve engagé dans les sauvages défilés de la Tête-Noire.

Le temps si radieux le matin avait effectivement bien changé. De blanches et fines vapeurs, flottant avec rapidité, avaient voilé insensiblement l'azur des cieux et terni l'éclat du soleil : à cette heure, elles se formaient en menaçantes nuées qui s'amoncelaient tumultueusement autour des cimes. Un vent chaud qui soufflait de la vallée du Rhône remontait avec impétuosité cette gorge étroite, en soulevant les sables, en couchant les herbes et en sifflant dans la chevelure des sapins. Nous cessâmes de causer, et, marchant avec vitesse, nous dépassions de temps en temps de petites croix plantées en terre sur les bords du sentier. Ces croix marquent la place où, durant l'hiver et aux premiers redoux du printemps, des montagnards ont péri, surpris par le froid ou par l'avalanche. Au pied de l'une d'elles, une pauvre femme agenouillée disait des prières pour le trépassé, pendant que sa chèvre, effrayée de notre approche, se mit à sauter de pierre en pierre jusque sur le bord d'un petit ravin, d'où elle nous considérait curieusement. Bientôt après, l'orage éclata, la pluie survint ; mais nous arrivions à la Pierre des Anglais, où nous cherchâmes un abri.

Cette pierre est une énorme roche qui s'avance en saillie par-dessus le sentier. Une inscription, sculptée dans l'endroit le plus apparent, indique que ladite roche a été bien et dûment achetée de la commune par une dame anglaise. — Tiens ! dit notre Français en apercevant de loin l'inscription, un monument, un tombeau ?... Mais quand il eut lu la légende : — En voici une bonne ! s'écria-t-il en éclatant de rire... Parlez-moi d'un joujou comme celui-là... Je défie les géologues de l'emporter ! Et la commune, dites donc, pas bête... Soit ; nous sommes ici en Angleterre. Bien reconnaissant, messieurs, de l'hospitalité, ajouta-t-il en s'adressant aux Anglais ; j'y voudrais seulement un roastbeef et du bordeaux.

Les deux Anglais, qui ne goûtaient nullement ce ton irrévérencieux, appliqué par un Français à un fait dont l'excentricité même leur paraissait au fond « iune chose grand! » et la bizarrerie « iune chose national beaucoup! » se renfermèrent dans une taciturnité à la fois dédaigneuse et décontenancée. Il était visible qu'avec très-peu d'effort, et sans autre soin que de flatter adroitement leur secrète pensée pour la faire surgir au dehors, on les eût amenés bien vite à s'exalter au sujet de ce trait « *beautiful et enthusiastic*, » à déclarer les Anglais et les Anglaises « la prémier péople de la terre, » que sais-je ? à entonner un rauque et solennel *God save the King*... ce qui aurait été tout autrement amusant que le silence qu'ils gardèrent alors. Toutefois, s'ils s'étaient trouvés offensés, ils eurent une prompte revanche. Notre compagnon, pour jouir de la vue, venait d'établir sa chaise mécanique ; à peine s'y fut-il posé que, les trois pieds se brisant à la fois, il tomba à la renverse le dos dans la poussière et la tête dans une flaque... Non, je n'ai jamais vu deux Anglais éclater de rire avec un si parfait ensemble, un timbre plus bruyant et une plus entière satisfaction. Pour le Français, il se releva en jurant, lança les débris de sa mécanique dans le torrent, et fit ensuite chorus avec nos rires le plus franchement du monde.

Cependant la pluie, au lieu de cesser, tombait avec une violence croissante : — Nous sommes ici en Angleterre, dit bientôt le Français, je ne m'y trouve pas mieux pour cela... Après tout, mieux vaut marcher trempés que de sécher sur place. Qui m'aime me suive ! Et il se mit gaiement en route. Les Anglais en firent autant bientôt après, et je suivis leur exemple.

Lorsqu'on est jeune, en bonne santé, lorsque surtout on a le goût et l'habitude des voyages à pied, ce n'est point une assi triste condition qu'on le pense que de poursuivre sa route en affrontant la tempête. On est mouillé ; l'eau, comme dit Panurge, entre par le collet et ressort par les talons ; mais ce sont là les arrhes du vif plaisir qui nous attend : celui d'atteindre le gîte, celui de dépouiller ses vêtements humides, celui de présenter à la claire flamme du foyer ses membres roidis, celui enfin de venir asseoir sa fatigue et restaurer ses forces autour d'une table bien servie. D'ailleurs n'est-ce rien que d'assister à ces grandes scènes ? L'âme n'y goûte-t-elle aucun charme, elle en tout temps avide de mouvement, d'émotion, de pensée ? Après avoir reflété, comme le miroir d'un lac, la fraîche sérénité du matin, les radieuses ardeurs du midi, elle reflète à leur tour les grises nuées, elle se ride sous l'haleine orageuse du vent ; le trouble de la nature y pénètre, et, soulevée alors, elle rencontre au sein même du trouble ces mystérieuses joies qui sont refusées à la torpeur du bien-être.

Pour mieux goûter ces émotions, j'étais demeuré en arrière de mes compagnons. J'aimais à me voir seul dans ce gouffre de la Tête-Noire, battu de la pluie, étourdi par le fracas du torrent, par le bruit des pierres qui descendaient les ravins en s'entre-choquant, par celui de la foudre, dont les éclats saccadés se prolongeaient en grondements majestueux, tantôt lointains, tantôt tout voisins et comme au-dessus de ma tête. La scène était si magnifique et ma préoccupation si entière que je fus presque désappointé lorsque je vis près de moi les cabanes de Trient, dont je me croyais encore éloigné. Des rires se firent entendre sur la galerie d'une cabane : c'est le Français qui venait de m'apercevoir. « Il y a du vin ici, me cria-t-il, venez un peu tremper votre eau. » J'entrai dans le chalet.

Les cabanes de Trient sont assises au milieu d'une petite vallée dont l'aspect est frappant et plein de caractère. Cette vallée, qui n'a en aucun sens plus d'un mille de longueur, est si profondément encaissée entre des cimes d'une hauteur immense, que le soleil n'en éclaire le fond que vers le milieu de la journée, et durant un petit nombre d'heures. A l'une des extrémités, le glacier de Trient, pressé entre les parois d'un étroit couloir de granit, fait entendre de sourds craquements, et, ouvert à sa base, il vomit, comme par une gueule azurée, des flots noirs et tourbillonnants, qui fuient bientôt d'un cours plus doux au travers de la prairie. A l'autre extrémité, une montagne fendue perpendiculairement jusqu'à la base donne passage à ce torrent, qui se perd dans de ténébreux abîmes inconnus au regard de l'homme; pour aller ressortir près de Martigny en Valais, et s'y jeter dans le Rhône. La situation de cette vallée, cette ombre perpétuelle, ce glacier, ces eaux, y entretiennent une ravissante fraîcheur; et les pelouses qui en tapissent le fond, lorsque du haut de la montagne on les voit pour la première fois, resplendissent de l'éclat d'une verdure incomparable. Il semble qu'on découvre un Eden inaperçu encore, une retraite où vivent cachés depuis des siècles les primitifs habitants de la contrée. L'on descend, l'on entre dans cette ombre limpide, l'on savoure cet air récréateur, l'on écoute cette voix sonore et continue des eaux qui arrivent et qui fuient; une neuve splendeur émerveille les yeux et remue doucement le cœur.

C'est dans ce vallon qu'aboutissent les deux passages de la Tête-Noire et du Col de Balme. Les deux sentiers s'y réunissent au pied de la Forclaz, qu'il faut encore gravir et redescendre pour arriver à Martigny. On n'y trouve en fait de gîte que le cabaret où j'en venais d'entrer. C'est au rez-de-chaussée l'étable, le fenil, et au-dessus la chambre des buveurs : on y monte par quelques échelons de sapin, aboutissant à la galerie d'où le Français m'avait appelé. Comme il arrive de loin en loin qu'un voyageur, surpris par la nuit et par l'orage, est contraint de s'arrêter à Trient, les gens du cabaret entretiennent dans cette même chambre deux petits lits. Au moment où j'entrai, les deux Anglais, renonçant à pousser jusqu'à Martigny par un temps si affreux, venaient de s'en assurer la possession, et après avoir changé de linge et d'habits et rallumé leur cigare, ils s'y délassaient par anticipation.

La tempête était devenue si terrible que j'étais fort inquiet au sujet de la caravane que j'avais quittée le matin, et fort impatient d'apprendre qu'elle avait déjà descendu le Col et dépassé Trient. Comme j'allais questionner l'hôte, un éclair éblouissant, suivi à l'instant même d'un effroyable coup de tonnerre, nous fit tressaillir. L'hôte se signa, et sa femme, accourue vers la fenêtre, cria : « C'est sur le bois Magnin ! » Nous regardâmes. Un homme sorti du bois s'enfuyait à toutes jambes de notre côté. Quand il fut plus près, nous l'appelâmes. Je le reconnus aussitôt pour l'avoir vu le matin auprès des parents de ma jeune compagne et, rempli d'anxiété, je le questionnai. Il ne m'apprit rien. Vers le sommet, on lui avait fait prendre les devants, avec ordre de pousser jusqu'à Martigny pour y retenir des logements. Une heure après, la pluie était venue, puis l'orage, puis la foudre. Elle est tombée, ajouta-t-il, sur le chalet de Privaz, qui brûle à cette heure, et les bestiaux sont épars, notamment une génisse que j'ai dépassée, qui beuglait à fendre le cœur.... Elle m'a suivi jusqu'à un coup de tonnerre qui a frappé entre elle et moi, que j'ai cru que c'étions la fin du monde ! Tout à coup le Français, qui avait écouté ce colloque : — Des dames dans ce bois !... des dames parmi cette tempête ! il ne sera pas dit que je ne les en ai pas tirées. Qui vient avec moi ? — Je suis votre homme, et vous êtes le mien, lui dis-je. En route ! Je prends ces deux peaux de mouton suspendues à la muraille. — Et moi ce cordial, dit le Français en versant le vin de notre chopine dans sa gourde. Ainsi apprêtés, nous partîmes. En ce moment arrivaient les trois géologues... dans quel état, bon Dieu ! ruisselant par les coudes, par les poches, par le nez, par les cinq doigts; des hannetons flottant dans le cataclysme d'une ornière, des noyés du déluge nageant vers l'arche !... et néanmoins attentifs encore aux cailloux, regardant du coin de l'œil aux stratifications. Ils entrèrent dans la cabane.

Nous fûmes bientôt engagés dans la montée du Col de Balme. — Ces marchands, disait le Français, sont des voleurs, avec leur imperméable; toute l'eau du ciel est dans mon chapeau !... A propos, sont-elles jolies vos dames ? Un nouveau coup de tonnerre, suivi de roulements effroyables, me dispensa de répondre; d'ailleurs on avait une peine infinie à s'entendre. Le sentier était devenu le lit d'un ruisseau furieux; de toutes parts l'eau tombait en cascades, et à mesure que nous nous élevions, le froid devenait de plus en plus vif. Au-dessus du bois Magnin, la pluie était glacée et mêlée de grésil. Une heure après, nous nous trouvâmes au milieu de la neige. Alors

le silence succéda tout à coup au fracas des eaux et au sifflement du vent dans la forêt.

On ne distinguait plus le sentier, et personne ne répondait aux cris que nous poussions de temps en temps; aussi nous désespérions déjà du succès de notre tentative, lorsque nous aperçûmes au-dessus de nous une mule qui descendait le Col. Elle était seule, toute sellée; la bride traînait à terre. Pour ne pas l'épouvanter, nous nous cachâmes derrière la saillie d'un rocher, et lorsqu'elle passa derrière nous, mon compagnon lui barra le chemin, pendant que je sautais sur la bride. J'y reconnus aisément que j'avais tenue le matin; c'était la mule d'Émilie ! Alors nous commençâmes à présager les plus sinistres choses. Sans perdre de temps, le Français sauta sur l'animal, tandis que, demeuré derrière, je le fouettais pour le contraindre à marcher et à nous guider en même temps. Mais quand nous fûmes arrivés au-dessus d'un plateau ouvert de tous côtés, la mule, se jetant brusquement sur la gauche, se mit à fuir de toute sa vitesse, en tâchant de se débarrasser de son homme. Le Français, bon cavalier, tint bon, et au bout de quelques instants je le perdis de vue. Je demeurai ainsi seul, agité par la plus vive inquiétude, et ne sachant de quel côté me diriger. Après avoir erré quelque temps, je retrouvai les traces que la mule en descendant avait laissées empreintes sur la neige, et je pris le parti de les suivre. Ce fut une heureuse idée, car au bout d'un quart d'heure je me trouvai face à face avec un homme qui descendait en suivant ces mêmes traces.

C'était le guide qui courait après sa bête. — Nous avons votre mule, lui criai-je; mais où est votre monde? — Où ils sont, où ils sont? Que sais-je? Cette neige d'à présent, c'est le soleil après les tempêtes d'il y a une heure. Plus de sentier, plus de vue; un vent à balayer les sapins, et la foudre aux quatre coins du temps. Nous étions chacun à notre bête, moi pendu à la bouche de la mienne; on ne s'est plus revu. Par bonheur, j'ai pu tirer vers une caverne, pas bien loin, où j'ai mis leur demoiselle à l'abri, mais bien en peine qu'elle est, la pauvre fille, et encore que sans ma bête je ne l'eux tirer.

Ces dernières paroles, qui s'étaient fait attendre, me firent passer d'une affreuse inquiétude aux transports de la joie. Non-seulement Émilie était en sûreté, mais j'arrivais merveilleusement à propos. — Bonhomme, lui dis-je, vous allez battre le pays jusqu'à ce que vous les ayez tous retrouvés, et moi je ne bouge pas de la caverne que vous n'ayez reparu. Où est-elle? Il m'indiqua à quelque distance un rocher noirâtre : — C'est droit en dessous, dit-il; le chemin ne peut pas vous manquer. Et il partit.

Je m'acheminai vers le rocher. Mais que dites-vous, lecteur, de la situation? Et si la vie de voyage, en isolant une jeune personne de ses compagnes, en l'approchant de vous, ou seulement en faisant naître l'occasion de quelques entretiens, rehausse à vos yeux ses attraits, double sa grâce, embellit sa beauté, que sera-ce si, accouru en libérateur, vous la surprenez dans l'ombre d'une grotte, seule, tremblante, et néanmoins se rassurant à votre approche, accueillant d'un sourire de gratitude votre empressement à voler à son aide! Il est vraiment à craindre que, troublé vous-même par le plaisir, enhardi par vos avantages, vous ne laissiez trop voir un empressement que la conjoncture rendrait vite importun. C'est ce que j'avais grand soin de me dire à moi-même en montant vers le rocher.

Mais, quoi que je puisse faire pour se maintenir dans les termes d'une respectueuse civilité, un jeune homme n'apparaît point ainsi à l'entrée d'une grotte, que la jeune fille qui s'y est réfugiée n'éprouve ce pudique embarras dont déjà le sentiment de sa solitude la préservait à peine. A ma vue une vive rougeur colora les joues d'Émilie, et, quittant aussitôt la place reculée où elle était assise, elle accourut sur le seuil, comme pour se mettre sous la protection du jour et des cieux. Ce mouvement, tout naturel qu'il fût, ne pouvait m'être agréable, car l'alarme, même la plus passagère, outrage un sentiment délicat et honnête. Toutefois le déplaisir que j'en ressentis me fut de quelque secours pour donner à mon apparition le tour prosaïque que réclamaient les convenances. Je racontai à quelle suite de circonstances je devais le bonheur d'être conduit auprès d'elle. Je lui fis part des mesures que je venais de prendre pour hâter sa réunion avec ses parents, sans aucun doute déjà rassurés à cette heure par l'arrivée de mon ami auprès d'eux; puis, encouragé par le plaisir visible que causaient ces bonnes nouvelles, j'arrangeai mes discours de manière à ramener assez de sécurité pour que ces courts moments d'un tête-à-tête si inespéré ne fussent pas troublés par les poisons de l'inquiétude et de l'effroi. Émilie sourit alors, des larmes d'attendrissement mouillèrent ses yeux; et si, à la vérité, elle conserva quelque embarras, il n'avait cette fois d'autre cause que la décente réserve qui l'empêchait d'oser me témoigner assez une reconnaissance qu'elle ressentait vivement.

En ce moment, la neige avait cessé de tomber, et le vent, maître du Col et des hauteurs, tenait les lourdes nuées suspendues au haut des airs. Un jour triste et blafard éclairait la surface des plateaux, tandis qu'une nuit humide régnait dans les gorges, du fond desquelles s'élevaient par lambeaux déchirés de grises et incertaines vapeurs. Nous nous assîmes à la place où nous nous trouvions, et, les yeux fixés sur le spectacle, nous commençâmes à nous entretenir des aventures de la journée, des fureurs de l'orage, de ces magnifiques contrastes offerts à nos regards dans l'espace de quelques heures, jusqu'à ce que, nous étant doucement rencontrés sur mille impressions que nous avions ressenties ensemble, bien que séparés, il s'ensuivit des paroles moins réservées et un abandon plus intime. Emilie m'avoua qu'une fois réunie à ses parents, elle compterait cette journée, où elle avait éprouvé tant d'émotions, de terreurs et de joies, parmi les plus belles de sa vie... Je me hasardai alors à lui répondre que ce moment, où j'avais le bonheur de la rencontrer seule et de pouvoir lui faire l'aveu des sentiments dont mon cœur était plein, était un moment auquel je n'en pouvais comparer aucun dans ma vie passée, et dont je ne saurais jamais retrouver le pareil loin de sa présence. Ces paroles lui causèrent un trouble extrême. Pour faire diversion, et comme elle était transie par le froid de ces hauteurs, je la pressai de revêtir cette peau de mouton que j'avais apportée de Trient. C'est une sorte de manteau grossier, dont s'affublent les pâtres du pays.

Je commençai à ressentir l'inconvénient d'avoir un mélèze attaché à sa personne. (LE LAC DE GERS.)

Elle se prêta à mon envie en souriant, et tandis que d'une main je tenais suspendu l'habit du pâtre, de l'autre j'allais, par l'ouverture des manches, à la rencontre de la sienne. Mais voici que, sous cet agreste accoutrement, les grâces délicates de son visage brillèrent d'un éclat si vif et si nouveau, que, transporté d'amour, mes lèvres s'égarèrent sur cette main que je tenais encore, et elles y imprimèrent un baiser. Confuse et tremblante, Emilie retirait sa main, lorsque des voix se firent entendre. Nous nous levâmes en sursaut. C'était le guide... et derrière lui le père!

Je n'ai jamais vu chez un père sa joie de retrouver sa fille aussi expressivement mélangée du dépit de ne la pas trouver seule. Emilie, pour lui cacher sa rougeur, s'était élancée dans ses bras; moi-même je m'empressai de lui témoigner combien je prenais de part à cette heureuse réunion; et néanmoins ni ses paroles ni ses manières ne pouvaient en aucune façon se mettre à l'unisson des nôtres, bien que la situation lui commandât de se montrer tendre envers sa fille, et surtout reconnaissant envers moi. Aussi son embarras, presque trop marqué, se communiquait déjà à nous-mêmes, lorsque, pour trouver une contenance, il se prit à rire de l'accoutrement pastoral d'Emilie. Ce fut une issue admirablement trouvée, par laquelle nous sortîmes tous de peine, riant à qui mieux mieux, sans avoir, ni les uns ni les autres, la moindre envie de rire. Vinrent ensuite les explications mutuelles sur les incidents de la journée. Mon ami le Français avait fait merveille. Il avait rencontré le guide, il avait trouvé le père, retrouvé la mère, et rassuré tous les deux en leur apprenant que leur fille était depuis une heure sous ma garde, au fond d'une grotte. C'est sur ce mot que M. Desalle (le père d'Emilie), au lieu de manifester une grande allégresse, s'était levé brusquement pour nous rejoindre en toute hâte.

Une chose que j'ai oublié de dire, lecteur, c'est que cette jeune

personne, je l'avais remarquée dès longtemps à Genève déjà, au milieu des réunions de l'hiver; je l'avais remarquée aussi aux premiers beaux jours, alors que les jeunes filles, échangeant les laines et les pelisses de la saison froide contre les robes légères et les écharpes flottantes, semblent comme des fleurs fraîchement écloses de l'enveloppe jalouse qui voilait leur éclat. Je l'avais remarquée encore lorsqu'au mois d'août elle était partie pour visiter les glaciers, et que j'étais parti sur ses traces. Demanderez-vous si elle m'avait remarqué à son tour? Ce n'est pas à moi de le dire; mais ce que je puis affirmer, c'est que ses parents m'avaient, eux, infiniment remarqué. Mes assiduités, qui troublaient leur repos et qui contrariaient leurs vues, les avaient seules portés à se déplacer pour venir voir une belle nature dont ils n'avaient que faire, et, comme on l'a vu plus haut, à préférer le passage pénible du Col de Balme au trajet facile de la Tête-Noire. Cette courte information explique bien des choses; je pourrais la rendre plus complète en anticipant sur un avenir peu éloigné, si je ne craignais de nuire à l'intérêt de mon récit en approchant de ces poétiques aventures le dénoûment, heureux à la vérité, mais prosaïque, auquel elles aboutirent à six mois de là. Je reprends mon récit.

Le temps, sans cesser d'être sombre, n'était plus orageux; le peu de neige qui était tombée commençait à disparaître, et tout promettait une soirée tranquille. Nous quittâmes la grotte, et nous nous dirigeâmes vers un tourbillon de fumée qui, s'élevant de derrière un bois de mélèzes, marquait la place où nous étions attendus. Le Français était absent pour l'heure, mais nous y trouvâmes madame Desalle confortablement établie dans le plus joli bivouac possible. «Votre ami, monsieur, est un homme charmant!» me dit-elle dès qu'elle m'aperçut. En effet, avec cette activité secourable et galante que développe si vite chez les Français la vue du sexe en détresse, mon

Ces messieurs étaient des géologues. (LA VALLÉE DE TRIENT.)

compagnon avait en quelques instants dressé une sorte de chaise-longue, au moyen de quelques pierres juxtaposées et recouvertes d'un lit de mousses sèches; au-dessus, il avait entrelacé les branchages des mélèzes, de manière à former un abri impénétrable à la neige; puis, allumant un petit feu à l'usage de madame Desalle, il avait entassé plus loin de gros branchages de façon à produire un brasier ardent, autour duquel des baguettes, portées sur des coches faites aux mélèzes voisins, attendaient qu'on y suspendît, pour y être séchés, les effets de la caravane. Ces égards pour une dame qui n'était plus jeune, et ces soins prévoyants pour assurer le bien-être de notre petite colonie, provoquèrent chez nous tous ce sentiment de gratitude qui est si merveilleux pour changer les situations les plus ingrates en moments pleins d'agrément. Mais, à la vue d'un petit ustensile d'argent, formé de trois ou quatre pièces artistement ajustées, et rempli d'un liquide en ébullition, je ne pus m'empêcher de rire. J'y reconnus une cafetière mécanique à deux ou trois fins, dont mon compagnon nous avait démontré les propriétés à Valorsine, et dans laquelle il venait de verser quelques gouttes d'essence de café acheté à Paris sur une poignée de neige ramassée au Col de Balme.

En cet instant, nous l'aperçûmes lui-même qui remontait le mamelon sur lequel nous étions, en tirant après lui une mère vache qui le suivait sans trop de peine... « Bravo ! s'écria-t-il en nous voyant tous réunis, j'en amène pour tout le monde; mais du café seulement pour ces dames. Je vous salue, mademoiselle. Veuillez, messieurs, déposer sur les baguettes ce châle, ces manteaux. Je me charge du reste. » Aussitôt, après avoir ouvert et déposé auprès de ces dames un petit sucrier de poche, il se mit à traire la vache dans deux de ces tasses en bois de coco qui servent à boire aux sources; puis, y ayant versé le café, il présenta le breuvage d'un air à la fois empressé et glorieux qui était à mourir de rire. Je riais donc, mais

— Juges! disait-il avec solennité du haut de son tertre... (LA TRAVERSÉE.)

cette fois de gaîté, de contentement, et sans mélange aucun de malice, comme j'avais pu faire à Valorsine. En effet, je venais de comprendre seulement alors une chose bien simple pourtant, c'est qu'en voyage, comme ailleurs, il n'est de vilain accoutrement que celui qui, ne convenant qu'à son maître, est sans emploi pour autrui.

Au sortir de l'angoisse, les cœurs s'ouvrent aisément à l'indulgence, au bonheur, à une cordialité expansive qui en chasse tout sentiment rancunier. Déjà M. et madame Desalle semblaient ne se souvenir ni de la grotte, ni d'autres contrariétés plus anciennes; et moi-même, reconnaissant de l'accueil amical qu'ils me faisaient, j'évitais de leur donner de l'ombrage en me montrant trop empressé auprès de leur fille. Pour celle-ci, revenue de son trouble, mais intérieurement agitée, elle s'efforçait de cacher ses préoccupations sous un air d'enjouement, tandis que mon nouvel ami, le Français, ayant remis en poche sa batterie de cuisine, s'occupait avec les guides des préparatifs du départ.

Au moment où nous partîmes, le soleil venait de reparaître à l'horizon, et le dais de grises nuées qui avait plané jusqu'alors sur nos têtes, empourpré tout à coup par les feux du couchant, s'était changé en un dôme d'une sublime splendeur. Insensiblement cet éclat s'effaça, les pâles feux des étoiles brillèrent çà et là dans le ciel, et la nuit nous surprit au milieu de la descente. Il ne pouvait plus être question de pousser jusqu'à Martigny, et, d'un autre côté, coucher à Trient semblait un parti désespéré. Les guides eux-mêmes ne nous y engageaient pas. — Rien pour coucher, disaient-ils; et pour vivres, des œufs. — Des œufs! interrompit le Français; écoutez, je me charge du souper (il réfléchit un instant)... et de la couchée! ajouta-t-il; j'ai des lits pour ces dames. Mais il faut que je prenne les devants; ainsi, bon voyage, et au revoir ! — Nous voulûmes le retenir, le remercier du moins; mais il était déjà hors de vue. Au bout d'une heure et demie, nous sortîmes du bois de Magnin. A la vive

lumière qui brillait aux fenêtres d'une maison, nous reconnûmes de loin les cabanes de Trient, et nous jugeâmes que notre compagnon était à l'œuvre. En approchant, nous croisâmes deux voyageurs que nous vîmes avec surprise s'engager, à cette heure avancée, dans le sentier de la Forclaz. C'étaient nos deux Anglais. A son arrivée, le Français n'avait rien eu de plus pressé que de les réveiller pour leur annoncer l'agréable nouvelle que, comptant sur leur politesse, il avait promis leurs lits à deux dames qui allaient arriver. Les deux Anglais, visiblement contrariés, étaient sortis du lit silencieusement, et, après s'être irrités contre l'hôtesse, qui leur proposait de coucher dans le fenil, ils s'étaient décidés à partir.

J'ai décrit plus haut l'hôtel du lieu. Nous y arrivâmes vers dix heures. En passant devant la porte de la cuisine, nous aperçûmes un grand mouvement de gens allant, venant, et, au milieu, notre Français qui, illuminé par le flamboyant éclat du foyer, donnait ses ordres, tout en veillant sur une sorte de casserole où bouillonnait un mets écumeux. — Montez! montez! nous cria-t-il. Impossible que je quitte mon sambayon; il y va de ma gloire et de votre entremets. — Nous montâmes dans la salle d'en haut, où les trois géologues, conviés au festin, nous accueillirent avec une cordiale bonhomie. Je trouvai cette salle bien changée. Les deux lits n'avaient pu être enlevés, mais ils étaient disposés avec décence, et le Français, s'étant fait livrer toutes les nappes de la maison, les avait suspendues aux fenêtres en façon de rideau, profitant de l'ampleur de ces blanches toiles pour les relever en festons sur les côtés. Cette seule disposition, en ôtant de cette salle de cabaret le souvenir de sa destination, lui donnait un aspect de convenance et de propreté qui rehaussait le plaisir de tous, et de nos dames surtout. Mais ce qu'il fallait admirer, c'était la table. Six chandelles proprement ajustées dans des bouteilles, illuminaient une nappe chargée de mets rustiques et d'ustensiles pittoresques; au

... Et je serrais sa main avec plus de force, car l'immobilité du pêcheur commençait à me paraître étrange. (LA PEUR.)

milieu, un potage fumant; sur les ailes, trois ou quatre variétés d'omelettes; autour, et symétriquement disposées, des chopines d'étain remplies, les unes d'un petit muscat du Valais, les autres de l'eau du glacier. Nous nous assîmes avec délices. Le plaisir d'arriver, la surprise de rencontrer tant de ressources, et, plus que tout cela, le sentiment que toutes ces choses étaient sorties de terre au coup de baguette du plus aimable empressement, portèrent à son comble un contentement auquel se mêlait, dans ces premiers moments, le charme plus sérieux de la reconnaissance.

Le Français ne tarda pas à paraître. Derrière lui, l'hôtesse, toute grave d'obéissance et de bon vouloir, portait le sambayon. Nous nous récriâmes sur le plaisir de la surprise et sur l'habile ordonnance du festin. « N'est-ce pas? Et voilà ce que c'est, ajouta-t-il en se tournant vers la pauvre femme, que de rencontrer de braves gens qui ouvrent leur cave, livrent leurs œufs, donnent leurs nappes. Allez, bonne femme, envoyez coucher vos hommes; et quand le vin sera bouillant, appelez-moi. C'est un *négus*. nous dit-il. A table, maintenant! Ici madame Desalle; là mademoiselle Emilie; M. Desalle en haut, moi en bas, vous et ces messieurs dans les intervalles; et vive l'auberge de Trient! » Nous fîmes un chorus général, moi surtout, qui venais d'assurer à ma chaise une place entre celle d'Emilie et celle de sa mère.

Le souper, comme on peut croire, fut charmant. Dès la soupe, qui était bonne, mais claire, ce furent des exclamations qui se renouvelèrent à chacun des mets; et, sans parler de ce que le cœur y mettait du sien, tous ceux qui ont passé dans les montagnes une journée de fatigues et de privations savent ce que vaut un médiocre potage, et avec quelle facile complaisance on trouve exquis les plus simples aliments. Mais quand vint le tour du *sambayon*, les acclamations redoublèrent. Le Français, plus joyeux que nous tous, y répondait par des saillies de pétillante gaieté, en telle sorte que le tumulte, commencé par des propos de félicitations, se prolongeait par des éclats de rire. L'arrivée du *négus* suspendit ce tumulte. Dès qu'il fut servi, tout le monde à la fois, et le Français aussi, réclama la faveur de porter un toast; mais M. Desalle s'adjugea la parole à raison de son âge : « Je porte, dit-il, la santé de notre amphitryon ! Qu'il m'excuse si je le désigne ainsi, en attendant que je sache un nom qui nous demeurera cher à tous, et à ma famille en particulier. Monsieur a fait, d'une journée de fatigues et d'alarmes, une journée de plaisirs et de délassements. Je lui en exprime notre affectueuse et vive gratitude.... » Nous nous levâmes tous pour choquer nos verres contre celui du Français ; qui répliqua incontinent : « La modestie m'empêche de me nommer, mais voici mon nom écrit au fond de mon chapeau. Qu'il me soit permis de dire à mon tour que , depuis que je voyage, je n'ai pas pris encore autant de plaisir qu'aujourd'hui, et d'en conclure que je ne m'étais pas trouvé encore en si aimable compagnie. Je bois à la vôtre, mesdames et messieurs !

Bientôt après, nous prîmes congé des dames, et nous gagnâmes notre couche rustique, où, grâce aux fatigues de la journée, nous ne fîmes qu'un somme jusqu'à l'aurore.

LA TRAVERSÉE.

J'ai connu autrefois un enfant qui annonçait les plus brillantes qualités militaires; malheureusement il était bossu. Enfant aussi dans ce temps-là, je l'accompagnais aux revues, aux parades, à l'exercice, partout où le tambour battait, où des uniformes défilaient ! non pas que ces spectacles eussent pour moi un attrait bien vif, mais parce qu'attaché à mon camarade, j'aimais à perdre mon temps dans sa compagnie.

Ce bossu s'animait donc au son des fifres et des tambours ; et, quand à cette musique de bruit succédait la musique plus expressive des instruments à vent, l'une comme l'autre, véhémente impression, venant à remuer son âme, répandait sur ses traits comme un rayon de belliqueuse fierté, de martiale ardeur. Si ensuite les feux de file, le tonnerre de l'artillerie retentissaient dans la plaine; si les régiments, marchant les uns contre les autres, simulaient l'attaque, la victoire, la retraite, et tout le spectacle de la guerre, l'enfant alors, passionné par cette vue, s'élançait dans les tourbillons de fumée : il se mêlait aux tirailleurs, il accompagnait les pièces, il courait sur l'aile des escadrons, s'exposant à chaque instant à être écrasé sous les pas des colonnes, ou maltraité par les soldats dont il gênait les mouvements. La revue finie, il marchait en cadence à côté de la tête du bataillon, les yeux fixés sur le commandant, et simulant, par quelque geste, qu'il obéissait à tous les ordres, qu'il exécutait mentalement toutes les évolutions. Ces manières le faisaient remarquer de la foule, et les gens 'riaient à le voir; et tout le spectacle de la guerre, sous un sentiment sérieux, continuait de marcher en cadence, insensible à la moquerie et tout ivre d'émotions de gloire, de haine et de batailles.

« Je veux, me disait-il, lorsque, errant le soir aux environs de la ville, nous nous promenions solitairement; je veux, dès que j'aurai l'âge, m'engager. As-tu vu le commandant, quand il galopait au travers de la plaine?... Commander un escadron ! fondre comme l'éclair sur les lignes hérissées de fer ! gagner la gloire, non pas en attendant la mort, mais en volant la chercher ou la donner ! rompre, disperser, poursuivre !... Mon arme, Louis, c'est la cavalerie ! »

Un peu remué par tant d'enthousiasme, je me surprenais à rompre aussi en imagination, à disperser, à poursuivre. Pour lui, reprenant : « Et ce n'est rien encore ! Les voilà qui fuient, laissant sur la place leurs blessés, leurs morts... Alors je rallie mes dragons tout couverts de poussière, d'écume, de sang, et nous reprenons le chemin de la ville sauvée. On voit de loin la foule qui inonde les remparts, qui couvre les toits des maisons.. On approche, on défile... Le chef blessé caracole à la tête de ses braves... Tous les regards lui lancent des cou-

ronnes, tous les cœurs volent à sa rencontre !... Mon arme, Louis, c'est la cavalerie !... »

Je me plaisais à ces discours, animés qu'ils étaient par le feu d'un sentiment vif et passionné. D'ailleurs, habitué à voir dans cet enfant un ami avant d'y avoir vu un bossu, l'idée grotesque de sa pauvre personne enfourchée sur un noble coursier ne se présentait point à ma pensée pour y ternir l'éclat de ces brillants tableaux. Bien loin donc de sourire, j'écoutais avidement; puis, dominé bientôt par cet ascendant qu'exerce un caractère fort et ardent, je devenais le soldat de mon généralissime , et, après avoir exécuté sous ses ordres d'habiles manœuvres, nous reprenions le chemin de la ville, tantôt marquant, tantôt accélérant le pas, au son des fifres , de la musique et des tambours. Candeur charmante du premier âge ! Aimables enfants dont les cœurs ingénus s'aiment et s'unissent malgré la laideur corporelle, en dépit des témoignages du regard ; dont les jeux ne sont point troublés encore par les hontes et les poisons du ridicule !

J'ai toujours vu dans les dispositions de cet enfant comme une éclatante preuve de cette différence que l'on dit exister entre les deux substances dont se compose notre être. Quoi ! le corps grêle et difforme... et au dedans cette âme chevaleresque , s'enivrant de l'ombre même de la gloire et du triomphe ! ce malheureux que sa stature appelle à s'effacer, à se taire , à refouler tout essor de sentiment, d'enthousiasme , de passion... et cette âme belle autant que les plus belles, tout avide d'émotions, de fiers transports, d'éclatants dévouements ! N'est-ce pas l'image frappante d'un assemblage forcé de deux natures sans rapports entre elles, d'une terrestre et grossière enveloppe qui retient captive une pure essence ?

Au surplus, il n'est pas besoin de recourir aux bossus pour recueillir des enseignements tout pareils. Regardez autour de vous. Combien de visages durs, sombres, laids , d'où s'échappent pourtant comme des rayons de bonté sereine , de délicate affection ! Combien de fragiles statures renferment des âmes de fer ! combien de colossales charpentes , toutes d'os et de muscles, recouvrent des âmes molles et sans vigueur ! Et, sans regarder à autrui, qui ne sent vivre au dedans de soi cet hôte étranger au logis qu'il habite , ce noble exilé qu'étouffent les murailles de son étroite prison? Qui ne le sent s'attrister ou jouir de sa tristesse et de sa joie propres? Qui ne le sent s'agiter, bondir , frémir d'enthousiasme ou d'allégresse, alors même que le corps semble sommeiller, et sommeiller alors même que le corps se démène au sein de ses plus chères délices?

Quand paraît sur la scène la douce et pure Desdemona, quand Othello échange avec elle les transports d'une confiante tendresse , quand se serpent d'Iago rampe autour de ces deux créatures si serreuses, si sereines à cette heure encore,... quand déjà le venin circulant dans les veines du More, enflamme son sang, fait jaillir l'éclair de sa prunelle et pénétrer dans son cœur le démon des vengeances... voyez, dans l'amphithéâtre , ces milliers de figures assises à la file les unes des autres, silencieuses , et comme privées de vie; ce sont les enveloppes corporelles, les cadavres terrestres.... Pendant qu'étrangers au drame qui se déroule , ils chargent les gradins de leur masse immobile , les âmes s'en sont envolées : ardentes, agitées, tumultueuses, frémissantes d'horreur ou saignantes de pitié, elles errent en désordre sur la scène ; elles s'épanchent en flots de malédictions sur Iago ; elles crient au More qu'on l'abuse; elles entourent , elles enveloppent, elle protégent de tout ce qu'elles ont de compassion et d'amour l'amante pure et menacée; et, par un frappant contraste , tandis que tout est repos et torpeur dans la vaste enceinte, tout est passion , mouvement, orage, dans l'invisible région où elles se pressent éperdues !

Je reviens à mon bossu. Il était dans la destinée de ce pauvre enfant que chacune des illusions auxquelles son cœur ouvrait un si facile accès dût s'y évanouir aux premières leçons d'une précoce expérience. Aussi ses transports guerriers furent-ils de courte durée : à mesure qu'il grandissait, le rire et la moquerie le trouvèrent moins insensible, une honte craintive contraignit peu à peu l'essor de ses penchants; il comprit avec amertume que la cavalerie n'était pas son arme. Mais ce n'est qu'à la longue que le naturel se transforme, et si Henri (ce fut le nom de mon camarade) ne fréquentait plus les revues, il n'avait pas abjuré tout désir de se distinguer et de conquérir les suffrages de la multitude. Seulement ce désir changea d'objet. Témoin un jour du triomphe d'un avocat , il vit aussitôt la carrière du barreau s'ouvrir devant lui , et l'envie de s'y faire un nom enflammant ses espérances, il regretta moins dès lors cette gloire du soldat, qui , avant toute autre, avait si vivement séduit sa jeune imagination. Bien qu'encore enfant, il se livra à l'étude avec une ardeur dont ses maîtres ne savaient pas le secret, et tout pénétré de la gravité de ses futurs travaux, il se passionnait pour l'innocence, et s'essayait à tout propos en plaidoyers empreints d'une juvénile emphase. Les plaidoyers, c'était désormais l'unique et constant sujet de nos entretiens, l'attrait principal de nos promenades. « Tu es l'accusé, s'écriait-il tout à coup lorsque nous étions arrivés dans quelque solitude écartée; ton crime, je te l'apprendrai; assieds-toi. Ici les juges, là les jurés; de ce côté la foule (car il lui fallait la foule), et je commence :

« Juges! disait-il avec solennité du haut de son tertre pendant que, nonchalamment étendu sur le gazon, je me laissais débonnairement défendre; juges, à la vue de cet infortuné qu'une sanglante catastrophe a amené sur le banc d'ignominie, je suis navré de douleur et tremblant de crainte... Sa cause est belle, pourtant! mais je me méfie de mes forces, et en songeant que le sort, que la vie peut-être de mon client, dépendra de l'usage que je vais faire de cette parole qui m'est laissée pour quelques instants, je ne puis me défendre d'un trouble involontaire...

— Le soleil me grille, interrompis-je en me levant pour changer de place.

— Ne bouge, ami! ou je ne te défends pas... s'écria l'avocat avec un emportement très-sérieux.

» Je vais raconter les faits. Loin de moi toute réticence, tout subterfuge: car c'est l'exposé fidèle de la vérité que je veux la force de ma cause. Ecoutez-moi donc, jurés; j'appelle à mon aide votre attention, vos lumières, vos consciences; et certain que cette même conviction où je puise à cette heure mon courage va bientôt passer dans vos âmes, j'attends avec confiance votre sentence suprême.

» Louis-Desprez, hunch (c'est mon propre nom qui figurait ainsi au procès), s'est marié, il y a douze ans, avec Eleonore Kersaint, la fille d'un avocat dont la voix a souvent retenti dans cette enceinte. Les premières années de cette union furent heureuses, et cinq enfants..... »

Ici le plaidoyer fut interrompu par de grands éclats de rire : c'étaient des camarades qui, se promenant alentour, venaient de nous apercevoir. Le bossu descendit de son tertre. Un autre y monta aussitôt pour le contrefaire, en faisant risiblement contraster la tournure de l'orateur, sa physionomie grêle, ses gestes anguleux et rétrécis, avec l'emphase sonore de ses paroles. Mon pauvre ami, pâlissant et déconcerté, s'efforça de sourire à ces traits qui lui déchiraient le cœur; mais sa plus chère espérance lui était enlevée en ce moment. Croyant voir en effet, dans les rires dont il était l'objet, l'impression qu'il était appelé à faire un jour sur cette foule dont il ambitionnait les suffrages, le découragement s'empara de lui, et dès ce moment il ne songea plus à la carrière du barreau. Mais il y avait renoncé depuis longtemps, qu'il avait encore à subir ces railleries et ces quolibets qu'autorise, entre camarades, une familiarité qui n'est trop souvent que le manque de la plus ordinaire bonté.

Il ne lui arriva pas néanmoins, dans cette occasion ni dans d'autres, ce qui arrive ordinairement aux bossus, et ce qui est cause que le proverbe leur attribue un caractère tout particulièrement malicieux. Sans cesse en butte aux attaques du ridicule, ils ramassent l'arme qu'on leur lance, et la renvoient aiguisée par une malice vengeresse. C'est ainsi de triste exercice que leur œil se forme à saisir du premier coup le côté vulnérable de leur adversaire, et à y décocher d'une main prompte et sûre un trait qui frappe juste et fort. C'est, en particulier, dans ce triste exercice que les bossus du bas peuple, ceux que rien ne protège et que rien ne contraint, contractent cet air d'ignoble malice, ce cynique sourire, ce regard disgracieux et jaloux, cet esprit caustique enfin, que le proverbe signale, sans ajouter ni faire entendre qu'il n'est que l'arme d'une légitime défense opposée à une agression basse et méchante. Pour Henri, quoiqu'au milieu de la vie républicaine des collèges il se trouvât constamment exposé aux moqueries et aux sarcasmes, son cœur n'y perdit rien de sa noblesse ni de sa bonté. Cachant ses blessures derrière un masque d'indifférence ou de résignation, il dédaignait de ramasser le trait qui lui était lancé, parce qu'il n'eût trouvé aucun soulagement à rendre le mal qui lui était fait. Il préférait être moqué, mais bien vu de ses camarades, aimé d'eux peut-être, au triste avantage d'être craint, mais déloisé. Cette noblesse d'âme se peignait sur son visage, dont les traits aimables et l'expression douce et mélancolique faisaient oublier, sans le détruire, le vice de sa stature.

C'est ainsi qu'après une ingrate adolescence, Henri s'avançait vers une jeunesse dépouillée à l'avance de tous ses prestiges. Ses yeux s'étaient dessillés par degrés. Il avait entrevu les bornes de la sphère dans laquelle il lui était permis de se mouvoir, et, devinant, sans les attendre, les rudes leçons du ridicule, il employait ses efforts à maîtriser des facultés jalouses de se produire et à dompter les mouvements d'un naturel ardent et expansif. C'était sage; mais, lorsqu'il y fut parvenu, sa condition n'en fut que plus triste. Les choses mêmes qui l'avaient captivé jusqu'alors, l'étude, le savoir, lui devinrent peu à peu indifférentes à mesure qu'il arrivait à y voir non plus un moyen de se distinguer dans une carrière active et publique, mais seulement une occupation oiseuse, une récréation stérile. Après avoir végété durant quelques années, il finit par se résigner à l'obscurité, et se laissa guider par ses parents, dont il avait jusqu'alors consulté les vues sévères sans doute, mais prévoyantes. Ils lui firent embrasser la carrière du commerce, et ce jeune homme, enseveli désormais dans l'antre d'un bureau, y appliquait cette intelligence et ces talents dont il avait rêvé de faire à ses semblables un hommage désintéressé, à apprendre comment l'on gagne de l'or et l'on grossit sa fortune.

Ce n'était là, toutefois, que les prémices de maux plus réels. Henri approchait de cet âge où naît dans le cœur une ambition plus légitime, et tout autrement impérieuse que celle de se distinguer ou d'obtenir de la gloire. Aimer, être aimé, connaître les joies d'un

amour partagé et le bonheur d'une union intime et tendre, c'est le vœu de la nature et l'irrésistible penchant de tout mortel. Ce penchant, nul ne le trompe sans se dépraver! nul n'entreprend de le refouler, de le vaincre, sans se vouer à un long supplice dont l'âge amortit la souffrance, mais dont la mort seule est le terme. Telle est pourtant la destinée qui menace tout être difforme, celui justement en qui de longues et secrètes amertumes ont aiguisé le besoin d'affections, et qu'un veuvage forcé livre en proie aux tortures d'un isolement éternel et détesté.

Aussi est-ce par là que l'infortuné est surtout à plaindre, que sa vue jette dans le cœur un trait de douloureuse pitié. Un jour, un étranger visitait une manufacture. On lui fit remarquer, parmi d'autres travailleurs, un ancien soldat devenu artisan. Le visage de cet homme était défiguré d'une façon hideuse par d'horribles cicatrices. A cette vue, l'étranger fut péniblement ému. « Est-il marié? » demanda-t-il. Sur la réponse affirmative, une émotion parut se calmer subitement, et il passa outre en disant : « En ce cas, réservons notre compassion pour d'autres. » J'étais présent : le mot est resté longtemps gravé dans ma mémoire comme un mot étrange et dur à la fois; aujourd'hui, j'y reconnais un sens aussi juste que rempli d'humanité.

C'est assez l'ordinaire, en effet, chez les âmes ardentes et généreuses, que, vers l'âge d'homme, ce sentiment qui leur faisait ambitionner les hommages et les sympathies de la foule, change d'objet et cherche dans l'amour et l'estime d'une compagne ce qu'il désespère d'atteindre ailleurs. Bien des héros adolescents, déçus dans leurs rêves de gloire, ou naufragés dans leurs espérances d'immortalité, sont venus aborder au port d'une sage union. Ils n'étaient point à plaindre. Rencontrer l'amour, se voir renaître, asseoir sa vieillesse au foyer domestique, c'est accomplir sa destinée, c'est tout au moins, parmi les biens précieux qui semblent promis à tous, avoir obtenu sa part. Mais entrevoir ces biens, les contempler répandus autour de soi, y aspirer de toute la force de son âme, et n'y pouvoir jamais atteindre; mais vivre au milieu de ces jeunes filles dont la vue seule jette dans le cœur un irrésistible désir de possession, et se sentir exclu à toujours du bonheur de plaire et d'être aimé; n'être pour toute femme qu'un monstre, dont l'hommage ne saurait être qu'insultant ou risible... ah! c'est bien là être plus à plaindre que le dernier des misérables; il y a bien de quoi comprendre pourquoi cet étranger dont je parlais tout à l'heure, ne s'apitoyait pas et en passant outre, était un digne homme, humain et sensible au bon endroit.

Heureusement cette perspective d'un effroyable isolement ne se montre ni tout d'un coup ni comme certaine au malheureux qu'elle attend : et c'est ainsi, sans doute, qu'au lieu de se briser avec désespoir contre l'injuste rigueur du sort, il ploie par degrés et porte jusqu'au bout le fardeau d'une vie sans douceurs. Quand mon ami entra dans le monde, bien que désabusé sur mille choses par une précoce expérience, il n'apportait point l'idée que l'hommage d'un cœur comme le sien fût indigne d'être agréé, ni que la carrière du mariage dût lui être fermée comme celle du barreau et de la guerre. Toutefois, s'il se faisait des illusions à cet égard, il avait assez éprouvé de mécomptes pour se montrer très timide, craintif auprès des femmes, pour ne vouloir plaire que par les agréments d'un esprit aimable et cultivé, sans jamais tenter de captiver par l'expression des sentiments vifs et trop réels dont son cœur était plein. Cette situation lui était un piége continuel. On le souffrait, on l'aimait sur un commerce, on le cherchait même, à la condition qu'il occupât toujours cette place; mais lui, pour s'y tenir toujours, pour n'oser jamais provoquer ni hasarder un mot d'affection, ne pouvait que se consumer en regrets s'il y réussissait, ou s'attirer de barbares mortifications s'il laissait percer dans ses manières ou dans ses discours le moindre signe d'une tendre préférence.

J'étais alors son confident : il versait souvent des larmes. J'en savais la cause, mais je ne provoquais point à me découvrir les blessures auxquelles je ne connaissais aucun remède; et lui-même, par une sorte de répugnance qu'il éprouvait à remonter jusqu'à l'ignoble cause de ses souffrances, aimait mieux me laisser deviner ses maux que d'en parler ouvertement avec moi. Pourtant il lui arrivait de me dire : « Celle que j'adore est belle; elle est aimable entre toutes!... mais, je te le jure, plutôt que de demeurer seul, je m'adresserais à la moins belle, à la moins aimable, si je savais que celle dont les autres ne veulent point pût me vouloir et m'aimer! » Je l'encourageais dans ces vœux modestes, et, profitant de son abattement même pour combattre la naissante passion qui l'entraînait vers un choix impossible, je lui faisais considérer, avec un espoir que je partageais moi-même, qu'en bornant ainsi ses prétentions et en renonçant à des avantages de figure séduisants, mais passagers, il ne pouvait manquer d'être heureux un jour.

Ces mortifiantes consolations l'affligeaient; toutefois il avait trop de sens pour n'en pas tenir compte, et ses manières étaient telles, que du moins le ridicule ne s'attaquait pas à des sentiments dont rien au dehors ne révélait l'existence.

Mais, ici encore, si Henri échappait aux traits d'un monde dur et moqueur, le découragement et la tristesse l'atteignaient non moins sûrement par une autre voie, et lui enlevaient jusqu'aux biens mêmes qui lui semblaient acquis. Il n'avait pas tardé à se distinguer dans sa nouvelle carrière : déjà la considération publique l'y entourait; devant lui s'ouvrait un avenir de brillante fortune, et il lui appartenait plus qu'à tout autre d'ennoblir sa profession par l'élévation du caractère et par l'éclat des services rendus. Mais, à mesure qu'il découvrait mieux l'impossibilité de faire hommage de ces biens à une compagne de son choix, leur valeur décroissait à ses yeux, et insensiblement toute flamme d'ambition s'éteignait dans son cœur. Il s'arrêta bientôt dans cette route qu'il avait jusqu'alors parcourue avec distinction; il réduisit sa situation commerciale à ne lui être plus qu'un simple métier pour vivre : puis, laissant se rompre la plupart de ses relations, il s'exila des salons qu'il avait fréquentés, et finit par se concentrer dans une vie taciturne et solitaire.

Un trait singulier, étrange, peint bien, ce me semble, la situation d'âme où se trouvait mon ami vers cette époque, et donne l'indice des tumultueux mouvements qu'y entretenait une dévorante amertume. Un jour que nous nous promenions ensemble, deux voix de femmes, accompagnées de la harpe, se firent entendre à quelque distance. Henri, sur qui la musique exerçait en tout temps beaucoup d'empire, s'arrêta pour écouter; puis il m'entraîna vers le côté d'où les voix semblaient partir. C'était la cour silencieuse d'un riche hôtel. Nous y trouvâmes deux chanteuses de carrefour.

Ces deux femmes chantaient une antique ballade. Il y avait dans leur mise et dans leurs manières un air de décence et d'honnêteté. L'une d'elles, jeune et timide enfant, paraissait être la fille de l'autre. Des cheveux d'un blond pâle et soyeux étaient lissés sur son front bruni par le soleil, de longs cils fauves voilaient son regard modeste, et ses traits présentaient ce mélange de grâce délicate et de sauvage rudesse dont le poétique attrait ne se rencontre guère que chez les femmes ainsi vouées à une vie errante et aventureuse. En voyant sa jeunesse ainsi exposée au regard hardi de la foule, on ne pouvait se défendre d'un sentiment de compassion, et l'on contemplait avec une sorte de mélancolie cette jeune plante abandonnée aux injures de l'air, et fleurissant loin du sol natal, sous la menace des orages du ciel et de l'outrage des passants.

Mais ce qui n'est pour tout autre qu'une fugitive impression suffit quelquefois pour remuer profondément un cœur malade. Debout et immobile à mes côtés, mon ami considérait cette enfant avec une tendre pitié. Aux sons de cette mélodie peu variée, mais douce et simple, ses traits s'animaient d'un rayon de sentiment, et les larmes venaient mouiller sa paupière. Il semblait qu'il fût passé sous le charme de ces songes éclatants, de ces transports sans cause, qui fait surgir du sein de l'âme un chant expressif, et que son cœur battît de reconnaissance pour la jeune fille dont les accents lui procuraient cette passagère mais vive félicité. Comme ces émotions n'avaient en général pour effet que d'aggraver plus tard sa tristesse, je voulus y couper court en nous éloignant; mais il ne me retint ni ne me suivit. Après une ballade, ces femmes en chantèrent une autre : la jeune enfant vint en rougissant cueillir notre offrande; puis elles se retirèrent pour recommencer plus loin. Nous les suivîmes de place en place jusqu'au soir.

Quand nous les eûmes quittées, Henri demeura longtemps silencieux et préoccupé, jusqu'à ce qu'enfin, donnant essor à sa pensée : « Qui arrachera ces femmes, dit-il brusquement, à ce métier abject et pénible?..... Qui remettra cette enfant à la place qu'elle est digne, j'en suis sûr, d'occuper?... Non, ajouta-t-il, non, on ne rougit pas ainsi, l'on n'a pas ce regard timide, ce front chaste, si l'on n'est honnête et pure! »

Tout en parlant ainsi avec un air passionné, Henri me regardait fixement, comme pour pénétrer l'impression secrète que me faisaient ses paroles. Et comme, incertain moi-même sur le sens qu'il fallait y attacher, j'hésitais à répondre : « C'est moi, reprit-il avec véhémence, c'est moi qui voudrais l'y mettre, à cette place dont elle est digne!... Mais c'est elle qui ne voudrait pas de moi, n'osez me le dire! » En achevant ces mots, sa voix s'altéra, et les larmes vinrent à ses yeux.

« Henri, lui dis-je, Henri, vous vous égarez. Pouvais-je vous comprendre? Je crois que ces femmes sont honnêtes; mais quelle apparence que l'opinion vous pardonnât le scandale d'une semblable union? »

Ces mots le jetèrent dans un transport de fureur et de désespoir : « L'opinion! interrompit-il tout pâlissant de dédain; des sacrifices à l'opinion, moi! Et à quel titre? que lui dois-je?... L'opinion! je la hais, je la méprise, je la brave... je ne veux ni souffrir ni mourir pour elle, entendez-vous, Louis!... L'opinion! le scandale! Ah! plût au ciel que ce fussent là les seules barrières!... Mais non, dites vrai, dites qu'une fille que j'aurais ramassée dans le ruisseau s'est encore un trop précieux parti pour que j'ose y aspirer... dites que je suis condamné à vivre et à mourir seul et misérable... dites que vous-même, vous, mon ami, vous ne pouvez vous défendre de souscrire à cet arrêt... » Il ne put continuer, les sanglots étouffèrent sa voix.

Ainsi se termina cet entretien; il ne fut plus question de ces femmes, et Henri retomba bientôt dans un sombre abattement. Mais depuis ce jour nos relations furent moins fréquentes et nos conver-

sations moins intimes. Il avait trouvé mes discours et plus encore mon silence cruels; et comme s'il eût à décompter sur l'aveuglement de mon amitié, la sienne se refroidit insensiblement. Quelques mois après, il fit, sans m'en instruire, une démarche auprès d'une jeune personne qui était sans avantages de figure ni de fortune. Refusé, il mit ordre à ses affaires, sans mystère, mais sans faire connaître ses projets, et bientôt on apprit qu'il avait quitté la ville. Beaucoup de bruits circulèrent au sujet de ce départ clandestin, et j'ignorais moi-même quelle avait pu être la destinée de mon ami, lorsque, après sept années de silence de sa part, j'ai reçu ces jours passés la lettre qu'on va lire, et écrit à cette occasion les pages qui précèdent.

« Vous souvient-il, Louis, d'un pauvre bossu que vous avez aimé, supporté, consolé? Il est aujourd'hui marié, père, et content comme... comme ne le fut jamais homme sans bosse. C'est lui qui vous écrit.

» Le malheur aigrit, aveugle. Quand je partis, je me détestais moi-même, et je ne vous aimais plus. Aujourd'hui je songe avec larmes que j'ai pu méconnaître votre longue et patiente amitié, et mon cœur ne se pardonne pas d'avoir été ingrat envers le vôtre.

» J'ai une compagne, Louis! Ce bonheur que j'ai tant rêvé, je le goûte dans toute sa plénitude; Dieu m'a tiré du bord de l'abîme vers lequel m'entraînait le désespoir, pour m'élever à cette condition d'homme et de père, dont la félicité répond à tout ce que se figurait mon imagination elle-même. Autour de nous grandissent trois enfants dont la vue seule me transporte de bonheur, et me fait aimer avec adoration celle qui me les a donnés. Dites, Louis, à vos demoiselles qu'elles épousent des bossus. Je crois, en vérité, qu'un bossu pourrait bien être le plus dévoué, sinon le plus séduisant des maris. Sa femme est pour lui bien plus qu'une femme, c'est une Providence qui l'a sauvé; il ne se croit point son égal, mais sa reconnaissance créature; surtout, il ne peut oublier jamais qu'en lui accordant cette affection à laquelle il ne pouvait prétendre, elle l'a remis en possession des joies du ciel dont il était déshérité, et son cœur tout entier ne peut suffire à la chérir dignement.

» Quand je partis, je n'allai pas vous dire mes projets. C'est que je n'en avais pas, cher ami. Ma seule envie était de fuir les lieux où j'avais tant souffert, et de m'en éloigner le plus possible. Aussi, lorsque, après quelque séjour à Paris, on m'y proposa de passer en Amérique pour y terminer une affaire dans laquelle étaient engagés de grands intérêts, je m'empressai d'accepter, et quelques jours après je voguais sur l'Océan.

» Le navire était encombré de passagers. Parmi eux, je remarquai un jeune homme d'environ vingt-cinq ans, dont l'air grave et triste à la fois attira dès les premiers jours ma sympathie. J'allai à lui, nous causâmes. Il paraissait travaillé de quelque mal qu'il supportait avec un tranquille courage. Ce mal s'aggrava beaucoup durant la traversée, qui fut longue et pénible, et nous étions déjà en vue de la terre, qu'il était devenu peu probable qu'on pût l'y débarquer vivant. Sa jeune épouse ne le quittait pas un instant. Je me souviens que, témoin des tendres soins qu'elle lui prodiguait, je regardais ce moribond d'un œil jaloux, et j'aurais acheté de tout ce qui me restait de biens ou d'espoir le plaisir de mourir dans les bras de cette angélique créature.

» Ce monsieur était un jeune ecclésiastique plein de foi et de désintéressement, qui se rendait dans un des districts éloignés de l'Ouest, pour y desservir une église naissante. Son frère, établi depuis quelques années dans la contrée, l'y avait appelé. Ce fut lui-même qui me conta ces choses : « Mais, ajouta-t-il un jour que sa femme ne pouvait nous entendre, je doute que je puisse arriver jusque là-bas! Ce que je demande à Dieu, puisqu'il me retire à lui, c'est de me laisser le temps de remettre ma femme aux soins de mon frère... » Ces derniers mots lui causèrent un attendrissement contre lequel il s'efforça de lutter en priant Dieu avec une simplicité de termes et une candeur de foi qui m'empêchaient de trouver étrange qu'il passât ainsi, devant moi, de la conversation à la prière.

» Il vécut assez pour prendre terre. Leur isolement m'avait rendu nécessaire, et je trouvais l'oubli entier de mes propres chagrins dans l'idée de n'être pas inutile à ces deux affligés. Afin de m'accommoder à leur situation, partant la plus stricte économie, j'allai choisir, parmi les hôtels de New-York, le plus modeste, et je vins m'y établir avec eux. Le repos, et surtout les soins d'un habile docteur, suspendirent quelques jours les progrès de la maladie, mais sans rendre à cet infortuné l'espoir de guérir et de vivre. Comme nous succédions, sa femme et moi, à son chevet, je saisis ces occasions que j'avais de la voir seul, pour calmer les angoisses que lui causait le prochain délaissement de sa jeune compagne. Je lui promis que je la conduirais moi-même auprès du son frère, dès que j'aurais terminé l'affaire qui m'amenait à New-York, et que si elle ne se déterminait pas à rester auprès de lui, je la ramènerais en Europe pour l'y remettre aux mains de sa propre famille. Ces promesses lui rendirent le calme. Il ne s'occupa plus de son épouse que pour la préparer à une séparation prochaine, et, soutenu jusqu'au dernier moment par les espérances de la foi, il s'éteignit paisiblement au bout de peu de semaines.

» Je restai ainsi le protecteur de sa veuve. Notre situation était équivoque aux yeux du monde, mais elle était pour nous deux claire et nettement définie; car Jenny (c'est le nom de cette jeune dame)

d'une âme terne et sans bouillonnement. Ainsi, la pâle fleur, sans cesse agitée par les vents glacés, au lieu de rencontrer dans les fleurs ses compagnes un élastique support, allait battre du front aux flancs bruts de ces deux blocs de granit qui la tuaient en voulant l'abriter. »

Ici ma tante, qui fut institutrice dans sa jeunesse, ne put s'empêcher de faire remarquer combien ce livre était délicieusement écrit. Elle trouvait à ce style d'infinies nuances qui répondaient aux mille harmonies d'une âme sensible, et elle insistait particulièrement sur ce retour imprévu d'une comparaison qui jetait tant de lumière sur la situation décolorée de l'héroïne. Les vieilles dames, tout en partageant entièrement cette opinion, témoignaient d'ailleurs le dédain le plus marqué pour ces deux pauvres blocs de granit, et l'une d'elles épousait avec une exaltation si prononcée les douleurs de cette femme incomprise, que je pris à conjecturer qu'elle-même avait eu beaucoup à souffrir de l'indifférence stupide d'un sexe sans discernement. « Est-elle mariée, cette dame? demandai-je tout bas à mon cousin. — Non. » Pour moi, bien que je fusse à mille lieues de me douter encore que cette plante étiolée était ma fraîche compagne d'Aoste, et ce bloc l'aubergiste de Chambéry, je m'intéressais vivement à une lecture qui, sans altérer le moins du monde la quiétude de mon cousin, ébranlait à ce point la sentimentalité de ces dames, et provoquait de leur part des remarques non moins délicieuses que le style qui en était l'objet.

« Lorsque je les rencontrai, poursuivit ma tante en continuant sa lecture, ils cheminaient du côté des plaines de l'Italie, dans le fol espoir que les haleines les plus douces d'un climat embaumé arrêteraient les ravages de cette destinée déçue. Mais moi, de qui l'âme comprenait cette âme, je voyais la vierge s'acheminant comme par une allée de cyprès vers sa fosse déjà creusée, et le poids d'une immense douleur pesait sur mon âme affaissée. Auprès d'elle, son blond fiancé promenait à la lumière des cieux l'ampleur massive de ses formes, dont aucun embrasement intérieur ne venait colorer la fade fraîcheur, ni tordre si saccader les mouvements prosaïques : une épaisse stupidité de cœur recouvrait cet homme comme une armure de plomb, et l'approche même d'une effroyable avalanche (ici, j'écoutai à mes oreilles) ne suffisait pas à lui inspirer les égoïstes alarmes de la frayeur la plus vulgaire.

» Cependant la nuit approchait, les noires dentelures des cimes semblaient mordre les nuages du soir, et les gorges du Saint-Bernard absorber, immenses gueules, les dernières lueurs du couchant. L'avalanche était là, béante, insondable, pâle comme un linceul, avide comme une tombe! Tout à coup, une blanche apparition s'élance, tournoie, et s'abîme dans le gouffre... C'est Emma! (Emma! m'écriai-je... en moi-même.) Plus prompt que l'éclair, je m'y jette sur sa trace, je vole, je bondis, je plonge de vide en vide, cherchant à devancer la mort qui roule à ma poursuite, et vainqueur dans cette lutte funèbre, j'arrive auprès de la vierge pâlissante et glacée... Elle avait voulu trouver dans ce gouffre la fin de ses tourments! Alors je lui laissai voir que moi l'étranger, que moi l'inconnu, j'avais deviné sa pensée. Comprise enfin, pour la seule fois peut-être, ses paupières s'ouvrirent pour laisser briller la flamme du ravissement, et le sourire radieux, ineffable, accourut sur les lèvres. En même temps arrivaient les molosses (!!!) de l'hospice, chargés de cordiaux, aboyant le secours et la délivrance. Du haut de la chaussée on nous tendit un câble, les pères vinrent à notre rencontre, je remis aux hommes du ciel la victime du monde, et, après la leur avoir remise, je m'éloignai à pas désespérés! »

Je partis d'un grand éclat de rire... Les dames se levèrent, indignées, mon cousin regarda sa mère, sa mère me regarda, je regardai tout ce monde en larmes, et n'étant plus maître alors de réprimer une hilarité que ce spectacle même portait à son comble, je pris le parti de saluer la compagnie et de prendre congé, en m'excusant d'avoir causé un si grand scandale. »

Tout en regagnant mon hôtel, je me ressouvins de ce gros monsieur qui disait :

Épitaphe! tout est épitaphe!

LA PEUR.

Aux portes de la ville de Genève, l'Arve, torrent qui descend des glaciers de la Savoie, vient unir ses eaux fangeuses aux ondes limpides du Rhône. Les deux fleuves cheminent longtemps sans confondre leurs eaux; en sorte que c'est un spectacle curieux, pour ceux qui n'y sont pas accoutumés, que de voir couler parallèlement dans un même lit une onde bourbeuse et des flots d'azur.

La langue de terre qui sépare ces deux rivières, près du pont où elles se réunissent, forme un petit delta, dont la base, large de quelques centaines de pas seulement, est occupée par le cimetière de la ville. Derrière ce lieu sont des jardins plantés de divers légumes, et arrosés au moyen de grandes roues qui élèvent les eaux du Rhône et qui les distribuent dans une multitude de rigoles qui s'entre-croisent. Quelques cultivateurs habitent seuls cette étroite plaine, que termine un bois de saules, puis une grève stérile. C'est à l'extrémité de cette grève que les deux rivières se réunissent et courent s'encaisser entre des rochers vermoulus qui bornent l'horizon.

Quoique voisin d'une ville populeuse, ce lieu présente un aspect mélancolique qui en écarte la foule. A la vérité, quelquefois une bande joyeuse d'écoliers parcourt les rives du fleuve, et, séduite par cet attrait de liberté qu'offrent les lieux déserts, vient camper sur la grève dont j'ai parlé; mais plus souvent on n'y rencontre que quelques promeneurs isolés, et plutôt de ceux qui aiment à se soustraire aux regards et à rêver avec eux-mêmes. Il n'est pas rare que des malheureux, fatigués de vivre, y soient venus chercher la mort dans les flots.

J'avais environ sept ans lorsque je parcourus ce petit pays pour la première fois, tenant par la main mon aïeul. Nous marchions sous l'ombrage de grands hêtres, dans les rameaux desquels il me montrait, du bout de sa canne, les petits oiseaux qui sautaient de branche en branche. « Ils jouent, lui disais-je. — Non, mon enfant, ils vont par la plaine d'alentour chercher de la nourriture pour leurs petits, et ils la leur apportent, et puis repartent pour recommencer. — Où sont-ils, les petits oiseaux? — Ils sont dans leurs nids, que nous ne voyons pas. — Pourquoi ne les voyons-nous pas?... »

Pendant que je faisais ces questions enfantines, nous avions atteint l'extrémité de cette allée d'arbres que termine un gros portail en maçonnerie. Par la porte qui se trouvait entr'ouverte, on apercevait au delà quelques cyprès et des saules pleureurs; mais dans le fronton du portail était incrustée une grande inscription en lettres noires sur un marbre blanc. Cet objet, singulier pour un enfant, me frappa. « Qu'est-ce? dis-je à mon grand-père. — Lis-toi-même, me dit-il.

— Non, repris-je, lisez, grand-père; car il y avait dans l'impression que j'avais reçue quelque chose qui me rendait craintif.

— C'est la porte du cimetière, me dit-il, l'endroit où l'on porte les morts. Cette inscription est un passage de la Bible :

HEUREUX CEUX QUI MEURENT AU SEIGNEUR; ILS SE REPOSENT DE LEURS TRAVAUX, ET LEURS ŒUVRES LES SUIVENT.

Cela veut dire, mon enfant... — Mais où est-ce qu'on les porte? dis-je en l'interrompant. — On les porte dans la terre. — Pourquoi, grand-père? Leur fait-on du mal? — Non, mon enfant, les morts ne sentent plus rien dans ce monde-ci. »

Nous dépassâmes le portail, et je ne fis plus de questions. De temps en temps je retournais la tête du côté de la pierre blanche, rattachant à cet objet toutes sortes d'idées sinistres sur les morts, sur les sépulcres, et sur les hommes en manteau noir que j'avais souvent rencontrés dans les rues portant des bières couvertes d'un linceul.

Mais le soleil brillait, et je tenais la main de mon aïeul; ces impressions s'affaiblirent devant d'autres, et quand nous eûmes atteint les bords du Rhône, la vue de l'eau, et surtout celle d'un homme qui pêchait, attirèrent toute mon attention.

Les eaux étant basses, cet homme, chaussé de grandes bottes en cuir, s'était avancé au milieu du courant. « Voyez, grand-père, il est dans l'eau! — C'est un homme qui prend du poisson; attendons un moment, tu le verras bouger dès qu'il sentira quelque chose au bout du fil. »

Nous restâmes ainsi à le regarder; mais l'homme ne bougeait point. Peu à peu je me pressais contre mon aïeul, et je serrais sa main avec plus de force, car l'immobilité du pêcheur commençait à me paraître étrange. Ses yeux fixés sur le bout du fil, ce fil qui plongeait mystérieusement sous l'eau, le silence de cette scène, toutes ces choses agissaient sur ma frêle imagination, déjà ébranlée par la vue de l'inscription en lettres noires. A la fin, par une illusion bien ordinaire, mais nouvelle pour moi, le pêcheur me parut descendre la rivière, et le bord opposé se mouvoir en remontant le courant. Alors je tirai mon grand-père par la main, et nous poursuivîmes notre promenade.

Nous longeâmes la rive sous les saules qui ombragent le sentier. Ils sont vermoulus, percés de pourriture; une mousse vive jaunit leur base, tandis que de leur tête décrépite s'échappent de flexibles branches qui s'abaissent sur le fleuve. Nous avions à notre droite le Rhône, à gauche les jardins dont j'ai parlé. La roue qui élève l'eau dans de petites auges, d'où elle retombe dans une rigole, m'intéressa beaucoup; néanmoins, dans la disposition où j'étais, j'aimais mieux n'être pas seul à contempler l'immense machine tournante; d'ailleurs le pêcheur était toujours là-bas, immobile. Enfin nous le perdîmes de vue, et nous arrivâmes à la grève qui termine la langue de terre. Mon grand-père me fit remarquer dans le gravier une foule de pierres plates et rondes, et m'apprit à les faire voler sur la surface de l'eau, en sorte que j'avais complètement oublié le portail, le pêcheur et la roue.

Il y avait sur le rivage une petite anse remplie d'une eau claire et peu profonde. Mon grand-père m'invita à m'y baigner, et m'ayant ôté mes vêtements, il me fit entrer dans l'eau. Lui-même s'assit au bord, et, appuyant son menton sur le pommeau d'or de sa vieille canne, il me regardait jouer. Je vins à porter mes regards sur sa figure vénérable, et je ne sais pourquoi c'est sous cette image qu'il est resté depuis empreint dans mon souvenir.

Nous fîmes le tour de la pointe pour longer au retour la rive de l'Arve. La sécurité était revenue, et le bain m'avait mis en train. Je jouais avec mon grand-père, le tirant par le pan de son habit, jusqu'à ce que lui, se retournant subitement, feignît de me poursuivre en grossissant sa voix. Quand nous atteignîmes le bois de saules, il se mit à se cacher derrière les arbres, et moi à le chercher avec un plaisir mêlé d'émotion, me livrant à une joie éclatante lorsque j'avais trouvé sa cache, ou seulement lorsqu'il était trahi par le bout de sa canne ou de son chapeau.

Un moment je perdis sa trace, et, le cherchant d'arbre en arbre, je m'enfonçai dans le bois sans le retrouver. J'appelai, il ne répondit point. Alors, précipitant ma course et me dirigeant du côté où le taillis me semblait le moins sombre, je manquai le sentier, et je me trouvai sur le rivage, en face d'un objet dont la vue me remplit d'horreur.

C'était la carcasse d'un cheval gisant sur le sable. L'orbite profonde des yeux, le trou des naseaux, la mâchoire décharnée, ouverte comme par un bâillement infernal, et présentant un hideux râtelier, me firent une impression si soudaine et si forte, que je m'écriai de toute ma force : « Grand-père ! oh! grand-père!... » Mon grand-père parut; je me jetai contre lui, et je l'entraînai loin de ce lieu d'effroi.

Le soir, quand on me fit coucher, j'étais fort inquiet, agité, redoutant le moment où l'on me laisserait seul. J'obtins que la porte de la chambre, qui donnait sur celle où mes parents étaient à souper, demeurerait entr'ouverte, et le sommeil me délivra bientôt de mes terreurs.

L'année suivante mon aïeul mourut. Sa disparition ne me frappant par aucune image sensible, j'en fus moins touché que de la douleur de mon père, dont l'abattement et la tristesse me faisaient pleurer. On m'habilla de noir, l'on entoura mon chapeau d'un crêpe, et quand vint le jour des funérailles, je dus suivre le cercueil avec les hommes de la famille, tous comme moi revêtus de longs manteaux noirs.

Au sortir de la maison, je n'osai pas demander à mon père où l'on allait; car, outre que son chagrin me rendait timide, j'étais moins familier avec lui que je ne l'avais été avec mon aïeul : c'est le cas ordinaire des enfants. J'avais oublié ce que ce dernier m'avait dit des morts et de la terre où on les porte, en sorte que je m'acheminais plutôt curieux qu'inquiet; et lorsque j'eus entendu derrière moi mes grands parents qui s'entretenaient de choses indifférentes tout en saluant les passants, la cérémonie cessa tout à fait de me paraître lugubre.

A la porte de la ville, le factionnaire présenta les armes, et les soldats du poste se mirent en ligne pour faire de même. Je ne savais pas que ce fût pour nous, mais j'y trouvais une distraction très-agréable. Néanmoins un des soldats, que je considérais de toute mon attention à cause de sa figure martiale, se mit à sourire en me regardant; je crus qu'il riait de mon accoutrement, en sorte que je rougis, et je continuai à rougir toutes les fois que les regards des passants s'arrêtaient sur moi.

Pendant que j'étais distrait par ces choses et par mille autres riens qui s'offraient à ma vue, je ne m'étais pas aperçu de la direction qu'avait prise le convoi. Tout à coup me retrouvant dans l'allée de hêtres, en face du gros portail, les impressions de l'année précédente se représentèrent à mon imagination, et je ne doutais plus que je ne fusse acteur dans une de ces scènes de mort et de sépulcres dont le mystère lugubre m'avait souvent causé tant de trouble.

Dès ce moment ma pensée se reporta sur mon grand-père, que je savais être dans le cercueil; je compris qu'on le portait dans la terre, comme il m'avait dit qu'on pratiquait à l'égard des morts, et, dans l'impuissance où j'étais encore de me figurer un cadavre, je me le représentais couché tout vivant dans l'étroite bière, et j'attendais avec anxiété de voir ce qu'on allait lui faire. Quoiqu'un peu de curiosité se mêlât à la crainte que j'éprouvais, j'espérais bien que tout se passerait à distance, et que l'on ne franchirait pas le portail. Mais il en fut autrement.

Je n'avais jamais vu de cimetière, et comme je m'étais représenté ce lieu funèbre sous un aspect effrayant, je fus assez rassuré lorsque, étant entré, j'aperçus des arbres, des fleurs, et les rayons d'un beau soleil qui doraient la surface d'une grande prairie. Aussitôt des images plus douces s'offrirent à mon esprit, entre autres celle de mon grand-père, telle qu'il m'était apparu l'année précédente au bord de la petite anse. Je me le figurai habitant cette prairie, et s'y reposant au soleil, comme c'était sa coutume aux beaux jours d'août ou de juillet. Je venais d'être si agité, que, par une réaction naturelle, la paix et le calme renaissaient rapidement dans mon cœur.

Toutefois diverses choses me causaient encore quelques inquiétudes. Nous dépassions de temps en temps des pierres avec des inscriptions, et de petits enclos entourés de balustres noirs. Près de l'un d'eux, j'avais remarqué de loin une femme dans une attitude de recueillement. Je m'attendais à ce qu'elle tournerait la tête pour nous voir passer; mais, penchée sur l'enclos, elle n'en détourna point ses regards, et un sanglot étouffé, qui me parut venir du côté

où elle était agenouillée, me jeta dans une agitation extrême. En effet, la voyant immobile, je me figurai bientôt que le sanglot partait de dessous l'herbe qui était dans l'enclos, et l'image d'un mort gémissant sous le poids de la terre me glaça d'épouvante.

Pendant que j'étais ainsi ébranlé, j'aperçus en avant du convoi deux hommes qui paraissaient nous attendre. A mesure que nous approchions, leur figure hâlée, leurs traits rudes, leur air silencieux, me faisaient une impression plus sinistre; mais lorsque, arrivé près d'eux, le cercueil s'arrêta, et que j'eus vu des pelles, des pioches et un grand trou dans la terre, mes yeux se troublèrent et je sentis mes jambes chanceler sous moi. Ces hommes affreux prirent le cercueil par les deux bouts, ils le déposèrent dans le trou, et, saisissant leurs pelles, ils firent rouler dessus la terre amoncelée sur les bords de la fosse. Au bruit retentissant des cailloux et des os qui tombaient sur le bois, mon imagination mêlait des sanglots, des cris, des gémissements; et, quand le bruit devint plus sourd, je croyais entendre encore les râlements étouffés de mon grand-père.

Quelques instants après, nous étions de retour au logis. Mon père se livra à une vive douleur, et je m'y associai, persuadé qu'il pleurait sur le supplice de mon pauvre grand-père oppressé sous la terre.

Il faut que je sois né peureux. Ces impressions sont demeurées ineffaçables, et prêtes à se réveiller dans la nuit et la solitude, toutes les fois du moins que l'absence d'une pensée, d'un sentiment ou d'un but précis leur ouvrait un libre accès dans mon âme. Mais je reprends le récit des circonstances qui, à peu d'années de là, me livrèrent à des émotions bien plus fortes encore.

C'était aux premiers jours de mon adolescence. Comme il arrive quelquefois à cet âge, l'amour, dans toute la vivacité de ses premières atteintes, s'était emparé de mon jeune cœur. Tout entier à mes chères pensées, sans cesse préoccupé de douces chimères, j'étais devenu rêveur, taciturne, inappliqué. Aussi mon père s'en chagrinait, et mon régent affirmait que je n'avais aucune aptitude pour les langues mortes.

Amour d'adolescent, ai-je dit. En effet, je *brûlais* pour une personne qui aurait pu à la rigueur être ma mère, et c'est pourquoi je l'avais soin de cacher à tous les regards ma secrète flamme, que le mystère entretenait vive et pure, tandis que la moquerie l'eût éteinte.

La dame de mes pensées était une belle personne qui habitait la même maison que nous. Elle venait souvent chez mes parents, et, grâce à mon âge, j'allais librement chez elle. A mesure que je m'éprenais davantage, je trouvais des prétextes pour m'y rendre plus souvent, pour y rester plus longtemps; à la fin, j'y passais mes journées. Debout à ses côtés pendant qu'elle travaillait à quelque ouvrage d'aiguille, faute d'oser soupirer, je jasais, je tenais son écheveau, ou je courais après son peloton, s'il venait à rouler sur le plancher. Que si quelque soin domestique l'appelait à sortir de la chambre, je profitais des instants pour baiser avec transport les objets qu'elle avait touchés, je passais mes mains dans ses gants, et, pour que le chapeau qui avait pressé ses cheveux pressât aussi les miens, me voilà affublé d'un chapeau de femme, ayant horriblement peur d'être surpris, et rougissant de ma rougeur même.

Hélas ! une si belle passion devait être malheureuse. Par une plaisanterie que je prenais au sérieux, cette demoiselle m'appelait son petit mari. Ce titre était mon privilége, je ne le partageais avec aucun autre, et cela seul suffisait pour me le rendre infiniment cher. Un soir, beau et pimpant, je montai chez la dame de mes pensées, qui m'avait elle-même convié, ce soir-là, à une réunion de famille. J'entrai glorieux dans le salon ; l'assemblée était nombreuse. Par une préférence délicate qui offensa gravement plusieurs grands parents, je n'eus de saluts et de civilités que pour ma belle voisine, à qui je consacrai toute l'amabilité et les agréments dont je pouvais disposer, lorsqu'un grand jeune homme, qu'on venait d'introduire, après m'avoir hautement déplu en détournant de moi l'attention de ma souveraine, se prit à me dire : — Ah çà, vous êtes le petit mari : moi, je vais être le grand... j'espère que nous vivrons bien ensemble.

Tout le monde se mit à rire, surtout lorsqu'on m'eut vu retirer avec humeur ma main qu'il avait prise, et lui lancer un regard de tigre. A ce rire, le dépit, la honte et le trouble me suffoquant, je sortis brusquement.

Je n'osai pas rentrer tout de suite chez mon père, et d'ailleurs je n'avais qu'une envie, celle de me livrer loin de tout regard à la douleur que je ressentais. Dès que je fus seul et dans la campagne, mes larmes coulèrent.

J'étais ridicule, et pourtant bien à plaindre. Sans doute ma passion était sans but, sans espoir, même à mes propres yeux ; mais, tout innocente et précoce qu'elle fût, elle était pure, sincère, pleine de fraîcheur et de sève, et depuis quelque temps elle formait ma vie. Je savais bien qu'il me fallait quitter le collége avant de songer au mariage, aussi je n'y songeais point; mais qu'un autre épousât celle à qui j'avais avec délices consacré mon servage, c'était bien pour lors le plus fatal événement qui pût détruire ma félicité.

En proie au regret, au dépit, à d'autres passions jalouses et colères, je n'avais remarqué ni l'heure avancée, ni la direction que prenaient mes pas vers des lieux qu'en d'autres temps je n'eusse point choisis pour une promenade nocturne ; mais je fus ramené à moi-même, comme par un coup de foudre, lorsque, l'horloge s'étant mise à sonner, je crus avoir compté douze coups... Les portes de la ville m'étaient fermées depuis une heure.

J'espérais m'être trompé, et je courais déjà de toute ma force, lorsque la cloche lointaine d'un village se fit entendre ; je comptai avec une horrible anxiété neuf, dix, onze coups... le douzième vint m'achever. Rien n'est inexorable comme une horloge.

J'avoue qu'en cet instant j'oubliai mes amours ; mais ce ne fut point pour retrouver le repos, car la pensée de l'angoisse où allait être plongée ma famille vint me livrer au plus affreux tourment. Ils me croiraient perdu, mort, et, dans ma simplicité, j'allais jusqu'à craindre qu'ils ne liassent ma disparition au récit qu'on ne manquerait pas de leur faire, chez nos voisins, de ma honte, de mon désespoir et de ma brusque sortie.

Mais où croit-on que m'avaient porté mes pas? Sous les saules, dans le sentier, à cette place d'où, six années auparavant, j'avais considéré le pêcheur. C'est là que je sanglotais, sans savoir quel parti prendre. Néanmoins mon esprit, tout entier au milieu de ma famille, n'était point encore dominé par la peur ; et d'ailleurs, au travers de mes larmes, je voyais briller à l'autre rive une lumière qui me tenait compagnie sans que je m'en doutasse.

Cette lumière, en s'éteignant bientôt après, me donna le premier sentiment de ma solitude. Au moment où elle disparut, je retins machinalement mes sanglots, et je retrouvai le silence et la nuit. En regardant autour de moi dans l'ombre, j'entrevis des formes que l'éclat de la petite lumière avait d'abord éclipsées, et, pendant que je me livrais à cet examen, les larmes tarissaient tout à fait à mes paupières.

Je ne tardai pas à oublier aussi ma famille, et bien malgré moi, car je faisais tous mes efforts pour y retenir ma pensée, qui commençait à errer avec crainte dans l'ombre d'alentour. Comme je prévis que chaque instant allait ajouter aux terreurs dont j'étais menacé, je m'étendis tout doucement sous la haie qui me séparait des jardins, bien décidé à m'endormir.

L'idée était bonne, mais l'exécution difficile. A la vérité, mes yeux étaient clos ; mais ma tête veillait plus qu'en plein jour, et mes oreilles bien ouvertes me transmettaient, avec les moindres bruits, des images effrayantes qui écartaient toujours plus le sommeil de mes paupières. Aussi, voyant l'inutilité de mes efforts, j'inventais des expédients pour dérober mon esprit aux visions, en le fixant sur quelque chose. Je me donnai la tâche de compter jusqu'à cent, jusqu'à deux cents, jusqu'à mille ; mais mes lèvres seules se chargeaient de la besogne, et mon esprit les laissait faire.

J'en étais au nombre deux cent quatre-vingt-dix-neuf, lorsque j'entendis, à deux pas de moi, un frémissement dans le feuillage ; je précipitai mon compte avec plus de vitesse encore, afin de dépasser le plus promptement possible certaines idées de couleuvres froides et de crapauds à yeux fixes, vers lesquelles mon esprit inclinait évidemment. Mon émotion ne tarda pas à revêtir des figures si étranges, si fâcheuses, qu'à la fin il me devint avantageux de rebrousser, même vers les couleuvres. « Après tout, me disais-je, les couleuvres n'ont rien de si abominable ; elles sont innocentes, les couleuvres, et surtout..... (oh ! que cette idée me vint à propos !) si ce n'est qu'un lézard. » Ici le frémissement se fit entendre de nouveau et de plus près ; je me crus happé, avalé, broyé, en sorte que, m'étant levé en sursaut, je franchis la haie, si épouvanté du bruit et du mouvement que je faisais, que je sentais à peine la pointe des épines qui déchiraient ma peau.

Quand je fus de l'autre côté, j'éprouvai un grand soulagement. Je me trouvai au milieu des laitues, des choux, des rigoles ; toutes choses qui, en me rappelant le travail de l'homme, diminuaient d'autant le sentiment de ma solitude. Je me souviens que j'essayai de prolonger le mieux que je le ressentais, en me représentant les détails de la culture auxquels j'avais assisté souvent à cette place même : les hommes bêchant au soleil, les femmes cueillant des légumes ; les enfants arrachant les mauvaises herbes, toute une idylle enfin. Seulement j'évitais de songer aux arrosements, crainte de songer en même temps à la grande roue, qui dans ce moment ne gesticulait pas bien loin de moi.

Et puis, j'étais sous la voûte du ciel, qui seule, durant la nuit, n'inspire point de frayeur. J'avais autour de moi de l'espace et quelque clarté. S'il vient, pensais-je, je le verrai venir.

S'il vient ! Attendiez-vous quelqu'un ? — Sans aucun doute. — Et qui ? — Celui qu'on attend quand on a peur.

Et vous, n'eûtes-vous jamais peur ? Le soir, autour de l'église, à l'écho de vos pas ; la nuit, au plancher qui craque ; en vous couchant, lorsque, un genou sur le lit, vous n'osiez retirer l'autre pied, crainte que, de dessous, une main... Prenez la lumière, regardez bien : rien, personne. Posez la lumière, ne regardez plus : il y est de nouveau. C'est de celui-là que je parle.

Je restais donc immobile au milieu de cette plaine ; mais déjà l'idée de l'espace que j'avais autour de moi, après m'avoir soulagé, commençait à influer sur mon esprit d'une manière fâcheuse, non pas tant en avant, où rien ne pouvait échapper à mes regards, mais derrière, de côté, et partout où ils ne plongeaient pas ; car, quand on le sent venir, c'est toujours du côté où l'on ne regarde pas. Je me tournais donc souvent, et subitement, comme pour le surprendre ; puis je me retournais bien vite, pour ne pas laisser l'autre côté sans surveillance. Ces mouvements bizarres me faisant peur à moi-même, je croisai les bras, et je commençai à me promener en ligne droite, au grand détriment des choux et des laitues, car pour un empire je n'aurais dévié vers le bocage et les sentiers.

Encore moins aurais-je dévié vers l'autre côté de cette petite plaine, car c'était là que, dans mon enfance, j'avais vu, étendu sur la grève.... Aussi, bien que du coin de l'œil je donnasse une attention particulière à ce côté de l'espace, j'évitais d'y regarder en face, et surtout de me rendre compte des motifs qui m'en tenaient éloigné.

Mais cet effort même tournait contre moi. En repoussant le monstre, je lui donnais de la prise ; en voulant l'écarter de ma pensée, je l'y amenais... déjà il en forçait l'entrée. C'était un affreux assemblage d'os et de dents, un œil sans regard, une bête toute de côtes et de vertèbres qui se mouvaient et craquaient en trottant vers moi. Et j'en étais à lutter de très-près, lorsque, par l'effet du chemin que j'avais fait, les immenses bras de la grande roue m'apparurent tout à coup à quelques pas tournoyant mystérieusement dans l'ombre. J'eus le temps de pressentir quel affreux rapprochement allait s'opérer ; aussi, recueillant tout ce qui me restait de sang-froid, je rebroussai doucement, et je me mis à siffler d'un air dégagé. Quand un homme qui a peur en est à siffler, l'on peut compter qu'il est extra-ordinairement bas.

Je n'eus pas plutôt rebroussé, que le rapprochement se fit de la roue et du monstre aux vertèbres. J'entendis galoper, je sentis son haleine et le crus sur mon dos. Je voulus tenir ferme et ralentir ma marche, comme pour lui imposer : mais cet effort étant au-dessus de mes forces, je hâtai le pas, je courus, je volai jusqu'au pied d'un mur qui me barrait le chemin. Là je me retournai haletant.

Un mur, c'est quelque chose en pareil cas. D'abord c'est un mur : chose blanche, compacte, sans mystère ; chose qui change en réalité palpable l'espace indéfini, peuplé d'apparences, domaine de fantômes ; ensuite je pouvais m'appuyer contre, et de là voir venir ; c'est ce que je fis.

En me retournant, je n'avais vu que l'ombre et le vide : mais la bête n'en vivait pas moins dans mon imagination, et je la supposais prête à fondre sur moi de tous les points dont la nuit ou les objets me voilaient la vue. C'est ce qui fut cause que mes terreurs commençaient déjà à se porter sur le revers du mur auquel j'étais adossé, lorsqu'un bruit que je crus être parti de ce côté elles s'y concentrèrent toutes.

C'était un bruit semblable à celui que font entendre les chouettes ; nul doute que ce ne fût la bête... Je la sentais, je la voyais grimper de l'autre côté du mur, et insérant les os de ses doigts entre les jointures des pierres ; en sorte que, les regards enchaînés au sommet de la muraille, je m'attendais de seconde en seconde à voir sa tête s'avancer lentement, et les deux orbites fixer sur moi leur regard immobile et cave.

Cette situation devenant intolérable, l'angoisse me poussa à sa rencontre. J'aimais mieux encore l'aller trouver que de l'attendre fasciné et palpitant. Je m'aidai donc des rameaux de quelques pêchers adossés à la muraille, et je grimpai ainsi jusqu'au sommet, que j'enfourchai.

Point de bête ! Quoique je m'y attendisse parfaitement, j'eus tout le plaisir de la surprise. Les peureux prêtent l'oreille à deux voix qui se contredisent, celle de la peur et celle du sens commun, en sorte qu'écoutant tantôt l'une, tantôt l'autre, ou toutes les deux en même temps, ils sont sujets aux plus étranges inconséquences.

Au lieu de la bête, je voyais une plaine entourée de murailles, plus loin des arbres, et au delà la ville, dominée par la grosse tour de Saint-Pierre.

La vue de la ville me fit plaisir ; mais il n'y avait pas une lumière aux maisons, et la tour de Saint-Pierre ne me présentait rien de bien rassurant, lorsque le carillon de l'horloge se fit entendre...

Toutes mes terreurs s'envolèrent subitement. Ce son si connu me transporta comme en plein jour, et l'idée que d'autres écoutaient avec moi me fit perdre tout à fait le sentiment de mon isolement. Je redevins calme, brave, hardi... mais pour fort peu de temps. Le carillon se tut, l'horloge sonna deux heures, et toute la nature, qui m'avait semblé écouter le carillon avec moi, me parut de nouveau reporter toute son attention sur moi, perché là-haut sur ma muraille. Je me faisais petit, je m'effaçais, je me couchais de tout mon long sur cette crête étroite : impossible d'échapper aux regards. Les choux, les choux eux-mêmes, plantés en longues files, me semblaient des têtes alignées, des bouches ricanantes, des milliers d'yeux fixés sur ma personne. Je préférai donc redescendre, et à cause de la grande roue, je descendis sur le revers opposé de la muraille.

J'avais fait quelques pas avec assez de bonheur, lorsque je vins à me heurter contre un objet que mes yeux n'avaient pu distinguer de la noirceur de l'ombre. Au choc subit, je poussai un cri, croyant que c'était la bête elle-même; mais lorsque, revenu de cette première impression, j'eus touché des balustres noirs, une sueur froide parcourut tout mon corps. J'étais dans le cimetière!

A cette soudaine idée, mille visions effrayantes s'élevèrent devant moi, jaillissant comme du sein d'une lueur bleuâtre qui leur prêtait une pâleur sépulcrale. C'étaient des spectres vermoulus, des crânes, des os, une femme noire, d'affreux fossoyeurs... Mais la plus horrible de toutes, celle qui finit par éclipser les autres, c'était celle de mon grand-père à moitié caché sous la terre. Ses traits défigurés présentaient des os creusés, des orbites vides; sa bouche dépouillée de dents semblait étouffer sa plainte, et de ses bras décharnés il écartait avec effort une poussière immonde.

Hors de moi, je marchais rapidement, comme pour m'éloigner de ces pensées en même temps que des balustres noirs; mais, à mesure que je marchais, le spectre sortait de sa fosse; il tournait ses orbites sur la plaine, il m'avait reconnu; déjà il allongeait sur ma trace son pas sourd et mystérieux, et comme si à chaque seconde il eût été sur le point de m'atteindre, mon cœur battait avec violence. Tout à coup mon chapeau tombe, et je sens sa main froide et dure s'appesantir sur ma tête... « Grand-père! oh! non, grand-père! » m'écriai-je en fuyant de toute la vitesse que me permettait le délire de la plus affreuse terreur.

C'étaient les branches inférieures d'un saule, contre lesquelles ma tête était venue se heurter.

Au mouvement de ma fuite, au bruit de mes pas, surgissaient mille autres spectres, et j'en sentais déjà une armée à ma poursuite, lorsque, ayant franchi enfin le portail, je continuai de courir jusqu'aux portes de la ville. « Qui vive? » cria la sentinelle.

A cette voix d'homme, adieu fantômes, spectres, monstres, couleuvres. « Ami! » répondis-je d'un accent presque passionné. Une heure après, j'étais rendu à ma famille.

Cette crise me fit grand bien. J'oubliai mes amours, et je retrouvai mon chapeau.

Je rebroussai doucement, et je me mis à siffler d'un air dégagé. (LA PEUR).

FIN DES NOUVELLES GÉNEVOISES.

PARIS. — Impr. LACOUR ET Cⁱᵉ, rue Soufflot, 16.

9782012181274